Alain Besse

Salles de projection, salles de cinéma

Conception, réalisation, exploitation

DUNOD

Les extraits de normes figurant dans cet ouvrage sont reproduits avec l'accord d'AFNOR. Seul le texte original et complet de la norme telle que diffusée par AFNOR — accessible via le site internet www.afnor.fr — a valeur normative.

Les précédentes éditions de cet ouvrage ont été publiées par la CST sous le titre *La salle de spectacle cinématographique*
Guide d'assistance technique pour la conception, la réalisation, l'exploitation

Illustrations intérieures : Alain et Ursula BOUTEVEILLE

ISBN 978-2-10-049673-0

Remerciements

Je remercie de leur collaboration les membres de la Commission supérieure technique de l'image et du son et de la Fédération nationale des cinémas français, ainsi que mes collègues de travail à la CST depuis maintenant 27 ans, qui ont bien voulu m'informer de leurs remarques, me permettant ainsi d'améliorer le contenu de ce document.

Un remerciement particulier et amical est adressé pour leur participation active à Pascal Tessier, Jacques Thénard, Patrick Kermarrec et Sam Baruch, lors de la première rédaction en 1993.

Un grand merci en 2003 pour Pascal Chédeville, qui m'a grandement éclairé sur le chapitre acoustique.

J'adresse une pensée émue au souvenir de Claude Soulé, qui fut d'abord ingénieur à la CST, puis qui en fut le directeur général pendant 15 ans, me permettant d'y entrer en 1979, pour y créer, sous l'autorité de Michel Baptiste et Michel Grapin, le service du Contrôle des Salles. Sa faconde landaise, son sens de la relation humaine et sa passion pour la technique ont été des exemples qui influencent encore aujourd'hui mon action professionnelle.

Mais surtout un immense merci à Michel Baptiste, ingénieur, puis directeur technique, puis directeur général de la CST, qui m'a enseigné avec patience et amitié son savoir et sa passion, pendant 23 ans de collaboration professionnelle.

Enfin, un grand merci à Stéphane Landfried (FNCF), à tous les exploitants, projectionnistes, installateurs, techniciens, architectes, formateurs, qui m'ont fait profiter de leur expérience tout au long de mes 4 000 contrôles de salles et de toutes les missions de la CST autour de la salle de spectacle cinématographique, depuis la plus modeste mais courageuse petite salle de campagne, jusqu'au Grand Auditorium Lumière du Palais des Festivals, que j'ai le grand honneur de gérer pendant le festival de Cannes, en compagnie du truculent Jean-Claude Bonfillon.

Table des matières

PARTIE C
USAGES TECHNIQUES DE LA SALLE DE CINÉMA

CHAPITRE 7 – SYNOPTIQUES

CHAPITRE 8 – CHAÎNE IMAGE

CHAPITRE 9 – REPRODUCTION SONORE

CHAPITRE 10 – SUIVIS TECHNIQUES

La CST

Commission Supérieure Technique de l'Image et du Son

Une association au service de la qualité

La Commission Supérieure Technique du Cinéma a été créée par MM. Cl. Autan-Lara, réalisateur de films, J. Carrère, licencié ès Sciences, L. Didiee, ingénieur ICP, M. Douy, architecte décorateur, F. Orain, ingénieur EBP-IEG-ESE, J. Vacher, ingénieur ESME, J. Vivié, ingénieur des Mines, auxquels il convient d'ajouter ou de répéter les noms de ceux qui, avant le dépôt des Statuts, ont créé et fait fonctionner la CST sous l'autorité de J. Painlevé dès le 4 septembre 1944 : MM. L. Barsacq, J. Delannoy, M. Douy, J. Fourage, C. Matras, F. Orain et L. Page.

En 1945, la CST a fusionné avec le Contrôle Technique, créé avant guerre par M. Vivié. C'est devenu une association déclarée conformément à la Loi du 1er juillet 1901, qui regroupe la majorité des professionnels du cinéma, de la télévision et de l'audiovisuel, et plus récemment du multimédia. Elle a pour objet toutes études, recherches, essais, consultations, expertises, mesures, contrôles, missions d'assistance technique et de réglementation, intéressant les techniques d'expression par l'image et par le son, qui lui sont demandés par ses membres, par des tiers ou par tout organisme officiel.

Sa mission, de façon générale, est de faire connaître, par tous moyens, les progrès techniques susceptibles d'améliorer la qualité de l'expression audiovisuelle, de la création à la diffusion.

Les présidents de la CST ont été MM. Fred Orain, André Coutant, Claude Léon, Michel Fano, René Fauvel, Jean-Pierre Neyrac, Christian Hugonnet et Pierre-William Glenn (actuel président).

Les directeurs des Services Permanents ont été successivement MM. Jean Vivié, Claude Soulé, Michel Baptiste, Yves Louchez, Laurent Hébert (actuel délégué général).

Organisation

La **Commission supérieure technique de l'image et du son** coordonne les activités de ses divers départements, dont le but est d'analyser, dans leurs domaines respectifs, les conditions techniques les plus favorables pour la réalisation des opérations intervenant dans les différents domaines de l'image et du son, depuis la fabrication des supports jusqu'à la restitution du produit fini.

Son fonctionnement est assuré par les *Services Techniques*, qui en constituent l'élément permanent, et qui disposent de laboratoires de recherche, d'essais et de contrôles, comprenant diverses sections spécialisées intéressant l'ensemble des industries cinématographiques, de l'audiovisuel, de la vidéo et du multimédia.

Les essais et expertises, qui donnent lieu à la rédaction de procès-verbaux détaillés, sont effectués soit à l'extérieur (salles de projection, studios, laboratoires cinématographiques ou vidéo, etc.), soit dans ses propres laboratoires.

La CST édite par ailleurs, dans les domaines cinéma et vidéo, des films d'essai et des mires, spécialement conçus pour permettre d'effectuer les contrôles afférents à la prise de vue, à la projection, à l'enregistrement et à la reproduction sonore, aux opérations de laboratoire, de transfert de film sur vidéo ou support numérique, de vidéo-projection, de projection numérique, etc.

La CST dispose aussi d'une activité de rédaction de recommandations techniques, de dossiers techniques, de notes techniques, de livres, permettant de transmettre toute cette information.

L'activité est répartie entre trois grands secteurs : création, postproduction et diffusion.

Fonctionnement

La CST assume d'une part un rôle d'assistance technique auprès de la profession, et est chargée d'autre part de faire respecter – sous l'autorité du **Centre national de la cinématographie** – les normes et spécifications techniques en vue de la délivrance des autorisations d'exercice, conformément à la réglementation en vigueur.

C'est à partir des travaux des départements de la CST que sont élaborés les *Cahiers des Charges* des matériels souhaités par la profession. L'ensemble des départements constitue, en outre, un instrument de recyclage permanent, grâce notamment aux échanges d'informations techniques qu'y pratiquent les professionnels dans un cadre interdisciplinaire. Ce moyen d'information a été complété par l'organisation des « Rencontres » de la CST, de conférences d'informations et de démonstrations pratiques dans les « **Ateliers de la CST** ».

La CST initie également des projets de R&D dans ses domaines de compétences. Par exemple, en 2005-2006, elle a initié deux dossiers dans le cadre des projets RIAM : ISA (*Interoperability and Security Architecture for Digital Cinema*) et Codicille (*Control of Digital Cinema*), projets qui accompagnent la mise en place du cinéma numérique dans la distribution et l'exploitation.

Consultée par les industriels sur les prototypes qu'elle éprouve dans ses laboratoires, ainsi que sur les agencements et les équipements d'installations propres au cinéma et à la vidéo (auditoria, studios de prise de vue, salles de montage, salles de projection, etc.), la Commission supérieure technique de l'image et du son agit en tant que laboratoire technique au service de la profession cinématographique.

Elle agit également en tant qu'expert officiel de la profession : elle établit, à la demande des producteurs, laboratoires, distributeurs et exploitants, les rapports d'expertise qui servent de base aux compagnies d'assurance lors des dommages survenus à des copies en cours d'exploitation, à des éléments négatifs ou de tirage, à des éléments vidéo : masters, duplication de vidéocassettes, etc.

La Réglementation Cinématographique, élaborée par le Centre national de la cinématographie, comporte le recours à la Commission supérieure technique de l'image et du son chaque fois que l'administration est appelée à prendre une décision fondée sur des considérations techniques. Ceci amène, entre autres, la CST à se livrer à des études sur plans, sur dossiers, ainsi qu'à des relevés sur place. C'est ainsi que la CST établit des quitus techniques dans le cadre de l'autorisation d'exercice délivrée par le CNC aux entreprises du secteur des Industries Techniques (studios, laboratoires, auditoriums, salles de vision, etc.).

Fondant ses jugements sur les seules considérations d'amélioration et de recherche de la qualité, la Commission supérieure technique de l'image et du son constitue pour l'administration du cinéma un support technique essentiel.

La CST et l'exploitation cinématographique

Dès son origine, la CST a établi des rapports privilégiés avec l'exploitation cinématographique. Ces rapports se sont traduits par une coopération permanente sur les études et recherches concernant l'amélioration des conditions de confort des spectateurs, et de qualité de la diffusion des œuvres cinématographiques.

Dans ce cadre ont notamment été définies les stipulations de la norme Afnor NF S 27001 « Caractéristiques dimensionnelles des salles de spectacle cinématographique ». Cette norme est en application sur le territoire métropolitain depuis 1954. D'abord contrôlée uniquement sur plans, la conformité des salles (créées ou rénovées) aux stipulations de la norme est vérifiée également sur place, suite à un accord entre la Fédération Nationale des Cinémas Français, le Centre national de la cinématographie et la CST, depuis le 21 janvier 1980.

Dans le cadre de ces visites obligatoires, la CST effectue également un bilan technique des équipements de projection des images et de reproduction des sons, en référence aux **Spécifications Techniques** de la CST. Ces spécifications techniques définissent les caractéristiques qualitatives minimales que doivent respecter les installations techniques pour assurer une qualité technique minimale de reproduction des œuvres cinématographiques.

La CST réalise également, toujours en accord avec la FNCF et le CNC, des bilans techniques des salles existantes, basés sur les mêmes références techniques, dans un but d'assistance technique à l'exploitation cinématographique.

La CST participe aussi à l'analyse technique des dossiers déposés à la commission des aides sélectives à l'exploitation du CNC, et réalise les tests de conformité au cahier des charges en vigueur pour les systèmes de billetterie informatisée.

La CST et le contrôle des salles : petit historique et contexte administratif

Les missions de contrôle technique au bénéfice de l'industrie cinématographique, et notamment des salles de cinéma, doivent beaucoup à un grand « Monsieur » de la technique et de la CST : Jean Vivié.

Dès 1939, il envisageait une structure de contrôle technique, qu'il créa finalement en 1941 au sein du **Comité d'Organisation de l'Industrie Cinématographique** (le COIC). Il étendit les moyens d'actions de ce **Contrôle Technique** en initiant le Bureau de Normalisation de l'Industrie Cinématographique (BNIC), au sein de l'Afnor, ceci dès 1943. Pour la petite histoire (c'est ici notre propos), ce bureau de normalisation du cinéma, reconduit au fil des ans en accord avec les professionnels (FNCF, Industries techniques, CNC, etc.) sous la houlette de la CST, fut dissous en 1994 faute d'activité, malgré un regain dans les années 1980. Et en 2003, la CST a relancé ce travail de normalisation avec l'Afnor, à propos du cinéma numérique…

Bref, c'est donc tout naturellement qu'en septembre 1944, la CST, tout juste créée par Jean Painlevé et ses camarades, s'est rapprochée du Contrôle Technique du Cinéma de Jean Vivié pour l'intégrer à ses activités, nommant ce dernier secrétaire général permanent. C'est alors la grande épopée de la mise en place de moyens de tests, d'essais, de contrôles, d'expertises, de films test, de normalisation. De tous ces travaux, étalés sur 20 ans, on retiendra, concernant les salles, la création de la norme NF S 27001 (1945 puis 1954) portant sur les caractéristiques dimensionnelles des salles de cinéma, l'établissement de Spécifications Techniques CST sur les conditions de projection des images et de reproduction des sons, de nombreuses normes (formats 2 et 3 perfos, déjà !), des recommandations, des protocoles de mesures, qu'il ira présenter à l'ISO.

Les années 1950 voient apparaître le premier véhicule de contrôle pour les salles, un « tube Citroën » bardé de bancs Bruël, que l'on garait devant le cinéma, tirant des longueurs de câbles, aux incidences dûment répertoriées, entre le véhicule et les projecteurs en cabine. De grandes tournées étaient organisées dans toute la France pour visiter les salles.

Dans les années 1960, les premières idées de *Label* sont avancées, un logo est créé, que de nombreuses salles ont pu afficher, après la visite du camion de contrôle (dans lequel on retrouvait Claude Soulé, Michel Baptiste et Michel Grapin, M. Marchinot et bien d'autres).

Dès la création de la norme NF S 27001, bientôt complétée par une norme NF S 27014 sur l'implantation des *Drive In*, la CST est mandatée par le CNC pour délivrer un quitus de conformité des plans des salles de cinéma lors de leur création.

Devenu directeur général, Claude Soulé, grand passionné de technique à la faconde rocailleuse de son sud-ouest natal, initie, avec les « deux Michel », la mise à jour des Spécifications Techniques, rééditées en 1978. Dans la foulée, il engage un dialogue permanent avec la FNCF, la FNDF, les Industries Techniques et le CNC. Cela aboutit à la signature, le 9 octobre 1979, d'un protocole d'accord initiant le contrôle sur place systématique de toute salle demandant une autorisation d'exercice, soit en création, soit en renouvellement après travaux. Le décret, paru au *Journal officiel* le 20 janvier 1980, met donc en place un système qui prévoit que l'obtention de l'autorisation d'exercice est conditionnée à la délivrance par la CST d'un double quitus technique.

Ce quitus comprend donc :

- **l'examen** sur plan, comme depuis 1954, qui aboutit à un quitus provisoire ;
- **la visite** sur place d'un ingénieur de la CST, qui aboutit au quitus définitif.

Lors de cette visite, trois points sont scrupuleusement étudiés :

- **le respect des dispositions de la norme** NF S 27001 sur les caractéristiques dimensionnelles (distance 1er rang, distorsion des images, dégagement des têtes, etc.) ;

- **les conditions de projections des images** (luminance, colorimétrie, fixité, respect des formats, etc.) ;
- **les conditions de reproduction des sons** (réponse en fréquence, distorsion, dynamique, bruit de fond, etc.).

Cela aboutit bien sûr parfois à certaines obligations de mise en conformité pour l'exploitant (de plus en plus rare, avec 50 % de non-conformité en 1980 et environ 15 % en 1995), mais cela permet aussi, lors de l'établissement des bilans techniques, d'aider, de conseiller, d'assister, d'informer les exploitants, les architectes, les installateurs, bref de remplir auprès de l'exploitation les missions définies dans les statuts de la CST.

Le cadre a donc été bien mis en musique par Claude et les deux Michel : la norme Afnor, les Spécifications Techniques, les méthodologies de mesure, le matériel de mesure (le tube Citroën s'est déjà réduit à une valise d'environ 20 kg, elle s'alourdira un peu avec le Dolby).

Il ne restait plus qu'à faire vivre ce concept. Le premier à s'y coller fut Alain Besse, dès l'automne 1979, rapidement rejoint par d'autres ingénieurs (Claire Ormezzano - 1980, Pascal Brunet - 1982, Pascal Luquet - 1984, Matthieu Sintas - 1986, puis, plus tard, Pierre Rossillon - 1992, Daniel Belval - 1999 et enfin Pierre-Édouard Baratange et Jean-Michel Martin).

Il y eut des hauts (417 salles en 1984) et des bas (88 salles en 1989), mais le système perdure, s'adaptant à toutes les innovations techniques (Dolby, Son numérique, projection vidéo, cinéma numérique, etc.).

En 1982, Claude Soulé négocie un autre protocole, portant sur des bilans techniques de 100 salles par an, gratuits pour l'exploitant (depuis 24 ans, cela fait environ 2 400 salles !).

Toujours en 1982, Michel Grapin rédige les Prescriptions Techniques pour la vidéo-projection dans les salles de cinéma, afin d'intégrer les salles des réseaux VTS dans le système CNC. Alain Besse développe les méthodologies de mesures liées à ces Prescriptions, dont certaines inspireront la fameuse norme Ansi sur la puissance lumineuse des vidéo-projecteurs.

En 1989, les temps sont durs (seulement 88 salles). La FNCF négocie un protocole permettant d'assouplir quelques points de la norme dans le cas de rénovation de salles existantes. Les multiplexes balayeront ces hésitations.

Mais toute l'expertise acquise et tous les contacts établis ont permis d'enrichir le savoir-faire de la CST, transformant cette mission un peu « terrifiante » de contrôle en une mission tout à fait acceptée d'assistance à l'amélioration de la qualité. Cette expérience s'est exprimée au travers d'un premier guide de l'exploitation (Michel

Baptiste dans les années 1980), puis d'un second guide (Alain Besse, 1993, rénové en 1998 puis en 2003), au travers de nombreuses recommandations techniques (son numérique, luminance, niveaux sonores, pistes cyan, etc. – voir site www.cst.fr), de normes et de projets de normes (Cinéma numérique en 2005), au travers de l'apport d'informations dans les réunions des départements, mais encore dans les festivals (Cannes, Annecy, Le Creusot, Avoriaz, Luchon, Angers, etc.) et jusqu'à des missions à l'étranger (en Afrique avec le MAE), d'assistance technique auprès des institutions (CNC, FNCF, FNDF, Afcae, Ficam), ou encore de participations dans les actions de formation (stages de formation par la FNCF en 1993, réforme du CAP en 2004, mise en place des formations cinéma numérique en 2006).

Ainsi, depuis 1944, le contrôle des salles, sous ses différentes formes, a trouvé une place enrichissante pour tous, mais surtout pour un des objectifs de la CST : la garantie de la qualité technique et du respect des œuvres.

Avant-propos

Quelques idées simples sur la notion de qualité

Le peintre, le sculpteur, le compositeur, l'écrivain, le poète, le danseur, sont autant de créateurs dont les œuvres mûrissent et éclosent individuellement, ne nécessitant pas directement l'intervention d'autrui.

En cinématographie, rien ne se fait seul. Entre l'idée qui germe dans l'esprit du scénariste et l'image et le son qui excitent la rétine et l'oreille du spectateur, l'élaboration puis la réalisation du projet sont issues de la complémentarité d'une somme de connaissances, d'expériences, de savoir-faire, d'intuitions, d'inventions, de génie parfois.

En fin de chaîne de production, l'œuvre est entière. Elle ne peut plus tolérer d'altération, de modification, de déformation. Anachronique serait l'idée d'exposer la Joconde sous un faisceau de lumière bariolée, ou celle de jouer la sonate « Pathétique » au milieu d'une autoroute ou dans un stade en furie.

Les étapes de la construction sont les éléments bâtisseurs du film, chacune apportant ses possibilités, ses perspectives, ses innovations, en tant qu'assistance au créateur, pour l'aider à exprimer le plus fidèlement possible son rêve.

Et afin de conserver sa pureté originelle à l'idée du créateur, pour qu'elle soit transmise intégralement au spectateur, tous les intervenants se doivent déontologiquement d'être au service objectif et non filtrant de la création, leur inventivité personnelle, nécessaire, n'étant qu'un moyen et non un but.

La « salle de spectacle cinématographique » a pour vocation de présenter au public l'œuvre conçue et réalisée par le créateur, toute l'œuvre, et rien que l'œuvre. Elle est le maillon final de la chaîne, celui sans lequel tout le travail antérieur ne serait que pure abstraction artistique. Elle est le lieu de communication, de communion entre l'artiste et son public. Elle met l'œuvre en valeur, sans l'encenser, mais sans l'interpréter.

Son confort doit permettre au spectateur de ne plus percevoir que ce monde irréel et extraordinaire qui vient de l'écran, faisant abstraction du monde réel qui l'entoure, et de ne pas être troublé dans son imaginaire.

Pour cela, elle doit être neutre techniquement, car telle est l'œuvre, telle elle doit être diffusée, bonne ou mauvaise, pour autant que ces mots aient un sens. Ce n'est pas à nous de la juger, mais au public. Le travail quotidien et acharné des exploitants a permis de faire évoluer cette technique. La cabine de projection du passé, si magnifiquement décrite dans *Cinéma Paradiso*, n'est plus. Elle ressemble aujourd'hui à une cabine de pilotage de *La Guerre des Étoiles*. Il faut continuer à donner aux exploitants les moyens de cette ambition : la Qualité. Le présent s'y emploie déjà. Que l'avenir le garantisse.

Qu'il soit argentique ou électronique, le support de diffusion n'est également qu'un outil que l'industrie met à la disposition du créateur et du spectateur. La technologie doit rester au service de l'œuvre et de son créateur, et ne pas lui imposer ses limites. Comme le proclame la CST depuis fort longtemps, peu importe la technologie utilisée tant que l'on propose la meilleure au spectateur.

Ce document assistera le concepteur, aidera l'entrepreneur, conseillera l'utilisateur de la salle de cinéma, afin que tout soit prévu et géré dans ce but d'une diffusion « objective » des films. Qu'il connaisse ou découvre l'exploitation cinématographique, le lecteur y puisera les informations utiles à la qualité de son travail. Certes, ce n'est pas facile, cela coûte parfois cher, et tous les intervenants sont concernés. Notre volonté et notre vocation n'ont qu'un but :

« Le Spectacle Cinématographique »

Alain Besse

Préambule

La chaîne cinématographique : les intervenants

Généralités

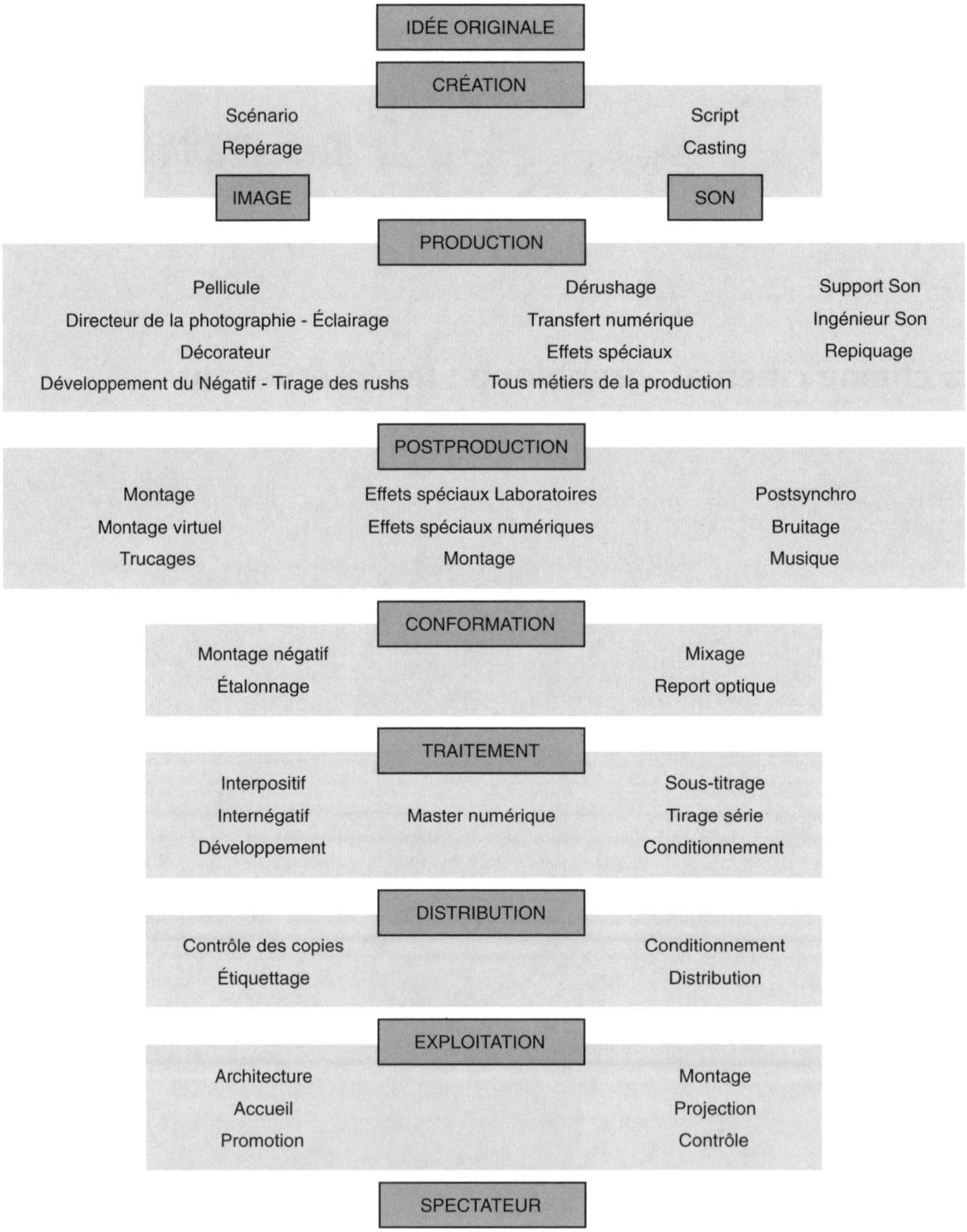

L'image

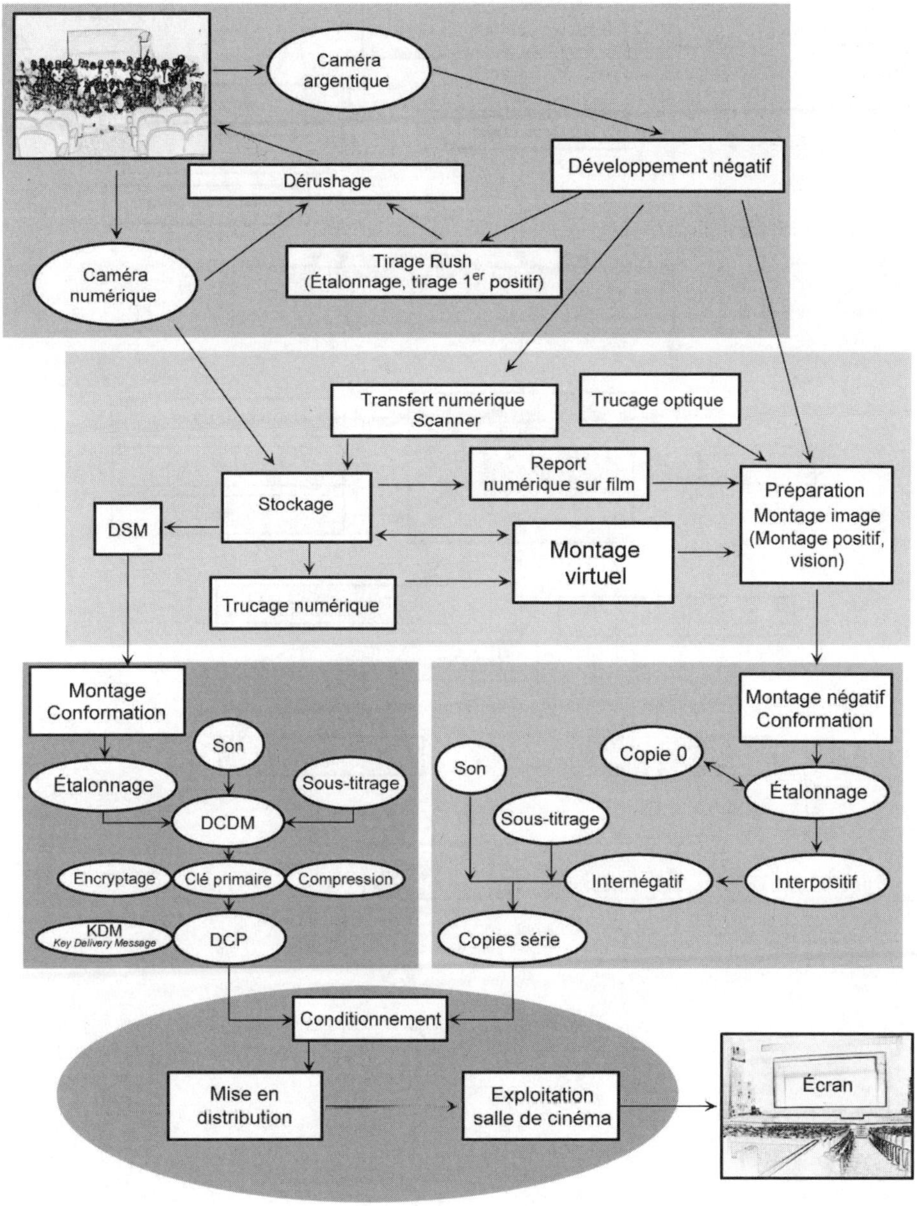
Caméra argentique
Développement négatif
Dérushage
Caméra numérique
Tirage Rush (Étalonnage, tirage 1er positif)
Transfert numérique Scanner
Trucage optique
Report numérique sur film
Stockage
Préparation Montage image (Montage positif, vision)
DSM
Montage virtuel
Trucage numérique
Montage Conformation
Son
Étalonnage
Sous-titrage
DCDM
Encryptage
Clé primaire
Compression
KDM Key Delivery Message
DCP
Montage négatif Conformation
Copie 0
Son
Étalonnage
Sous-titrage
Internégatif
Interpositif
Copies série
Conditionnement
Mise en distribution
Exploitation salle de cinéma
Écran

Le son

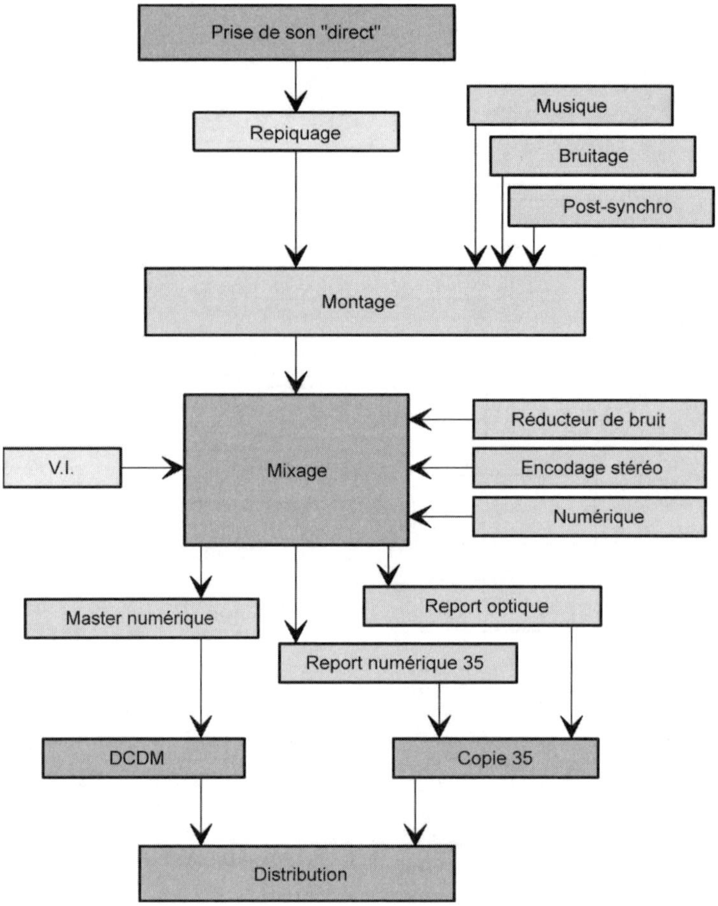
Prise de son "direct"
Repiquage
Musique
Bruitage
Post-synchro
Montage
Mixage
V.I.
Réducteur de bruit
Encodage stéréo
Numérique
Master numérique
Report optique
Report numérique 35
DCDM
Copie 35
Distribution

Autour de la salle

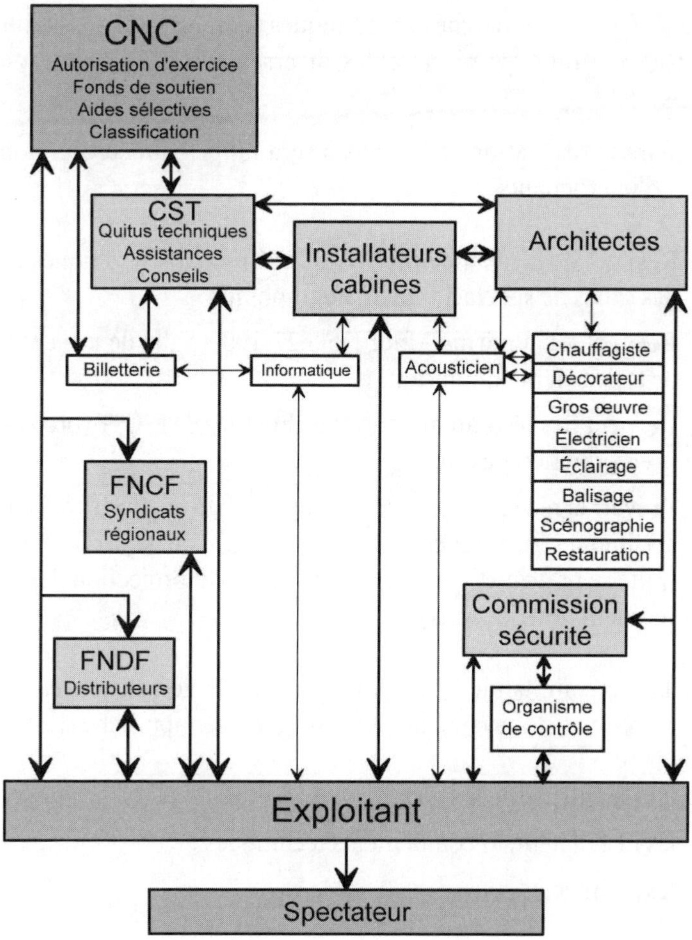

La salle de cinéma : comment la concevoir

Les exploitants souhaitant créer une salle de cinéma doivent remplir un certain nombre de démarches administratives (chambre de commerce, autorisation d'exercice du CNC) et de démarches économiques (nombreuses possibilités d'aides et de subventions, à tous les niveaux des diverses administrations, y compris européennes).

Concernant la réalisation technique, il sera rappelé un certain nombre de procédures et d'intervenants :

- **Respect** de la norme Afnor NF S 27001 « Caractéristiques dimensionnelles des salles de spectacle cinématographique ».
- **Respect** de la norme Afnor NF S 27-100 « Salle de projection électronique de type cinéma numérique ».
- **Respect** des recommandations techniques de la CST (projection des images - reproduction des sons).
- **Prévoir** la rédaction précise et complète d'un ou plusieurs Cahiers des Clauses Techniques Particulières (CCTP), portant sur la structure du bâtiment, le traitement acoustique, les équipements de projection, les équipements de reproduction des sons.

Enfin, il est recommandé à tous les décideurs de ne pas hésiter à prendre conseil auprès de spécialistes ayant l'habitude de gérer ces approches techniques :

- les ingénieurs de la CST ;
- les installateurs d'équipements techniques ;
- les architectes spécialisés.

Le guide de l'exploitant

Utilisation du guide de l'exploitation

Ce guide n'est ni une norme, ni une proposition de norme. Il est une explication de texte des normes et spécifications techniques en vigueur, et il réfléchit sur les actions à entreprendre, en tenant compte des évolutions observées ces dernières années. Les succès successifs des premières éditions nous ont incité à le compléter dans le sens d'une meilleure pédagogie à l'attention de tous ses utilisateurs.

Les recommandations portées dans ce document ne doivent pas être prises comme des contraintes technocratiques, mais comme le fruit de l'expérience et du savoir-faire de tous les intervenants de la chaîne cinématographique, ceux-là même qui ont créé ou participé à la création du spectacle cinématographique.

Il est recommandé aux concepteurs de salles de créer, d'innover, de bousculer même parfois, l'évolution ne se générant que dans le mouvement, mais qu'ils n'oublient pas la fonction première de la salle de cinéma : être un intermédiaire entre le créateur et le public.

Restons humbles, ne travaillons pas pour notre gloire personnelle, mais pour celle du spectacle que nous voulons mettre en valeur. D'autres technologies se proposent d'apporter la création audiovisuelle aux spectateurs. Faisons en sorte que la salle de spectacle cinématographique conserve, au-delà de ses valeurs de convivialité, sa dimension de qualité du spectacle.

Informations

Ce guide énumère l'ensemble des caractéristiques afférentes à la projection des images de type 2D issues d'œuvres artistiques traditionnelles, que le support soit chimique ou électronique, ainsi qu'à la diffusion des bandes sonores associées.

Les autres technologies appelées « Grands Formats » seront simplement évoquées.

Les schémas présentés dans ce document ne sont pas des plans de salles à recopier à la lettre. Ils apparaissent en illustration des exposés, et ne sont qu'indicatifs. En conséquence, il n'y a pas lieu d'affirmer qu'un élément quelconque de la salle (écran, fauteuil, etc.) doit être placé exactement comme sur ces schémas. Seules doivent être prises en compte les valeurs spécifiées. Dans le respect de ces valeurs, la libre créativité des concepteurs peut s'exprimer en toute quiétude.

Références

Le présent document s'appuie bien évidemment sur l'ensemble des informations techniques diffusées par les différents organismes nationaux et internationaux, équivalent à la CST : AFNOR, ISO, DIN, ANSI, UER, SMPTE, BKSTS, etc.

Les extraits de norme sont reproduits avec l'autorisation de l'Afnor. Seule fait foi la norme originale. Il est possible de se procurer le texte intégral des normes auprès de l'Afnor : www.boutique.afnor.fr.

Ce document bénéficie également de l'expérience importante acquise par les ingénieurs de la CST dans l'ensemble de leurs contacts avec les concepteurs, réalisateurs et utilisateurs de salles d'exploitation cinématographique, depuis maintenant plus de 40 ans.

Il bénéficie enfin de l'expérience concrète que représente la mission confiée depuis 1980 à la CST par le Centre national de la cinématographie, à savoir la visite sur place pour contrôle et assistance technique (dispositions architecturales et conditions techniques d'exploitation) de toute salle de cinéma nouvellement créée ou récemment rénovée, dans le cadre de la délivrance de l'Autorisation d'Exercice de l'exploitation cinématographique. S'est ajoutée à cette mission une seconde mission d'assistance technique auprès des salles existantes, afin d'assurer la mise à niveau ou la pérennité des équipements de projection des salles en cours d'exploitation.

C'est ainsi que depuis 1980, la CST a procédé à l'établissement de plus 8 000 rapports techniques décrivant les conditions techniques d'exploitation, constatant le bon et le moins bon, et assistant l'exploitant dans sa recherche de la qualité, en indiquant les opérations d'amélioration à effectuer.

Ses bases techniques se trouvent également dans le dialogue permanent établi au sein des départements de la CST, dans leurs réunions, échanges, conférences, présentations techniques, réalisés par les 700 membres actifs de l'association.

C'est aussi au nom de ces expériences que nous offrons aujourd'hui aux différents intervenants de l'exploitation ces quelques réflexions sur la conception, la réalisation et l'utilisation des salles de cinéma, afin que la qualité du parc français, déjà excellente, se bonifie encore face aux concurrences effrénées que subit l'exploitation en salle.

Conseils

Enfin, nous ne pouvons que conseiller une certaine modestie à chacun des intervenants sur les salles de cinéma. Nul ne peut tout savoir. Et surtout, la connaissance de ce document ne permet pas d'atteindre une sapience totale de l'exploitation cinématographique. Cette connaissance permettra principalement de prendre conscience des différents problèmes qui peuvent se poser. Il est fortement recommandé à tous les maîtres d'œuvre et à tous les maîtres d'ouvrage d'avoir recours à un ou plusieurs spécialistes dans chacun des domaines d'activité à traiter.

Ces domaines portent principalement, en ce qui concerne les problèmes purement techniques, sur :

- la structure de gros œuvre : ingénieur béton, acousticien ;
- la climatisation : chauffagiste, acousticien ;
- la décoration : architecte décorateur, acousticien ;
- la reproduction sonore : installateurs spécialisés dans la reproduction sonore cinématographique ;
- l'équipement de projection : installateurs spécialisés dans les équipements de projection d'images de type argentique ou numérique.

En règle générale, tout en laissant leur chance aux entreprises nouvelles souhaitant s'implanter dans ce domaine d'activité, il est recommandé de faire superviser la réalisation par une personne ou une entreprise ayant déjà une expérience confirmée de qualité dans ce domaine très spécifique.

Lors des différentes étapes de l'étude et de la réalisation des chantiers, il est conseillé de faire référence aux indications de ce document, afin que tout le monde parle le même langage et sache sur quelles bases communes travailler.

Sécurité du public

Bien que des questions sur ce sujet nous soient fréquemment posées, ce domaine n'est pas du ressort des organismes techniques comme la CST, mais de celui des commissions départementales de sécurité (banlieue et province) et de la préfecture de Police pour Paris.

Les textes régissant ce domaine sont regroupés dans les brochures éditées par le *Journal officiel*, intitulées « Sécurité contre l'Incendie - Établissements recevant du Public - Règlement du 23 mars 1965 N° 1011 - Règlement du 25 juin 1980 Dispositions Générales N° 1685 - Règlement du 25 juin 1980 Établissements spéciaux N° 1688 ».

Rappel

L'acquisition par le lecteur des informations techniques portées ci-après ne fera pas de lui un être omniscient, pouvant s'affranchir de tout conseil extérieur professionnel.

Ces informations ne sont que le canevas de base sur lequel tout concepteur de salle de spectacle cinématographique établira son étude. Il sera indispensable pour chaque domaine traité de faire confirmer, par les conseillers techniques appropriés (ingénieurs CST, installateurs de cabine, exploitants, conseillers techniques des métiers du bâtiment, acousticiens, etc.), l'ensemble des options retenues pour le projet considéré.

Partie A

Conception de la salle de spectacle cinématographique

Le Cinéma est un Spectacle.
La Salle de Cinéma est le Lieu du Spectacle.
Le Film est le Spectacle offert au Public par l'Artiste.

Chapitre 1

Généralités

1.1 Le confort

Toute normalisation cherche à définir un modèle d'« **idéal** » parfait. Mais le « **parfait** » n'est que ce vers quoi l'on tend. Il n'est donc pas raisonnable d'idéaliser la notion de confort. Elle fait appel à trop de critères et de sensibilités personnels.

Mais certaines règles, techniques ou expériences, bien utilisées, gérées et adaptées, permettent de mieux définir ce que peut être le confort du spectateur.

Le respect (sinon dans la lettre, du moins dans l'esprit) des recommandations qui suivent, lors de la conception de nouvelles salles dans des bâtiments neufs ou entièrement rénovés, est un moyen efficace de garantir une qualité optimale des réalisations. Il serait impardonnable de ne pas faire au mieux lorsque l'on crée. Cela ne doit en rien brimer l'inventivité personnelle de chacun, mais la guider. Ces recommandations ne définissent pas une salle type, mais rappellent les concepts de base, qui, parmi d'autres, sont à prendre en compte, et notamment la finalité du lieu : **une salle de cinéma**.

Certaines tolérances pourront être ponctuellement admises lorsqu'il s'agit de rénovation ou de restructuration dans d'anciens bâtiments, l'existence d'un site cinématographique dans une commune restant un objectif prioritaire. Une solution satisfaisante est heureusement possible dans la plupart des cas.

Il ne faut cependant pas se cacher que certains sites sont complètement inadaptés à l'organisation de spectacles cinématographiques. Il serait inadmissible de tout supporter, sous peine de détruire l'art et de désespérer le spectateur.

Rappelons-nous simplement qu'une norme doit plutôt être utilisée comme assistance à la création, fruit de l'expérience passée, ses aspects contraignants ne devant être interprétés qu'en tant que garde-fou.

1.1.1 *Définition*

Chaque être humain est par essence différent de son prochain, autant physiologiquement que psychologiquement. Pour chacun, la notion de confort regroupera des critères propres, ne correspondant pas rigoureusement avec d'autres avis.

Toute normalisation ne peut donc être qu'une moyenne entre ces différentes opinions. Elle devra satisfaire le plus grand nombre, sans ignorer les minorités.

Observons les comportements des spectateurs. Tous les exploitants de France et de Navarre constatent quotidiennement que leurs salles se remplissent d'abord par le fond, quelles qu'en soient les dimensions.

Ce comportement général n'est pas l'absolu. Tel grand philosophe contemporain est un fanatique du premier rang de la salle du Champo à Paris. Nombre de jeunes se regroupent fréquemment dans les premiers rangs. Le spectateur dans certains cas ne se positionne pas nécessairement par rapport à l'écran, mais par rapport à son voisinage, à sa tranquillité, à sa convivialité.

Les éléments suivants définissent simplement la zone où, au gré de ses convenances personnelles, sera garantie au spectateur une vision satisfaisante et agréable de l'ensemble de l'œuvre cinématographique, principalement dans son aspect pictural, mais également dans son aspect sonore.

N'oublions pas qu'au-delà du critère économique, le cinéma est avant tout un spectacle offert à un public par un artiste.

1.1.2 *Le confort du spectateur*

En matière de confort, les demandes du spectateur sont simples. Il veut :

- de la place pour ses jambes ;
- de la place pour ses coudes ;
- bien voir tout l'écran ;
- ne pas se démettre de vertèbre cervicale ;
- ne pas s'abîmer les yeux sur les trous de l'écran ;
- ne pas venir avec ses jumelles ;
- voir une belle image, entendre un beau son.

De telles demandes n'ont rien d'anormal. Rappelons-nous que nous sommes aussi des consommateurs, alors respectons notre public comme nous aimerions être respectés !

1.2 Caractéristiques dimensionnelles

1.2.1 *Normalisation*

Les textes définissant les caractéristiques dimensionnelles d'une salle de spectacle cinématographique sont regroupés dans la norme Afnor NF S 27001. Ils s'appliquent indifféremment à toutes les salles créées ou rénovées. Les principes en sont présentés au *tableau 1.1*.

1.2.2 *Protocole du 29 juin 1989*

À la fin des années 1980, l'exploitation connaissait une perte importante de fréquentation et un besoin important de restructurer les complexes créés un peu rapidement dans les années 1970 en partitionnant les anciennes grandes salles. Le souhait des exploitants de pouvoir réimplanter dans ces salles existantes des écrans dignes de la notion de spectacle cinématographique, en dimension et en qualité technique, a conduit les instances concernées (FNCF, CNC, CST) à rédiger un **protocole** amendant certaines dispositions de la norme NF S 27001. L'objet premier de ce protocole était de permettre, sans handicap d'exploitation, l'agrandissement des écrans dans les salles existantes ou se créant dans des locaux existants et difficilement modifiables structurellement.

Les stipulations nominales de la norme restaient toujours applicables lors de la création de locaux neufs, ou lors d'une rénovation totale (y compris les murs intérieurs).

Ce protocole permettait simplement de maintenir l'existence d'un site cinématographique honorable, plutôt que de le voir disparaître. À ce titre, l'application du protocole devait rester limitée à des cas bien précis et exceptionnels.

Tableau 1.1

Description	Norme Afnor NF S 27001
Distance écran/1er rang	≥ 0,6 × largeur CinémaScope
Distance écran/dernier rang	≤ 2,9 × largeur CinémaScope
Angle de renversement des têtes au 1er rang (œil vers le haut de l'écran)	≤ 45°
Angle de renversement des têtes au 1er rang (œil vers le centre de l'écran)	≤ 30°
Angles latéraux (par rapport à la normale aux bords de l'écran)	≤ 20°
Pas d'implantation entre les rangées (sol continu)	≥ 0,80 m
Pas d'implantation entre les rangées (gradins)	≥ 0,90 m
Dégagement des têtes entre les rangées	≥ 0,12 m
Hauteur laissée libre sous le faisceau de projection	≥ 2 m
Rayon de courbure de l'écran	≥ 5,8 × largeur CinémaScope
Angles de plongée de la projection (vertical et horizontal)	Ne doivent pas induire de distorsion trapézoïdale des images supérieure à 3 % par axe (toléré 5 %)
Orientation du plan des dossiers	Entre le plan de l'écran et le plan perpendiculaire à l'axe de visée au centre de l'écran pour le siège considéré
Limite verticale d'implantation	En dessous du plan passant par le bord supérieur de l'écran, incliné de 20° sur le plan horizontal

Le protocole amendait donc les points présentés au *tableau 1.2*.

Tableau 1.2

Item	Norme NF S 27001	Protocole du 29 juin 1989
Hauteur libre sous faisceau	≥ 2 m	≥ 1,80 m
Distance écran/1er rang	≥ 0,6 × largeur CinémaScope	≥ 0,5 × largeur écran
Dégagement des têtes	≥ 0,12 m	≥ 0,09 m

Toutes les autres stipulations de la norme NF S 27001 restent valables, notamment les angles de renversement des têtes.

En 2006, l'application de ce protocole n'a plus lieu d'être.

1.2.3 *Perspectives d'avenir*

Nous avons vu précédemment quels étaient les critères de qualité du spectateur. Voyons maintenant quels sont les postulats de l'exploitant :

- un grand écran pour du grand spectacle ;
- une capacité assurant la rentabilité de l'établissement ;
- les meilleures garanties de confort ;
- une optimisation du rapport volume/capacité.

À cela s'ajoute la volonté de plus en plus affirmée de reproduire les films (son et image) avec la meilleure qualité technique, en restant le plus fidèle possible à la volonté artistique des réalisateurs.

La suite de ce document décrit les limites à prendre en compte afin de satisfaire simultanément ces quatre exigences.

Le *tableau 1.3* résume les recommandations de la norme Afnor S 27001, qui reste le document de référence à appliquer en règle générale (colonne 3), les tolérances qui peuvent être exceptionnellement admises, essentiellement à cause de difficultés d'ordre dimensionnelles (colonne 4), et enfin les conditions optimisées pour une définition d'une notion valorisante de « Qualité confort ».

Depuis la première rédaction du guide, en 1993, on a vu apparaître dans le monde et en France la génération des multiplexes. Pour ces établissements, les exploitants ont notablement modifié leur approche de la salle de cinéma, autant pour la qualité du confort que pour la qualité technique.

Contrairement à ce que l'on peut parfois lire, il n'existe pas de « norme multiplexe ». Tout au plus trouvera-t-on des cahiers des charges plus ou moins complets qui définissent un certain nombre de critères *a minima*. Beaucoup de ces critères s'inspirent de la colonne « Qualité confort » du *tableau 1.3*.

C'est effectivement dans cette direction qu'il faut aujourd'hui continuer à aller.

En effet, avec l'apparition du cinéma numérique, et de son corollaire grand public la vidéo HD, le spectateur aura chez lui, dans quelques années, sur sa télévision, une qualité technique d'image comparable, à la réserve près des dimensions des images, avec celle de l'exploitation.

La salle de spectacle cinématographique doit donc tout mettre en œuvre pour que cette notion de SPECTACLE reste son atout majeur par rapport à la télévision chez soi.

1.2.4 *Cinéma numérique*

La nouvelle norme Afnor NF 27-100 « Salle de projection électronique de type cinéma numérique » définit précisément les valeurs minima qui devront être respectées par les équipements des salles de cinéma équipées en matériel de projection électronique afin de répondre à l'appellation « **cinéma numérique** ».

La terminologie « cinéma numérique » a volontairement été retenue pour définir à ce jour le meilleur de la qualité technique des projections électroniques. Un des objectifs est de garantir aux spectateurs des salles de cinéma numérique une qualité de diffusion des œuvres cinématographiques n'altérant pas leur aspect artistique. Pour cette raison du respect de l'œuvre, il ne peut être envisagé que la qualité technique des technologies de diffusion propose des références techniques inférieures à celles de la projection argentique, en terme de grandeurs physiques et de pérennité sur la durée d'exploitation de l'œuvre.

On trouvera plus loin dans ce guide l'ensemble des dispositions à adopter dans le cadre de la projection des films à partir d'un support numérique et *via* un projecteur de cinéma numérique.

Concernant les caractéristiques dimensionnelles, les dispositions adoptées pour la projection numérique sont totalement compatibles avec celles de la projection 35 mm. Les dispositions de la norme Afnor NF S 27001 ne font pas directement référence à la projection 35 mm et doivent donc s'appliquer quel que soit le type de support de diffusion, à l'exception des supports de type format propriétaire (Imax, relief, etc.).

On trouvera donc au chapitre 2 une présentation de l'adaptation entre les dispositions de la norme « Caractéristiques dimensionnelles » et les spécificités de la projection numérique.

Dans la période transitoire qui s'ouvre, durant laquelle les deux supports de diffusion cohabiteront dans la même cabine, du moins dans la plupart des sites, les concepteurs de salle devront bien prendre soin d'appliquer les dispositions permettant d'optimiser les conditions de projection des images dans les deux formats.

Ainsi, il y aura lieu de prévoir :

- deux hublots de projection et deux hublots de visée (comme au temps de la projection 35 mm double poste) ;
- la conservation de la projection 35 mm dans l'axe de l'écran, la projection numérique bénéficiant de possibilités de compensation de la plongée latérale, dans certaines limites ;
- la place disponible en cabine pour l'installation des éléments périphériques à la projection numérique (serveur, réception satellite, etc.) ;
- l'alimentation électrique en conséquence.

Des informations plus complètes sur l'ensemble de la chaîne cinéma numérique (production, postproduction, sécurisation, etc.) sont données dans les recommandations DCI, publiées en août 2005, et dont certains aspects sont en cours de normalisation ISO (traduction en français disponible sur le site de la CST).

1.2.5 *Salles de plein air et drive-in*

✦ **Salles de plein air**

La norme s'appliquant aux salles de plein air est la norme Afnor NF S 27001, la même que pour les salles fermées.

✦ **Drive In**

La norme s'appliquant aux drive-in est la norme Afnor NF S 27014.

1.2.6 *Autres normalisations*

D'autres pays se sont penchés sur la définition des notions de confort et de qualité du spectacle. On trouvera des recommandations ou des normes aux États-Unis (SMPTE EG 18-1989 et ISO), en Italie, en Allemagne, en Angleterre. Il existe quelques variations entre toutes ces recommandations, liées aux habitudes culturelles notamment, mais le sens général reste le même, et les valeurs retenues sont très proches.

1.2.7 *Récapitulatif des caractéristiques dimensionnelles*

Tout concepteur de salle de **spectacle cinématographique** (exploitant, architecte) s'attachera à se positionner le plus près possible des valeurs de la colonne de **droite** (recommandations « Qualité confort ») du *tableau 1.3*, garantissant un confort réel et parfait du spectateur.

1.3 Principes généraux

Il n'est pas inutile de rappeler que, dans une salle de cinéma, tout se passe autour de ces deux éléments : l'image et le son. *A priori*, le spectateur vient « voir » un film. Qu'il trouve autre chose dans l'environnement du site est certainement positif, autant au niveau commercial que convivial, mais la justification du lieu cinématographique est liée d'abord à une image projetée sur un écran, associée à un son.

En conséquence, la réflexion doit d'abord porter sur la définition des caractéristiques de l'écran : dimensions et forme. On verra ci-dessous que l'ensemble des caractéristiques architecturales et techniques de la salle en découle.

Tableau 1.3

Item	Désignation	Norme NF S 27001	Protocole 89/97 (cas exceptionnels)	Recommandation « Qualité confort »
2.2.1	Distance écran/1er rang	≥ 0,6 × largeur scope	≥ 0,5 × largeur écran	≥ 0,8 × largeur écran
2.2.1	Distance écran/dernier rang	≤ 2,9 × largeur scope	≤ 2,9 × largeur écran	≤ 2 × largeur scope
2.2.2	Renversement des têtes 1er rang/haut de l'écran	≤ 45° (œil à 1 m/sol)	≤ 45° (œil à 1,10 m/sol)	≤ 40°
2.2.2	Renversement des têtes 1er rang/centre de l'écran	≤ 30° (œil à 1 m/sol)	≤ 30° (œil à 1,10 m/sol)	≤ 30°
2.2.3	Pas d'implantation sur sol continu	≥ 0,80 m	≥ 0,80 m	≥ 0,90 m
2.2.3	Pas d'implantation sur sol gradiné	≥ 0,90 m	≥ 0,90 m	≥ 1 m
2.2.4	Angle de vision latérale	≤ 20°	≤ 20°	≤ 16°
2.2.5	Plan des dossiers/plan de l'écran	≤ 20°	≤ 20°	Voir guide
2.2.6	Dégagement des têtes	≥ 0,12 m	≥ 0,12 m (0,09 m sur ancienne salle)	≥ 0,15 m
2.2.7	Plan supérieur	≤ 20°	≤ 20°	≤ 20°
	Rayon de courbure de l'écran R	$R \geq 2 \times D$ (distance écran/dernier rang)	$R \geq 1,5 \times D$ (distance écran/dernier rang)	$R \geq 2 \times D$ (distance écran/dernier rang)
2.3.2	Distorsion géométrique verticale des images	≤ 3 % (toléré 5 %)	≤ 3 % (toléré 5 %)	≤ 3 %
2.3.2	Distorsion géométrique horizontale des images	≤ 3 % (toléré 5 %)	≤ 3 % (toléré 5 %) avec rapport Dist. proj./hauteur écran > 3,5	≤ 3 % (toléré 5 %) avec rapport Dist. proj./hauteur écran > 4
2.3.3	Hauteur libre sous le faisceau de projection	≥ 2 m (toléré 1,80 m sur 1/2 avant dans les salles < 200 places)	≥ 2 m sur allées 1,80 m sur fauteuils	≥ 2 m
	Niveau de bruit de fond			NC 27 (numérique) NC 30 (analogique)

1.3.1 *L'écran*

Afin de définir les volumes nécessaires à créer, il est souhaitable, lors de la conception de la salle, de partir des données de dimensions d'écran et de capacité désirées. Un volume ne doit pas définir un écran, puis un nombre de fauteuils être installés vaille que vaille. Il faut pouvoir réfléchir en terme d'écran imposant un volume autour et surtout devant lui.

L'étude de volumes correctement proportionnés permettra de satisfaire les exigences de confort. L'utilisation imposée de volumes mal étudiés amènera à des concessions rédhibitoires sur la qualité du confort et de la projection.

L'étude suivante se base sur le principe de la projection de films au standard 35 mm. Elle est applicable à la projection numérique. L'utilisation du format 70 mm permettra une plus grande souplesse, notamment en ce qui concerne la taille maximale de l'écran.

✦ Les limites de la vision humaine

✧ Critères

Le champ de la vision humaine est une variable intégrant de nombreux paramètres. Les éléments suivants doivent être pris en compte :

- la perception de caractères déterminants (mots, détails d'image) ;
- l'ouverture du champ visuel ;
- la perception angulaire des couleurs ;
- la perception angulaire de la lumière ;
- les angles de rotation acceptable de la tête ;
- l'acquis culturel du spectateur.

Des informations sur ces sujets sont données, en application à la vision des images projetées, dans SMPTE 18-1989 et DIN 15996.

Les références utilisées dans ce guide proviennent d'une publication de M. Dreyfus, *The Measure of Man* (Whitney library of design, New York, 1960), ainsi que du livre de M. F. Favre, *Optique, principes et techniques : cinéma et vidéo* (Éditions Dujarric, Paris, 1994).

Pour simplifier, l'œil travaille sur deux zones distinctes :

- une zone centrale, dont les angles d'ouverture sont 40° par 30°, pour laquelle l'analyse est complète autant en colorimétrie qu'en précision ;
- une zone périphérique, dont les angles d'ouverture sont de l'ordre de 120° par 90°, pour laquelle l'analyse est principalement sensible à la lumière et au

mouvement, peu à la couleur. Cette zone peut être considérée, par acquis culturel de la petite enfance, comme zone de surveillance, l'œil « zoomant » sur un mouvement se produisant dans cette zone.

La partie centrale est plus sensible à la couleur et possède un meilleur pouvoir d'analyse (un cône par terminaison nerveuse). La partie latérale est plus sensible à la lumière et moins précise dans l'analyse des détails (plusieurs cônes par terminaison nerveuse). En zone centrale, le pouvoir séparateur de l'œil se fait sur un angle de 1′, ce qui correspond à un objet de 3 mm perçu à 10 m.

L'angle d'ouverture est bien sûr fonction de la quantité de lumière et du contraste de l'image. Il est admis qu'en dessous de 10 lux, l'acuité visuelle est considérablement affectée. L'étude est réalisée pour des valeurs moyennes adaptées à la projection cinématographique.

✧ Champ visuel horizontal

Le champ visuel horizontal est prépondérant. Des trois dimensions (hauteur, largeur, profondeur), la largeur est la dimension qui va transmettre le plus d'informations et de repères. Notamment, la quasi-totalité des textes est transmise horizontalement, mais aussi l'essentiel des notions de positionnement et de construction de l'image, réalisée par « plans » superposés.

On peut envisager une situation où le spectateur est plongé dans l'image, c'est-à-dire que son champ visuel est totalement occupé par l'image projetée. C'est le cas des procédés de projection sur demi-sphère. L'expérience montre que la fatigue physique

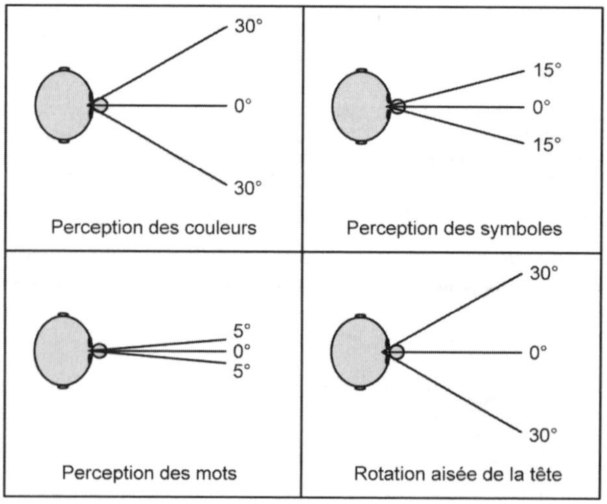

Figure 1.1 – Angles visuels horizontaux.

et intellectuelle du spectateur ainsi occasionnée ne permet pas la diffusion de programmes longs, et difficilement celle de fictions avec des gros plans notamment.

Afin de permettre une perception complète d'une image projetée sur le plan (linéaire ou légèrement concave) que représente l'écran, il convient que l'image utilise une portion du champ visuel la plus proche possible de celle imaginée par le réalisateur ou le directeur de la photographie. On complétera la réflexion par l'intégration des notions de physique humaine, comme les caractéristiques de l'œil (sensibilité à la lumière et à la couleur, pouvoir séparateur) ou les possibilités de rotation de la tête supportables sur une longue durée.

✧ Champ visuel vertical

Le champ visuel vertical est plus limité que le champ horizontal. Son utilisation est fonction du positionnement de la tête. Les mouvements de tête permettent d'orienter le regard, sans gêne physique, sur un angle de 30° en avant ou en arrière.

Le spectateur assis en position normale présente un regard dont l'axe naturel est orienté d'environ 15° vers le bas. Le champ de perception utile est plus ouvert vers le bas (voir figure 1.2). Si l'on oriente le regard sur l'axe horizontal (+ 15°) et que l'on considère l'angle d'ouverture utile du regard vers le haut (30°), on constate que l'angle maximal tolérable vers le haut est de 45° par rapport à l'horizontale. Afin que le point central de l'image se trouve situé au moins au bord de la zone de reconnaissance des couleurs et de meilleure perception des détails de l'œil, l'angle avec l'horizontale vers le centre de l'image ne doit pas excéder 30°.

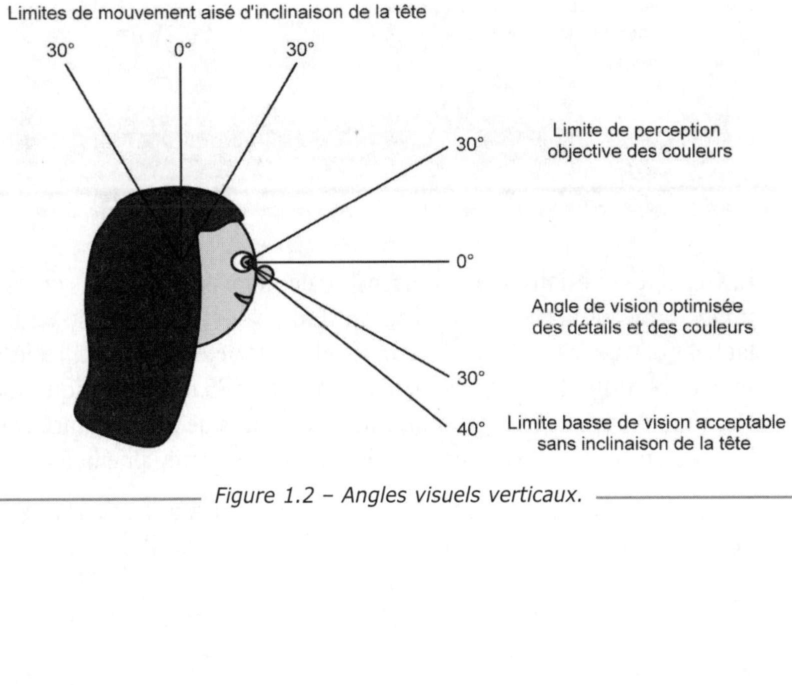

Figure 1.2 – Angles visuels verticaux.

✦ Les limites de la technique

✧ Limites minimales

Subjectivement, étant donné les références dimensionnelles perceptibles dans le champ visuel du spectateur (portes, autres spectateurs, escaliers, panneaux, etc.), il est difficile de créer l'illusion d'une grande image si la base de l'écran n'atteint pas au moins 7 m pour une petite salle (150 places) et 10 m pour une salle plus grande. Par grande image, on entend une image dans laquelle le spectateur « baigne », ce que l'on explicite parfois par l'expression « rentrer dans le film ». Cette sensation ne peut être atteinte si la surface de l'image n'occupe pas une portion importante du champ visuel.

✧ Limites maximales

Elles nous sont imposées par la technologie utilisée. Sur une copie d'exploitation standard 35 mm, le « grain » de la pellicule, élément de base de la composition picturale, mesure environ 10 µm. Un agrandissement de 1 000 fois donnera un « grain » de l'image projetée de 1 cm, ce qui est un maximum sans apparition de défauts optiques importants. Le champ d'image projetable étant de 21 mm de large environ sur la pellicule, la largeur maximale sera, dans le meilleur des cas, de 21 m à l'écran. Ces observations sont globalement applicables à la projection numérique 2K, dont la résolution est à peu près identique à celle de la copie 35 mm (*tableau 1.4*).

Tableau 1.4

Dimensions minimales et maximales d'un écran au format CinémaScope 2,39	
Taille minimale recommandée (occupation du champ visuel)	Largeur maximale recommandée (netteté des images, éclairement)
7 m	20 m
Dimensions minimales et maximales d'un écran au format Panoramique 1,85	
6 m	15,50 m

Les critères d'éclairement rentrent également en ligne de compte. Une grande image projetée nécessite l'utilisation d'une source lumineuse de forte puissance, laquelle dégagera une forte chaleur, risquant de détériorer la pellicule. Les puissances maximales utilisables actuellement en projection 35 mm « classique » sont de 7 000 W. Des puissances supérieures induiraient des coûts de maintenance et de surveillance hors de proportion, avec des risques importants pour la pellicule.

Ces puissances maximales permettront de projeter sur des surfaces utiles de l'ordre de 130 m^2, soit en format CinémaScope 2,39 une base d'image d'environ 17,50 m.

On considère aujourd'hui qu'il n'est pas souhaitable de projeter en 35 mm sur un écran de plus de 20 m de base. En projection numérique 2K, on pourra envisager un peu plus, cela reste à définir. En projection numérique 4K, on pourra nettement plus.

✦ Le format de l'écran

Le format de l'image, c'est le rapport largeur/hauteur des images. Le choix de ces rapports est effectué par les réalisateurs des films, ou les directeurs de la photographie, lors du tournage des films. Aujourd'hui, il existe cinq formats d'image utilisés en production (*tableau 1.5*).

Tableau 1.5

Format	Rapport largeur/hauteur
Standard 1,37	1,37
Panoramique 1,66	1,66
16/9 (format HD)	1,78
Panoramique 1,85	1,85
CinémaScope 2,39	2,39

Les formats les plus utilisés de nos jours sont le CinémaScope 2,39 et le Panoramique 1,85. Le format Panoramique 1,66 est encore utilisé en Europe et le format Standard 1,37 correspond principalement aux productions réalisées avant 1955 (avant l'apparition des formats CinémaScope et Panoramique) et éventuellement pour des coproductions avec la télévision, qui peuvent aussi être réalisées au format 16/9.

Il apparaîtra cohérent de concevoir des écrans permettant de mieux mettre en valeur les formats les plus utilisés.

Deux conceptions se rencontrent : rapport 2,39 et rapport 1,85. En 2006, environ 60 % des films sont au format Panoramique 1,85, et 30 à 35 % au format CinémaScope 2,39. Mais les films 2,39 sont en général les films porteurs en fréquentation.

✧ Format CinémaScope 2,39

Le format de l'écran correspond alors au plus large format d'image utilisé, à savoir le CinémaScope 2,39. Pour les autres formats, dont les rapports d'image sont inférieurs, des bandes noires latérales apparaissent, qui peuvent être masquées par des rideaux latéraux ajustables (colonne de gauche *figure 1.3*).

✧ Format Panoramique 1,85

En 2006, le nombre de salles utilisant cette méthode reste inférieur à 10 %. Dans cette configuration, des bandes noires apparaissent sur les côtés en formats Standard 1,37 et Panoramique 1,66, et des bandes horizontales en haut et en bas apparaissent en format CinémaScope 2,39 (colonne de droite *figure 1.3*).

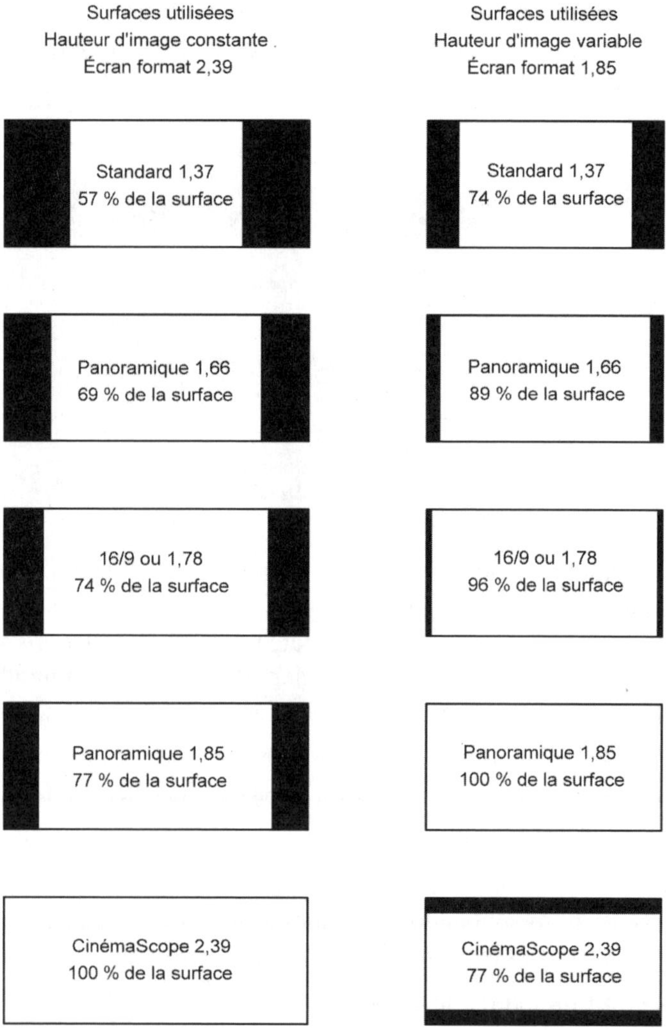

Figure 1.3 - Surfaces d'écran utilisées en projection.

✦ La forme de l'écran

✧ Écran plat

L'écran plat est le plus simple d'installation, et n'apporte que peu de problèmes sur l'image, pour peu que la distance de projection soit suffisante.

✧ Écran courbe

L'écran courbe est un peu plus délicat à réaliser, et nécessitera plus de soin dans l'étude et la mise en place des éléments optiques de la projection. La courbure ne doit cependant être considérée que comme un plus subjectif, accentuant entre autres la profondeur de l'image et assurant, dans certains cas, une meilleure perception de la lumière. Cela ne doit en aucun cas être un élément prépondérant du choix technique.

L'écran courbe est fortement déconseillé pour la projection 35 mm, et est inapproprié à la projection en cinéma numérique.

✦ L'implantation de l'écran

L'implantation de l'écran nécessite certaines précautions qui doivent notamment prévoir des manipulations aisées (remplacement de toile, accès aux enceintes acoustiques, etc.).

Il est certain qu'un écran type mur à mur et sol/plafond est intéressant. Un certain nombre d'artifices permettront d'améliorer le rendu subjectif de la taille d'écran et de la qualité de la projection :

- utilisation de rideaux ou de caches d'écran en matériau sombre mat transsonore délimitant rectilignement le bord des images projetées ;
- remontée du sol en pente adéquate vers le bas de l'écran.

En règle générale, toute structure mettant en valeur l'écran dans son environnement est à prendre en considération : rideaux mobiles, mise en avant de l'écran par décollement visible devant le mur, projecteur blanc en interséance, etc.

Un écran plaqué simplement contre un des murs mettra moins en valeur les images et réduira la sensation de grandeur.

1.3.2 *La salle*

Une fois choisies les caractéristiques de l'écran, la salle se définit avec les trois derniers principes énoncés au paragraphe 1.2.3, à savoir :

- le plus grand nombre de fauteuils ;
- le meilleur confort ;
- le meilleur rapport volume/capacité.

Il s'agit donc, partant d'un écran, de trouver un volume correctement proportionné afin que l'on puisse y placer suffisamment de fauteuils confortables. En outre, ce volume devra être limité en dimension, et permettre une diffusion correcte de l'image et du son.

Encore peut-on se demander quel est le volume idéal pour une salle de cinéma. Nous venons de définir qu'il devait être en relation étroite avec la dimension de l'écran. Il est cependant aussi désagréable d'avoir un écran trop grand que trop petit.

La sagesse nous conseille de nous inspirer des théories développées par les Anciens, et notamment par les Égyptiens lors de la construction des pyramides. Pour différentes raisons très techniques, ils ont établi la notion de nombre d'or, qui définit le rapport idéal pour une proportion de forme entre les différentes dimensions d'un bâtiment. Il sera utile aux architectes modernes de s'inspirer de cette notion pour définir les proportions des volumes à créer dans les nouveaux complexes.

L'ensemble des critères permettant d'arriver à un résultat correct est décrit dans le chapitre suivant.

Notre but est de garantir la satisfaction de l'ensemble des spectateurs, et non de satisfaire telle ou telle partie du public. Pour cela, il sera utile de ne pas oublier que :

La technique cinématographique, la physiologie et la psychologie humaines ont des limites qu'il n'est pas souhaitable de dépasser systématiquement !

Ces trois domaines évoluent, ainsi que les connaissances et la compréhension que l'on en a. Le plus grand, le plus fort, le plus impressionnant n'est pas nécessairement le meilleur, ni pour le film, ni pour le spectateur.

Chapitre 2

Caractéristiques dimensionnelles

La réflexion doit rester axée sur le rendu subjectif que l'on souhaite proposer au spectateur, autant au niveau de l'image que du son.

En image, il s'agit de placer le spectateur dans une zone d'observation lui permettant d'apprécier l'ensemble de la surface d'image, en en saisissant autant le détail que la globalité, sans déformation ni contorsion.

En son, il s'agit de reproduire la bande sonore le plus fidèlement possible, sans en modifier la structure spatiale, sans en altérer la qualité, sans la parasiter par des sources externes.

2.1 Implantation de l'écran et rayon de courbure

Il est acquis que le fait de courber un écran n'apporte qu'un intérêt subjectif sur la perception de l'image. Il ne s'agit que d'un artefact pour suggérer une impression de profondeur à une image qui mécaniquement n'en a pas (pellicule plane). La seule profondeur d'image que la technique peut proposer est celle liée à la profondeur de champ utilisée en prise de vue (qui dépend notamment des conditions de prise de vue). La projection plane permet de restituer cette « illusion » optique.

Par ailleurs, les équipements de projection possèdent des limites techniques. La projection sur de grands écrans avec des distances de projection assez courtes entraîne l'utilisation d'objectifs de courtes distances focales, dont la plage de réglage pour les grandes distances est plus limitée. Il devient alors souvent impossible d'effectuer une mise au point correcte sur toute la surface de l'image. La conception des objectifs et des lentilles qui les composent est plutôt prévue pour une projection sur écrans plats, avec une petite tolérance. La courbure de l'écran ajoute donc encore à la difficulté.

Enfin, le spectateur doit pouvoir observer l'écran dans de bonnes conditions (voir § 2.2.4 « visions latérales »).

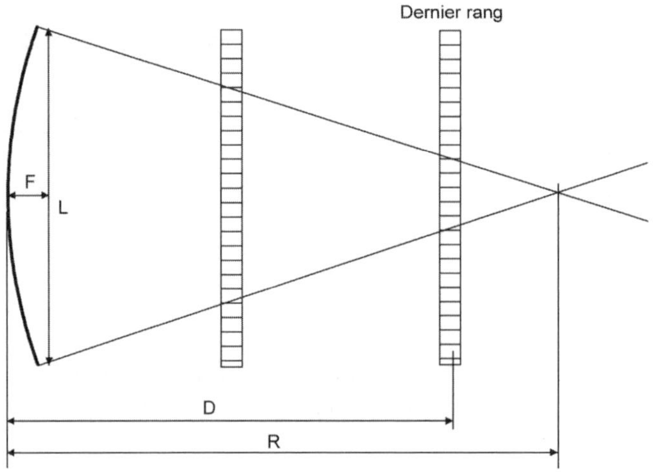

Figure 2.1 – Rayon de courbure de l'écran.

La valeur du rayon de courbure est donnée par la formule suivante :

$$R = \frac{L^2}{8xF} + \frac{F}{2}$$

CRITÈRE N° 1

Rayon de courbure minimal :

$R \geqslant 2$ fois la distance de l'écran au dernier rang

Une tolérance à 1,5 fois D peut être admise.

2.2 Implantation des fauteuils

Le champ visuel humain couvre environ 180° en vision binoculaire, mais se réduit à environ 120° en vision monoculaire en ouverture horizontale et à 90° en ouverture verticale.

L'idéal serait de remplir ce champ visuel avec de l'image. Physiologiquement et psychologiquement, beaucoup de spectateurs ne le supporteraient pas pendant toute la durée d'un long métrage (exemple des dômes hémisphériques). Seule la projection holographique, dans laquelle le spectateur baignera littéralement, pourra satisfaire de façon supportable (!) ce critère de champ maximal.

Il faut donc simultanément satisfaire le spectateur qui souhaite entrer dans l'image, se laissant complètement prendre et dominer par celle-ci, et celui qui désire conserver un certain recul, pouvoir sortir de l'emprise quand bon lui semble, tout en conservant une notion de grand spectacle.

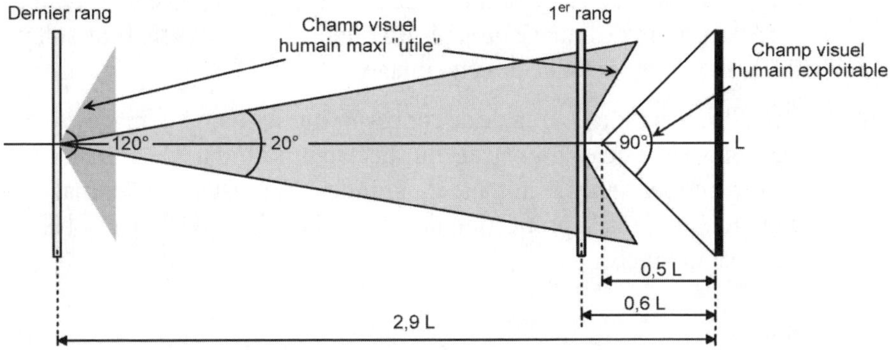

Figure 2.2 – Angles solides des champs visuels humains et des champs perçus réellement.

2.2.1 *Distances à l'écran*

✦ Distance minimale à l'écran

Il est très désagréable pour le spectateur de percevoir les perforations de l'écran. Le pouvoir séparateur de l'œil étant en moyenne de 1′ d'angle et la taille des perforations étant en général de 1 mm, il en résulte qu'en théorie il n'est pas souhaitable d'installer un spectateur à moins de 6 mètres d'un écran.

En se basant sur une ouverture horizontale moyenne du champ binoculaire de la vision humaine de 120°, le spectateur doit être placé à au moins 0,3 fois la largeur de l'image qu'il regarde afin d'en percevoir l'intégralité. Cependant, l'observateur ne peut capter ces 120° sans mouvements de têtes divers.

L'angle solide perceptible intelligemment sans « effort » excessif se limite à environ 90°, ce qui nous amène à une distance d'observation minimale de 0,5 fois la largeur de l'image observée. Pour les places latérales de ce premier rang, la mesure s'effectue sur le point de l'écran situé face à l'axe du fauteuil (perpendiculaire au plan du dossier).

CRITÈRE N° 2

Distance minimale à l'écran :

$\geqslant$ 0,6 fois la largeur de l'image la plus grande

✦ Distance maximale à l'écran

Il apparaîtrait logique que chaque spectateur puisse percevoir le plus petit détail projeté à l'écran, c'est-à-dire l'image projetée du grain de pellicule. Sans être aussi pointu, il sera acceptable qu'il n'en confonde qu'au maximum deux. Le pouvoir séparateur de l'œil étant en moyenne de 1' d'angle, la perception d'un détail valant 1,5 fois le grain de l'image projetée implique que l'observateur ne soit pas à plus de 2,45 fois la largeur totale de cette image.

Par ailleurs, il est raisonnable de concevoir que le champ d'image projetée emplisse au moins 15 % du champ visuel du spectateur (20° d'angle de vision), afin de conserver une sensation minimale de grandeur. La distance maximale pourrait être alors tolérée dans la proportion de 2,9 fois la largeur de l'image observée pour les cas exceptionnels.

CRITÈRE N° 3

Distance maximale à l'écran :

$\leqslant$ 2,5 fois la largeur de l'image la plus grande

2.2.2 *Renversement des têtes*

Un grand réalisateur a dit voici quelques années : « Le cinéma, c'est lorsqu'on lève les yeux. » Faisons en sorte que cela reste vrai, mais n'allons pas jusqu'au torticolis.

Nous avons vu au § 1.3.1 que l'axe du regard d'une personne assise est orienté naturellement d'environ 15°, avec environ 45° de vision cohérente au-dessus de cet axe, et 40° vers le bas.

En admettant que nous levions l'axe du regard d'environ 15° en observation assise, il apparaît raisonnable de considérer que l'on percevra cette fois de façon « intelligente » ce qui se passe à 45°, sans que l'effort physique prolongé sur 2 heures de spectacle soit complètement insupportable. À 40°, la vision devient généralement très supportable.

La solution consistant à incliner les dossiers des fauteuils, en considérant que les 45° pourraient se calculer à partir de l'axe central de vision, en conséquence incliné, ne peut être retenue que dans le cas de dossiers de fauteuils remontant suffisamment haut pour permettre un appui de la tête. L'angle ainsi ajouté ne pourra excéder 5° sans que le fauteuil ne se transforme en chaise longue.

Dans ce calcul, il est tenu compte du fait que la hauteur de l'œil moyen par rapport au sol est d'environ 1,10 m, valeur courante avec les fauteuils actuellement utilisés.

CRITÈRE N° 4

Angle de renversement des têtes au sommet de l'écran :

$\leqslant$ 40° (toléré 45°)

Angle de renversement des têtes au centre de l'écran :

$\leqslant$ 30°

Cette valeur doit être respectée pour toutes les places, et quelles que soient les implantations (rang courbe, écran courbe). Elle s'applique donc autant aux places centrales des rangs qu'aux places latérales. On trouvera ci-dessous les formules de calcul en fonction de la configuration.

Les équations de calcul de l'angle de renversement des têtes β sont, selon le cas :

Écran plat, rang linéaire :

$$\text{tg}\,\beta = \frac{A + H - h}{D}$$

Écran plat, rang incurvé :

$$\text{tg}\,\beta = \frac{(A + H - h) \cdot (E^2 - G^2)}{D(E^2 + G^2)}$$

Écran courbe, rang linéaire :

$$\text{tg}\,\beta = \frac{A + H - h}{D - R + \sqrt{R^2 - E^2}}$$

où R est le rayon de courbure de l'écran :

$$R = \frac{L^2}{8xF} + \frac{F}{2}$$

Écran incurvé, rang incurvé :

$$\operatorname{tg}\beta = \frac{(A + H - h)\cdot(E^2 - G^2)}{(D - R + \sqrt{R^2 - E^2})(E^2 + G^2)}$$

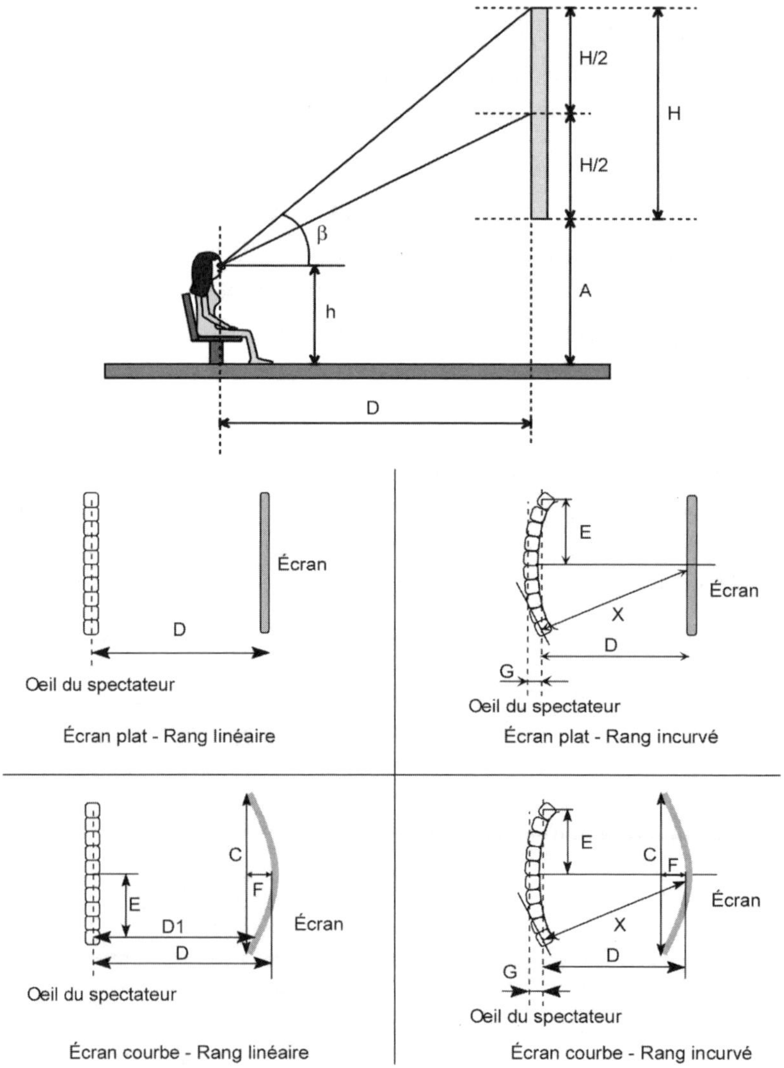

Figure 2.3 – Angle de renversement des têtes.

2.2.3 *Pas d'implantation entre les rangées de fauteuils*

En la matière, la seule contrainte physique est de laisser suffisamment de place pour les genoux du spectateur. En considérant d'une part les modèles de fauteuils proposés par les fabricants et d'autre part le gabarit minimal imposé par les services de sécurité, un pas d'implantation minimal de 0,90 m est recommandé. Ceci reste une valeur minimale, au vu des fauteuils actuellement proposés. Libre à chacun d'aller plus loin, des valeurs de 1,10 m, voire de 1,30 m, pouvant être envisagées, notamment avec certains types de fauteuils.

La mesure du pas d'implantation entre les rangées se fera au niveau des pieds de fauteuils, l'inclinaison des dossiers n'étant pas suffisamment constante pour assurer une fiabilité de la mesure.

CRITÈRE N° 5

Pas d'implantation entre les rangées :

$\geqslant$ 0,90 m

Cette disposition doit bien sûr rester totalement compatible avec les obligations en terme de sécurité (règlements ERP – Journaux officiels de la République française).

2.2.4 *Angle d'obliquité latérale (vision latérale de l'écran)*

L'expérience montre que dans les salles où toutes les conditions de premier rang (distance à l'écran, angle de renversement des têtes) sont *a minima*, tout déportement latéral de fauteuils à l'extérieur des bords d'écran devient insupportable.

Il est très recommandé que la largeur du premier rang s'inscrive dans la largeur de l'écran (largeur du rang = largeur de l'écran). Une zone externe à la perpendiculaire à l'écran, faisant un angle de 20° avec cette perpendiculaire, angle dont la pointe est située au niveau du fauteuil extérieur du 1er rang est alors supportable. Pour des petites salles, il est conseillé de limiter cet angle à 10°.

La zone d'implantation partira donc d'un point situé à la distance minimale pour un premier rang, sur la perpendiculaire au bord de l'écran (voir *figures 2.4 et 2.5*).

Dans la situation extrême d'une salle aux limites des paragraphes 2.1 et 2.2.1 à 2.2.3, on obtient un angle β maximal de 16°.

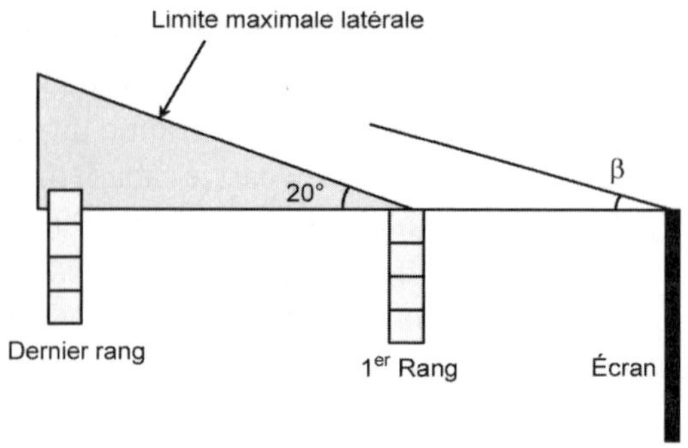

Figure 2.4 – Angle de visée latérale, écran plan.

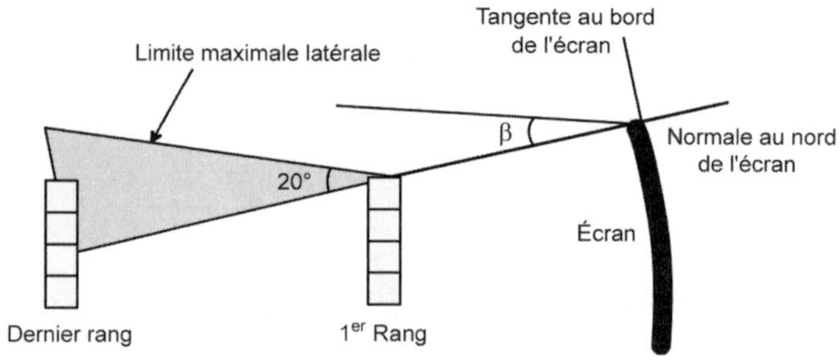

Figure 2.5 – Angle de visée latérale, écran courbe.

CRITÈRE N° 6

Angle de vision latérale :

$$\beta \leqslant 16°$$

Dans le cas d'un écran courbe, le calcul s'opère par rapport à la normale au bord de l'écran.

2.2.5 *Orientation du plan des dossiers des fauteuils*

Le plan des dossiers des fauteuils sera situé suivant une direction comprise entre le plan parallèle à l'écran et le plan perpendiculaire à l'axe de visée au centre de l'écran du fauteuil considéré.

Dans le cas d'un écran courbe, le calcul se fait par rapport à la tangente au centre de l'écran. De plus, il y a lieu de veiller au respect de l'indication donnée en *figure 2.1* (introduction au chapitre 2) concernant le fait que toute la largeur de l'écran doit être incluse dans le champ d'ouverture à 90° centré sur l'axe de vision du spectateur.

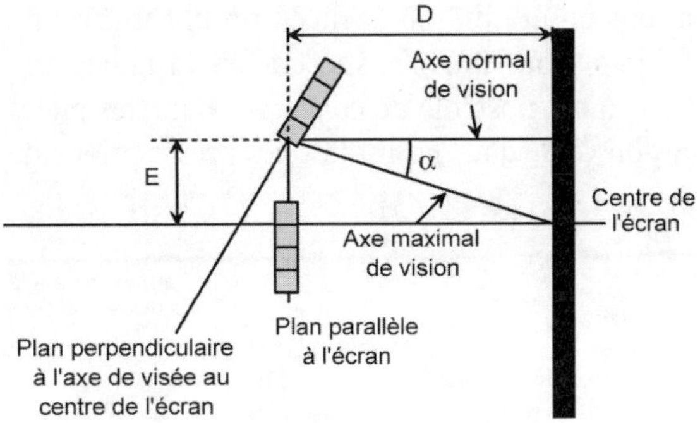

Figure 2.6 – Orientation du plan des dossiers.

CRITÈRE N° 7

Orientation du plan des dossiers :

$$\alpha \leqslant \text{atan}\ (E/D)$$

2.2.6 *Dégagement des têtes*

Physiologiquement, hors chapeaux et chignons, la hauteur moyenne entre les yeux d'un spectateur et le sommet de son crâne est de 0,12 m.

Le spectateur placé derrière doit pouvoir distinguer l'écran sans être gêné par ce crâne.

Le niveau du bas de l'écran, la hauteur des assises de fauteuils et les écarts de niveaux entre rangées devront être étudiés en conséquence.

L'implantation en quinconce déplace le problème de visibilité des places centrales vers les places latérales des rangs. Elle n'est donc pas une solution valable pour l'ensemble des fauteuils.

Trois constatations relevant de l'expérience s'imposent :

1) Dans de nombreux cas, les calculs de pente sont compensés par des modifications des hauteurs de pieds des fauteuils de la part des installateurs de ceux-ci, leurs spécifications d'installation stipulant que l'avant de l'assise doit se trouver à 0,42 m du sol, afin que les pieds des spectateurs touchent bien par terre. La compensation de pente par l'utilisation d'une semelle de pied inclinée peut induire un abaissement relatif entre deux fauteuils du niveau de l'œil du spectateur de 5 à 6 cm, ce qui peut rendre non conforme un dégagement des têtes calculé un peu juste.

Il sera donc souhaitable, au moins lorsque les pentes deviennent élevées, d'intégrer ce paramètre dans le calcul du profil du sol et d'envisager de préférence des implantations en gradin plutôt qu'en profil courbe, afin que l'œil soit à la même distance du sol pour tous les spectateurs (à tailles de spectateurs équivalentes). Dans ce cas, il est possible de conserver dans les allées de circulation le type de profil que l'on veut (dans les limites des prescriptions de sécurité).

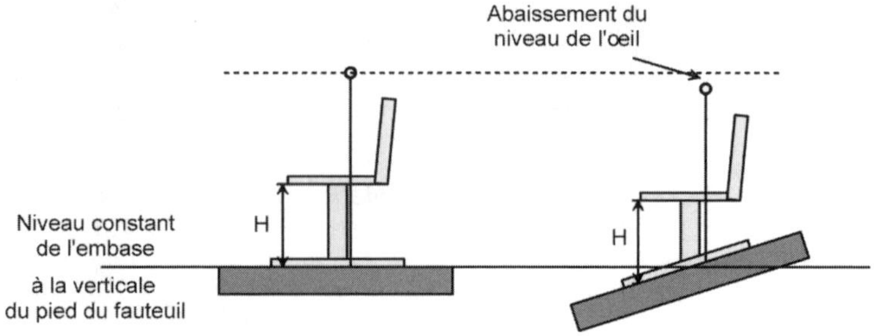

Figure 2.7 – Abaissement du niveau de l'œil.

2) Plus on s'éloigne de l'écran, plus l'angle solide occulté pour une même réduction de la valeur de dégagement des têtes est important. La réalisation des profils de sol présente par ailleurs des imprécisions de l'ordre du centimètre. Là encore, il s'avérera utile de prévoir une certaine marge lors des calculs.

Dans la *figure 2.8*, on note clairement que pour un dégagement des têtes équivalent, plus on s'éloigne de l'écran, plus la zone d'image amputée est importante.

Dégagements des têtes aux rangs n et $n + x = 0{,}05$ m

Amputation d'image au rang n : A

Amputation d'image au rang $n + x = B > A$

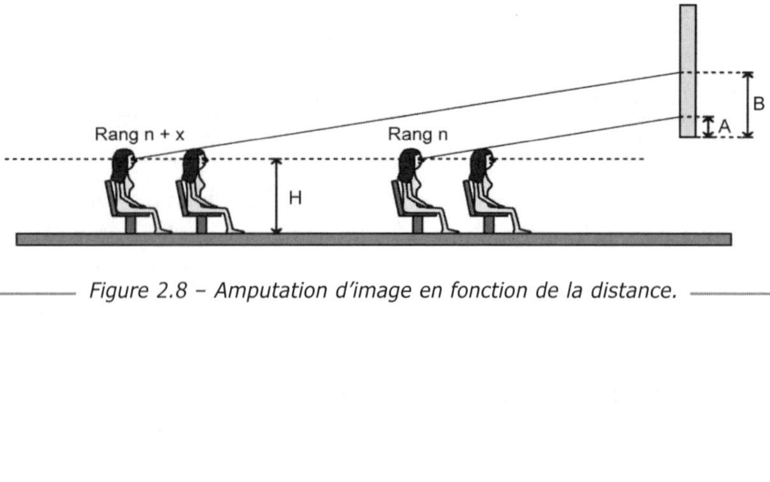

Figure 2.8 – Amputation d'image en fonction de la distance.

3) Pour un profil du sol équivalent, la hauteur de l'œil du spectateur peut varier de plusieurs centimètres suivant le type de fauteuil utilisé (en règle générale de 0,95 m à 1,15 m). Le calcul du profil du sol s'en trouve modifié de façon significative.

Prenons le cas d'une salle de 10 rangs, écran de 10 m × 4,25 m. Le bas des images est situé à 1,50 m au-dessus du niveau de référence (1er rang). Le 1er rang est implanté à 6 m. Le pas d'implantation est de 0,90 m. On demande une valeur de dégagement des têtes constante pour tous les rangs à 0,12 m. Dans le *tableau 2.1*, on trouve en ligne 1 le profil du sol pour un œil à 1 m du sol, et dans la ligne 2 pour un œil à 1,10 m. On constate au 10e rang un écart non négligeable de 0,13 m entre les deux options.

Tableau 2.1 – Variation du profil du sol en fonction de la hauteur de l'œil.

Niveau œil	Rg 1	Rg 2	Rg 3	Rg 4	Rg 5	Rg 6	Rg 7	Rg 8	Rg 9	Rg 10
1 m	0,00	0,06	0,14	0,23	0,34	0,46	0,58	0,72	0,86	1,02
1,10 m	0,00	0,08	0,17	0,28	0,40	0,53	0,67	0,82	0,98	1,15

On trouvera ci-dessous les formules mathématiques permettant de calculer la valeur de dégagement des têtes en fonction des niveaux des rangs, ou les niveaux des rangs en fonction de la valeur de dégagement des têtes recherchée.

Le dégagement des têtes pour un profil donné se calcule avec la formule suivante :

$$t = \frac{c * (z - y + h_2 - h_1) - p * (h_1 + y - a)}{c + p}$$

Le profil du sol se calcule avec la formule suivante :

$$Z = \frac{c*(y + h_1 - h_2) + p*(h_1 + y - a) + t*(c + p)}{c}$$

En se basant sur un œil situé à 1 m du sol (valeur h dans la formule), la valeur physiologique moyenne (correspondant à l'écart entre l'œil et le sommet de la tête) est de 0,12 m. Étant donné les aléas rencontrés dans la réalisation des profils de sol, provoqués par des impondérables parfois inévitables (imprécision des cotes, variation du béton, etc.), il est recommandé de réaliser les calculs de profils sur la base d'une valeur minimale de 0,15 m, si on est limité en hauteur sous plafond, plus si l'on ne rencontre aucun problème de hauteur.

Les fauteuils modernes amènent des positionnements de l'œil en moyenne vers 1,10 m. Il sera utile d'intégrer la valeur h retenue pour le type de fauteuil dès l'étude du profil du sol.

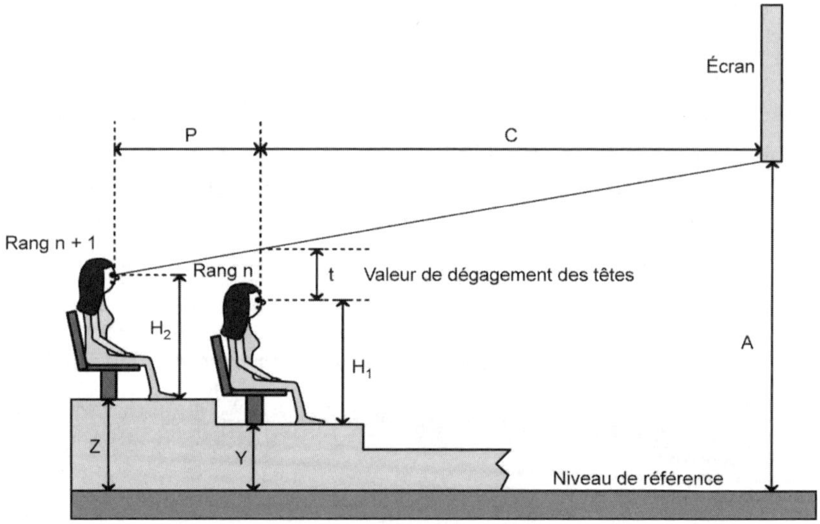

Figure 2.9 – Dégagement des têtes.

CRITÈRE N° 8

Valeur minimale de dégagement des têtes :

≥ 0,12 m minimum

≥ 0,15 m conseillé

2.2.7 *Plan supérieur d'implantation des fauteuils*

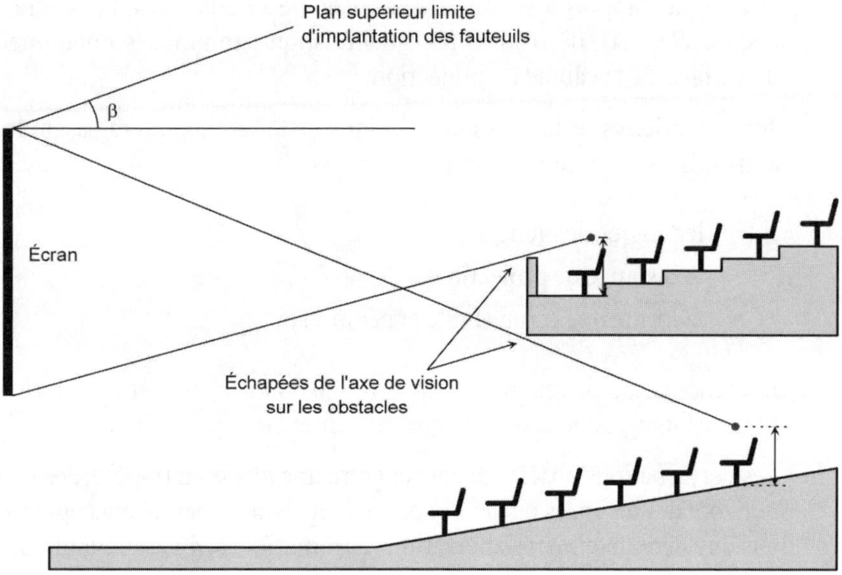

Figure 2.10 – Plan limite d'implantation des fauteuils.

Tout comme le spectateur du premier rang ne doit pas se démettre les vertèbres cervicales pour percevoir le haut de l'écran, il est souhaitable que les spectateurs assis dans les fauteuils des rangs les plus élevés ne reposent pas leur menton sur leur poitrine pour visualiser l'écran. En conséquence, il convient de ne pas implanter les fauteuils trop au-dessus de l'écran.

Pour cela, on définit un plan supérieur incliné de 20° par rapport à l'écran, au-dessus duquel il n'est pas recommandé d'installer des fauteuils. Cet article s'applique surtout aux salles avec balcon.

CRITÈRE N° 9

Inclinaison sur l'horizontale du plan limite supérieur d'implantation des fauteuils :

$$\beta \leq 20°$$

2.3 Installation de la cabine de projection

Dans cette section sont abordés les critères de positionnement de la cabine de projection par rapport à l'écran. Il sera utile de se reporter au chapitre 7 du présent document afin de déterminer les caractéristiques minimales, notamment en matière de surface, de la cabine de projection.

Tous les critères techniques définis dans cette section interagissent les uns sur les autres. Trois paramètres sont primordiaux :

- les angles de plongée ;
- la distance de projection ;
- la forme de l'écran (taille et géométrie).

La combinaison de ces trois paramètres ne doit pas amener de déformation perceptible de l'image, que ce soit géométriquement ou optiquement.

Les perturbations observées peuvent être une forme en trapèze, des verticales et des horizontales inclinées ou arrondies, mais également des défauts optiques de l'image, tels que dédoublements, aberrations chromatiques, mise au point non uniforme.

De même, les profondeurs de champ des objectifs ont des limites, ainsi que les corrections latérales de proportion. Les objectifs standardisés sont étudiés pour des écrans de surface plane, ou de courbure faible. Au-delà d'une certaine valeur, il sera nécessaire d'utiliser des objectifs adaptés aux caractéristiques géométriques spécifiques de la salle, avec les surcoûts que cela occasionne.

2.3.1 *Distance de projection*

Les gammes d'objectifs mises à disposition permettent une certaine souplesse dans le calcul de la distance de projection. Cependant, il faut retenir que l'utilisation d'objectifs de distances focales courtes, sauf utilisation de modèles spécialement corrigés (prix d'achat fortement augmenté), induit quasi systématiquement des pertes de qualité au niveau de l'image : uniformité de la netteté, déformation en coussinet.

L'utilisation d'objectifs de courtes distances focales accentue également les petits défauts d'alignement optique inhérents aux projecteurs, négligeables en temps normal : flou en bord d'image, léger manque de planéité de la pellicule dans le couloir de projection, alignement de la lanterne de projection, alignement des objectifs dans les porte-objectifs. Ainsi, le meilleur matériel disponible verra-t-il ses performances amputées de façon visible et quasi rédhibitoire simplement pour quelques mètres manquants sur la distance de projection.

CRITÈRE N° 10

Distance de projection :

$D \geqslant 3 \times$ hauteur écran

2.3.2 *Distorsion géométrique des images*

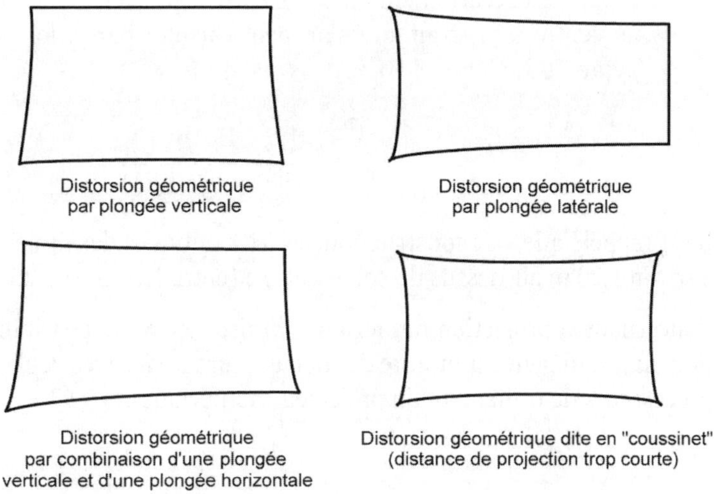

Figure 2.11 – Distorsion géométrique des images.

Il est bien évident que les études doivent se porter vers une distorsion nulle, c'est-à-dire vers des axes de projection verticaux et horizontaux perpendiculaires à la surface d'écran en son centre.

Tout comme pour la distance de projection, le non-respect de ce critère entraînera des défauts apparents sur l'image (principalement déformation en trapèze, flou sur une partie de l'image, dédoublements d'image), sans que la technique puisse compenser efficacement. Il est donc important de veiller à installer le ou les projecteurs au plus près des axes perpendiculaires au centre de l'écran.

La distorsion géométrique peut partiellement être compensée par l'utilisation d'objectifs étudiés sur mesure par les fabricants, mais le prix de ces objectifs est relativement prohibitif (3 à 4 fois le prix normal).

Si la forme du champ d'image peut être taillée (fenêtre de projection) parallélépipédique, les déformations sur l'image (lignes de fuites, verticales ou horizontales incurvées, sous-titres déformés) ne peuvent être réalignées.

La distorsion géométrique se calcule avec la formule :

$$D\,\% = 200 \times \mathrm{tg}(\alpha) \times \mathrm{tg}(\beta/2)$$

En projection latérale, le calcul peut se faire selon deux méthodes :

- soit on connaît les angles de plongée latérale et d'ouverture de faisceau. Auquel cas, la même formule que pour la plongée verticale s'applique ;
- soit on ne connaît pas les angles de plongée, et le taux de distorsion peut être rapporté à l'écartement maximal entre le projecteur et l'axe perpendiculaire au centre de l'écran, que l'on peut calculer par la formule suivante (voir *figure 2.13*) :

$$X_{\max} = \frac{3 \times D}{200 \times \mathrm{tg}(\beta/2)}$$

Il est rappelé que, par construction, les axes optiques des projecteurs sont situés à environ 1,20 m au-dessus du sol de cabine (entre 1,10 m et 1,25 m).

Concernant la projection numérique, il existe certaines possibilités de compensation, mais qui peuvent induire des défauts sur l'image (recalcul de l'image dans les processeurs de traitement du projecteur numérique).

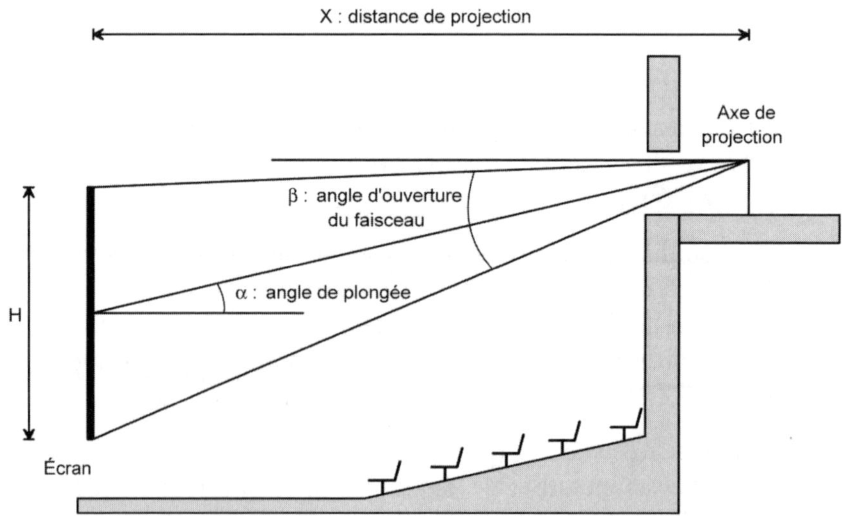

Figure 2.12 – Distorsion géométrique des images (vertical).

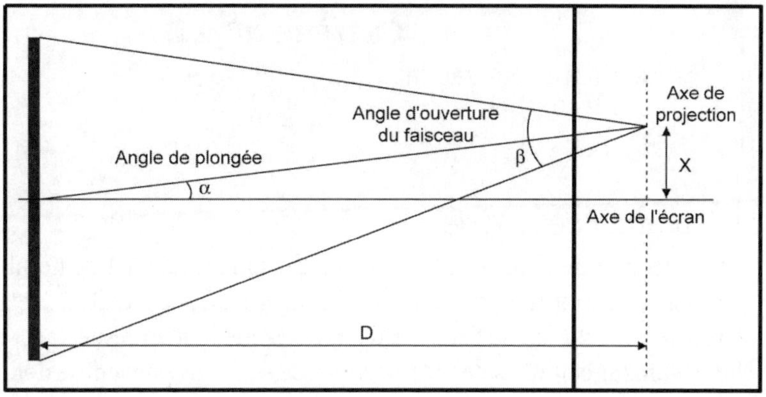

Figure 2.13 – Distorsion géométrique des images (latéral).

CRITÈRE N° 11

Distorsion géométrique :

≤ 3 %

2.3.3 *Hauteur libre sous le faisceau de projection*

Cette notion est développée afin de garantir qu'un spectateur circulant en tout point de la salle n'interceptera pas le faisceau de projection avec une partie de son corps, en général la tête, créant ainsi une ombre portée masquant une partie de l'image.

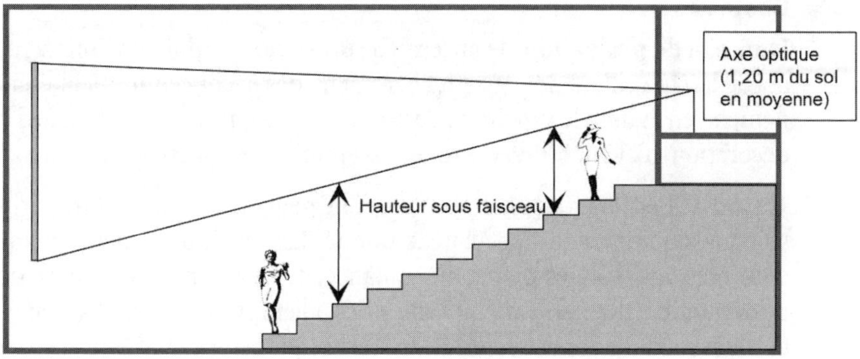

Figure 2.14 – Hauteur libre sous le faisceau.

CRITÈRE N° 12

Hauteur libre sous faisceau :

$\geqslant$ 2 m

2.3.4 *Décoration de la salle*

La projection de l'image et la diffusion du son font l'objet de nombreux protocoles à respecter afin d'en garantir la qualité. Le travail des architectes et des décorateurs consistera à valoriser le lieu cinématographique tout en respectant scrupuleusement les besoins spécifiques de la projection. Ces besoins peuvent se définir comme suit :

✦ Image

✧ Lumière parasite

Sources lumineuses parasites : ces sources lumineuses proviennent principalement des éclairages secours et sécurité. Il sera donc impératif de positionner les équipements de sécurité de telle sorte qu'ils n'éclairent pas la surface d'écran, ou qu'ils ne se trouvent pas dans le même champ de vision pour le spectateur. Les issues près de l'écran ou sous celui-ci sont notamment à éviter.

Fuites de lumière : toutes les ouvertures devant être intégrées au bâtiment doivent être étanches à la lumière, notamment les chambranles de porte et les huisseries de trappes de désenfumage. Les éventuelles fenêtres doivent également être hermétiquement obturées.

Réflexions lumineuses : les revêtements des parois, notamment sur le tiers avant de la salle, doivent impérativement être en matériau sombre mat, afin d'éliminer toute réflexion parasite vers l'écran de la lumière renvoyée par celui-ci.

✧ Obstacles

Faisceau de projection : le faisceau de projection ne doit être intercepté par aucun obstacle. On veillera donc particulièrement, dès la conception, à libérer son cheminement, en évitant la proximité de poutres, de trappes de ventilation, d'éléments de décoration, d'éléments d'éclairage susceptibles de l'intercepter.

Vision de l'écran : de la même façon, il ne peut être admis qu'une partie de l'écran soit masquée pour un spectateur donné. Les positionnements notamment des enceintes acoustiques du canal ambiance, des éléments d'éclairage, des éléments de décoration, des rambardes diverses, des piliers éventuels, de charpente, de balcons, de rideaux, de cadre de scène, de gril technique seront étudiés en conséquence.

Il n'est pas question ici de brider l'inventivité des décorateurs, mais de leur rappeler la finalité de l'endroit : la projection cinématographique.

✦ Son

L'étude de la décoration doit impérativement intégrer le traitement acoustique, interne et externe, de la salle. Ce sujet est traité de façon approfondie dans le chapitre 3.

2.3.5 *Cabine de projection*

La cabine doit être dimensionnée en correspondance des équipements nécessaires à une exploitation correcte des films.

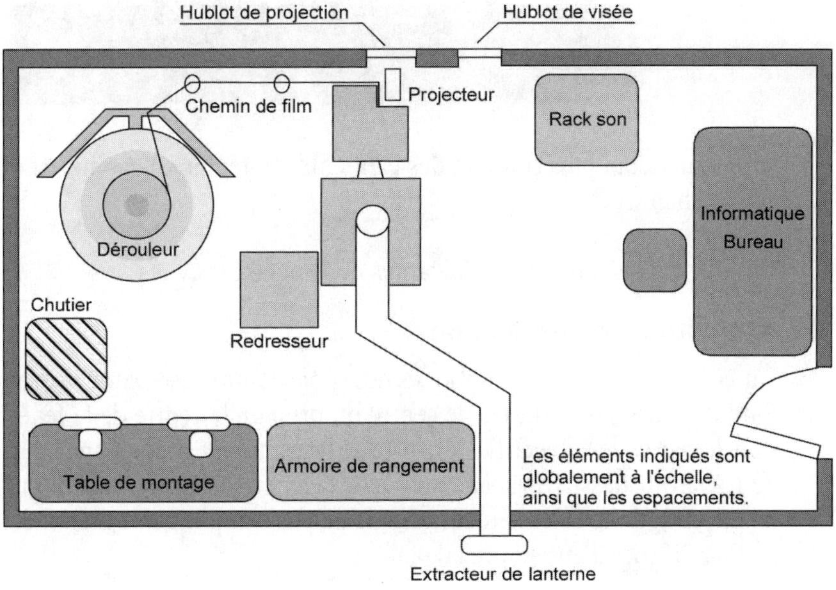

Figure 2.15 – Cabine de projection. Éléments de base.

Ces équipements comprennent au minimum :

- un projecteur 35 mm avec lanterne de projection et/ou un projecteur numérique ;
- un redresseur ;
- un rack pour les équipements son ;
- une table de montage et de rembobinage du film ;
- un dérouleur grande capacité, soit vertical, soit horizontal ;
- un rack pour les sources cinéma numérique ;
- une armoire de rangement des matériels d'entretien et de maintenance ;

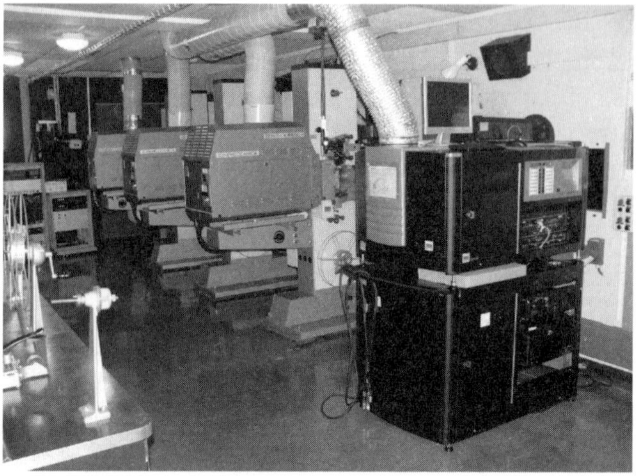

- un détail plus complet des éléments à intégrer en cabine est donné dans le chapitre 7.

Par ailleurs, les possibilités suivantes doivent être prévues :

✦ Axe optique de projection

Par construction, les axes optiques des projecteurs, c'est-à-dire la droite partant du fond de miroir, passant par le centre du brûleur, le centre de la fenêtre de projection, le centre de l'objectif et le centre de l'écran, sont situés à une hauteur moyenne de 1,25 m au-dessus du sol au niveau de la fenêtre de projection. Il est recommandé de ne pas réduire cette hauteur, afin de ne pas compliquer le travail des opérateurs, et donc risquer d'en réduire la qualité.

✦ Renouvellement d'air

Le volume d'air de la cabine doit être suffisamment renouvelé, soit naturellement soit mécaniquement, afin d'assurer des niveaux de température (nominal 21° ± 10°) et d'hygrométrie (nominal 55 %) compatibles avec les limites d'utilisation des matériels de projection. Pour information, il est indiqué que les volumes d'air nécessaires au refroidissement de la lanterne de projection vont de 300 m^3/h pour un brûleur de puissance 1 000 W à 1 200 m^3/h pour un brûleur de 7 000 W. Ce volume d'air devra donc être le minimum fourni en renouvellement dans la cabine, sachant que d'autres éléments dissipant de la chaleur sont présents en cabine (amplificateurs, redresseur).

✦ Protection à la poussière

Pour des raisons de protection à la poussière, une cabine en surpression est souhaitable. Cependant, pour des raisons de sécurité, il est demandé que les locaux de projection soient en dépression par rapport aux zones recevant du public. Cette contrainte de sécurité nous oblige à subir les problèmes de poussières. Il est donc souhaitable de prévoir l'utilisation de dépoussiéreurs ayant également des propriétés éliminant les charges statiques de la pellicule.

Les revêtements de sol, de mur et de plafond devront être dans un matériau ne « stockant » pas la poussière et électriquement neutre. Les moquettes sont notamment à proscrire.

✦ Isolation acoustique

Un soin particulier devra être apporté aux éléments de la cloison avec la salle et au niveau des passages de câbles ou de gaines, afin d'assurer un isolement acoustique correct entre les deux volumes. Les huisseries de hublots devront être correctement étudiées et réalisées.

✦ Lumière parasite

La lumière d'ambiance nécessaire en cabine pour que le projectionniste puisse travailler correctement ne doit pas générer de gêne en salle. Pour cela, le positionnement des éclairages de cabine sera étudié afin que la source de lumière ne soit pas directement perceptible en salle. Il est également recommandé que les parois de la cabine soient recouvertes d'une teinte sombre.

2.3.6 *Hublot de projection*

Le verre utilisé pour le hublot de projection devra être sans défaut optique, ni en géométrie, ni en colorimétrie. L'utilisation de verres corrigés en surface est recommandée.

L'utilisation de verres extra blancs traités antireflet, évitant la perte par absorption de 10 % du flux lumineux, tout en supprimant la dominante verte habituelle, est conseillée.

Il est par ailleurs préconisé d'éviter l'utilisation de baies vitrées, générant des nuisances pour le spectateur, telles que transmission des bruits de cabine ou transmission de lumières parasites. Il est préférable de réaliser deux types de hublots : un hublot de projection et un hublot de visée pour l'opérateur par projecteur. Ces hublots seront de taille limitée. Des dimensions de 0,40 m (largeur) par 0,30 m (hauteur) sont en général largement suffisantes. Il est souhaitable que les huisseries soient ouvrantes afin de faciliter l'entretien des deux faces de la vitre. Par ailleurs, ces huisseries seront fixées au mur de façon étanche acoustiquement. Aucun pont acoustique ne doit être créé.

Pour les salles polyvalentes, dans lesquelles l'utilisation de baies vitrées est quasi systématique, il est recommandé de limiter les dimensions de la baie, d'assurer une étanchéité acoustique (notamment avec les vitres coulissantes) et d'installer en cabine un éclairage de « projection », permettant simplement la surveillance du projecteur et ne diffusant pas vers la salle.

Toutes les mesures doivent être prises pour que ces hublots répondent aux normes de sécurité, notamment en matière de durée coupe-feu.

2.4 Projection numérique. Caractéristiques dimensionnelles

Cette section décrit les conditions d'application à la projection numérique des stipulations de la norme française Afnor NF S 27001 « Caractéristiques dimensionnelles des salles de spectacles cinématographiques », qui sert de référence dans le cadre de la délivrance des autorisations d'exercice de l'exploitation délivrées par le CNC.

Les définitions portant sur les caractéristiques dimensionnelles retenues dans la norme Afnor NF S 27-100 « Salle de projection électronique de type cinéma numérique » permettent une compatibilité complète, sur la base de dimensions d'image équivalentes, avec les termes de la norme NF S 27001. Ainsi, une salle répondant aux stipulations de cette norme pourra être équipée sans travaux lourds de mise en conformité en projection électronique.

Toutes les dispositions décrites dans les paragraphes précédents s'appliquent donc.

On notera deux dispositions complémentaires qui précisent certaines contraintes ou particularités liées à la projection numérique :

2.4.1 *Formats d'image*

✦ Définition

Le format d'une image est donné par la valeur du rapport entre la largeur et la hauteur des images projetées.

✦ Formats

En projection « cinéma numérique », les systèmes doivent permettre de projeter tous les formats d'image compris entre le format 4/3 (équivalent au format 1,33) et le format CinémaScope 2,39, y compris l'ensemble des formats normalisés avec les supports existants (argentique – norme ISO 2907 – ou vidéo). Ces formats sont :

- format 4/3 équivalent au format 1,33 ;
- format Standard 1,37 ;
- format Panoramique 1,66 ;
- format 16/9 équivalent au format 1,78 ;

- format Panoramique 1,85 ;
- format CinémaScope 2,35.

Tout format à venir s'intégrera dans les présentes prescriptions dès lors qu'il aura été normalisé au niveau international et qu'il correspondra également à un format de production.

2.4.2 *Implantation du projecteur*

Certains systèmes de projection « cinéma numérique » disposent de menus de compensation des distorsions géométriques des images liées à des plongées latérales ou verticales. Ces menus ont des limites d'application.

Il est impératif de se référer aux caractéristiques des équipements retenus dans ce domaine. En tout état de cause, il est recommandé que le positionnement du projecteur soit inscrit dans la zone définie par les perpendiculaires aux bords de l'écran (voir *figure 2.16*). Dans le cas où une implantation à l'intérieur de ces limites ne serait pas possible, les taux de distorsion géométrique des images, calculés comme en projection cinématographique (*cf.* § 2.3.2), devront être limités selon les données ci-dessous.

Le calcul s'effectue avec la formule :

$$D\,\% = 200 \times \mathrm{tg}(\alpha) \times \mathrm{tg}(\beta/2)$$

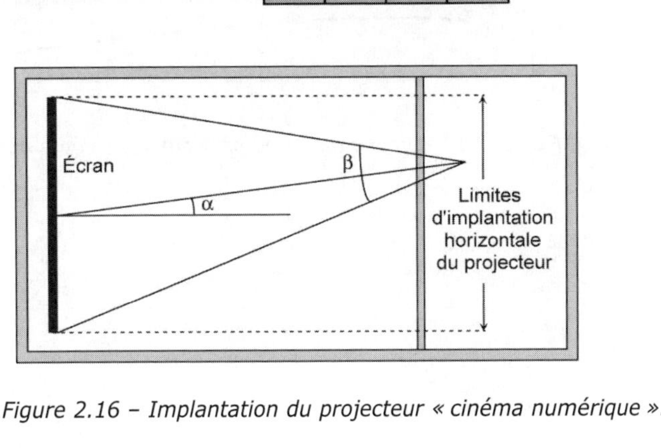

Figure 2.16 – Implantation du projecteur « cinéma numérique ».

où α est l'angle de plongée (projecteur vers le centre de l'image) et β est l'angle d'ouverture du faisceau de projection.

CRITÈRE N° 13

Distorsion géométrique des images :

$\leqslant 3\ \%$

Pour les projecteurs disposant d'une correction de « shift » (alignement vertical ou horizontal des images projetées), une formule issue du document VESA-2005-5 – *Flat Panel Display Measurements* (FPDM2) V2 –, plus précise, peut s'appliquer.

Partant des coordonnées des points des angles *A*, *D*, *G* et *K* dans un repère orthonormé, elle permet de calculer les taux de distorsion verticale et horizontale :

$$D \text{ verticale } \% = \frac{2 \times (AG - DK)}{AG + DK} \times 100$$

$$D \text{ horizontale } \% = \frac{2 \times (AD - GK)}{AD + GK} \times 100$$

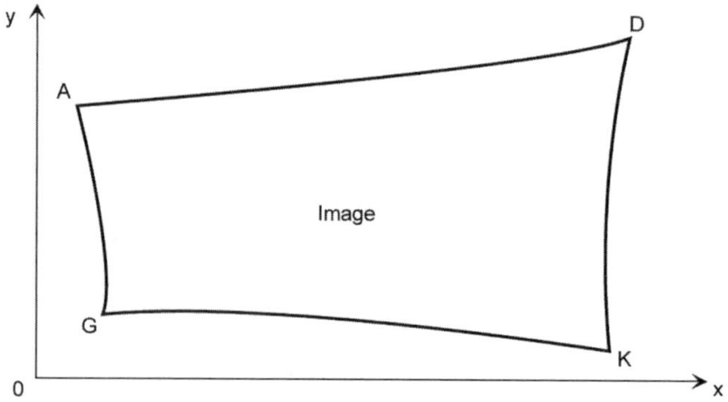

Figure 2.17 – Implantation du projecteur « cinéma numérique ».

Chapitre 3

Acoustique

L'avènement depuis 1980 de nouvelles technologies de reproduction sonore, de type optique avec réducteur de bruit, ou de type numérique, permet dorénavant de proposer aux spectateurs une bande sonore de haute qualité, notamment en matière de bruit de fond, de bande passante et de dynamique.

Mais la qualité de la reproduction sonore n'est pas seulement liée à la qualité de la chaîne électroacoustique. Les caractéristiques acoustiques de la salle sont primordiales. La meilleure chaîne sonore du monde ne pourra rien dans une salle dont l'acoustique n'est pas adaptée. Et tous les traitements électroacoustiques de compensation ne seront que des défauts compensant d'autres défauts.

Les points suivants sont à prendre en compte :

- niveau de bruit de fond ambiant propre à la salle et à ses équipements ;
- isolement acoustique ;
- traitement acoustique interne de la salle.

Le plus grand soin devra donc être apporté à ces sujets dès la conception de la salle, ou du complexe.

Nous préconisons ici des résultats. Il existe de multiples techniques pour les obtenir. Libre à chacun d'utiliser celle qui lui convient. Mais on doit toujours se rappeler la finalité : la reproduction sonore cinématographique. Les solutions les plus simples sont souvent les plus efficaces.

3.1 Le son

3.1.1 *Définitions*

On trouvera dans une littérature très riche des ouvrages proposant des définitions du son.

On rappellera simplement ici que le son est lié à la mise en vibration des couches d'air. Il se propage dans l'air sous forme d'onde, comme les vagues à la surface de l'eau, mais dans les trois dimensions.

Les grandeurs physiques caractérisant un son sont :

- la fréquence (ou hauteur pour les musiciens), exprimée en Hz. L'oreille humaine moyenne entend les fréquences de 20 Hz à 20 000 Hz ;
- le niveau sonore (voir ci-dessous) ;
- le timbre (richesse en fréquences d'un son complexe) que l'on représentera dans une courbe de représentation spectrale.

On précisera que l'oreille humaine n'entend pas toutes les fréquences de la même façon. Aux faibles niveaux sonores, l'oreille est plus sensible aux fréquences médium /aigus (maximum de sensibilité vers 3 000 Hz), et moins sensibles vers les extrémités du spectre. Aux forts niveaux sonores, l'oreille entend par contre toutes les fréquences à peu près au même niveau. On trouve ici l'origine des pondérations que l'on applique aux mesures de niveau (pondération A pour les faibles niveaux, C pour les niveaux plus élevés), et qui tiennent donc compte dans les relevés des caractéristiques de l'oreille humaine.

✦ Décibel. Niveau sonore

Le décibel (dB) n'est pas une unité. C'est l'expression d'un rapport entre deux valeurs : une valeur mesurée et une valeur de référence.

La sensation sonore est liée à une pression exercée sur le tympan. En acoustique, la valeur de référence, c'est le seuil de perception moyen de l'oreille humaine. La pression nécessaire à ce seuil s'exprime en pascals (Pa) et vaut 2×10^{-5} Pa.

Le niveau sonore exprimé en décibels (1/10e de bel) s'exprime donc, pour un niveau de pression acoustique *P*, selon la formule :

$$L = 20 \text{ Log}\left(\frac{P}{2 \times 10^{-5}}\right)$$

L'oreille humaine peut percevoir des niveaux sonores compris entre 0 (seuil de perception) et 120 dB (seuil de douleur). Il est important de se rappeler que ce seuil de douleur correspond aussi à des dommages importants et parfois irréversibles du système auditif.

✦ Niveau d'émission

C'est le niveau mesuré en décibels d'un signal sonore produit dans le local d'émission lors d'une mesure d'isolation acoustique. Aucune pondération n'est appliquée.

Il peut s'agir d'un bruit rose, d'un bruit rose filtré, ou du bruit émis par un équipement quelconque utilisé durant les séances de spectacle cinématographique. La répartition spectrale de ce bruit doit être spécifiée.

✦ Niveau de bruit de fond

C'est le niveau de bruit de fond en dB (décibels) relevé dans un local en dehors de la présence d'un signal « utile » issu de la bande sonore des films.

Ce niveau peut être relevé tous équipements hors services, ou en présence d'un ou plusieurs équipements en fonctionnement (projecteur, traitement de l'air).

✦ Niveau de bruit de fond pondéré A

Il s'agit du même niveau que précédemment, mais auquel on applique une pondération spectrale de type A, liée aux caractéristiques physiologiques de l'oreille humaine aux bas niveaux acoustiques (courbes d'isosensibilité Fletcher et Munson).

✦ Indices NR d'évaluation de bruit

Il s'agit d'un réseau de courbes de référence permettant d'évaluer l'impact d'un bruit résiduel. Son utilisation n'a de sens que si l'on précise la répartition spectrale du bruit mesuré.

✦ Critères de bruit NC

Ces critères de bruit ont été définis par THX dans son cahier des charges. L'utilisation est basée sur le même principe que les indices NR (évaluation de l'impact d'un bruit résiduel). Ils intègrent les paramètres directement liés à l'utilisation cinématographique (caractéristiques de transfert, composition spectrale des bandes sonores et des bruits ambiants, etc.). Ils ne s'appliquent qu'aux mesures des sources parasites liées à l'exploitation de la salle (traitement de l'air, projecteur).

Ils ont été repris dans une recommandation SMPTE et sont désormais universellement reconnus et utilisés en reproduction sonore cinématographique.

✦ Niveau de réception

Il s'agit du niveau brut mesuré dans le local de réception. Il peut être exprimé en global, par bande d'octave ou de tiers d'octave.

- **Niveau de réception normalisé**

  C'est le niveau de réception corrigé en fonction du coefficient d'absorption moyen du local de réception.

- **Isolement brut**

  C'est la différence entre le niveau d'émission et le niveau de réception.

- **Isolement normalisé**

  C'est l'isolement brut pondéré du coefficient d'absorption moyen du local de réception.

- **Temps de réverbération**

  Il s'agit de la durée de la décroissance du son entre le niveau moyen au moment de la coupure et le même niveau moins 60 dB.

- **STI**

  Le STI est un coefficient d'intelligibilité dont l'échelle va de 0 à 1 (1 étant le meilleur). Ce coefficient est calculé par ordinateur à partir de la réponse impulsionnelle de la salle. Le RASTI est une version simplifiée et plus rapide à calculer.

- **EDT**

  L'EDT (*Early Decay Time*) est le temps de réverbération calculé sur les 10 premiers décibels de la décroissance, permettant une première évaluation de l'intelligibilité du message sonore.

- **Caractéristique spectrale**

  Il s'agit du spectre (registre pour les musiciens) des fréquences utilisées dans la reproduction sonore.

- **Dynamique d'un signal sonore**

  Ce rapport concerne le signal sonore utile (l'ensemble des éléments artistiques constituant la bande sonore) et est exprimé en décibels entre le niveau le plus fort et le niveau le plus faible de la bande sonore.

- **Rapport signal/bruit**

  Ce rapport concerne les équipements de reproduction sonore et est exprimé en décibels entre le niveau maximal que peut transmettre sans distorsion la chaîne sonore et le niveau de bruit de fond de cette même chaîne sonore.

3.1.2 *Réglementation, normalisation*

À toutes fins utiles, on trouvera dans les documents cités ci-dessous de nombreuses références de normes ou de recommandations développant ces points.

- **ISO 1996/1** : « Acoustique – Caractérisation et mesurage du bruit de l'environnement - Grandeurs et méthodes fondamentales ».
- **ISO 1996/3** : « Acoustique – Caractérisation et mesurage du bruit de l'environnement - Application aux limites de bruit ».
- **ISO/R 1996** : « Acoustique – Extrait : indice NR d'évaluation de bruit » (reprise par NF S 30-010).
- **ISO 1999** : « Acoustique – Estimation de l'exposition au bruit durant le travail en vue de la protection de l'audition ».
- **ISO 9568** : « Cinématographie – Niveau de bruit de fond acoustique dans les théâtres cinématographiques, salles de vision et auditoria ».
- **ISO 179** : annexe « Courbes de pondération A, B, C et tolérances » (également CEI 651).
- **ISO 2969** : « Cinématographie – Réponse électroacoustique de la chaîne B des salles de contrôle et d'exploitation cinématographique – Spécifications et mesurages ».
- **NF S 31057** : « Acoustique – Vérification de la qualité acoustique des bâtiments ».
- **THX** : recommandations techniques sur la reproduction sonore, proposées sous forme de cahier des charges par Lucasfilm.
- **NRA** : nouvelle réglementation acoustique du ministère du Logement.
- **Conseil national du bruit** : « Établissements produisant de la musique à haut niveau sonore – Recommandations relatives à l'isolation acoustique des logements du voisinage vis-à-vis des bruits produits à l'intérieur des bâtiments ».
- **Décret du 15 décembre 1998 n° 98-1143** du ministère de l'Aménagement du territoire, portant sur la limitation des niveaux sonores dans les lieux diffusant des musiques amplifiées.

3.1.3 *Reproduction sonore cinématographique*

Pour information, nous rappellerons également ici les caractéristiques de base de la reproduction sonore cinématographique en termes de niveaux sonores et de dynamique.

On constate dans la *figure 3.1* un point très simple : le niveau maximal de 110 dB ne pouvant être dépassé (réserve de 10 dB avant le seuil de douleur à 120 dB), on ne pourra réellement profiter des gains en dynamique de la reproduction numérique que si l'on réduit le niveau de bruit de fond ambiant (climatisation, isolement acoustique principalement).

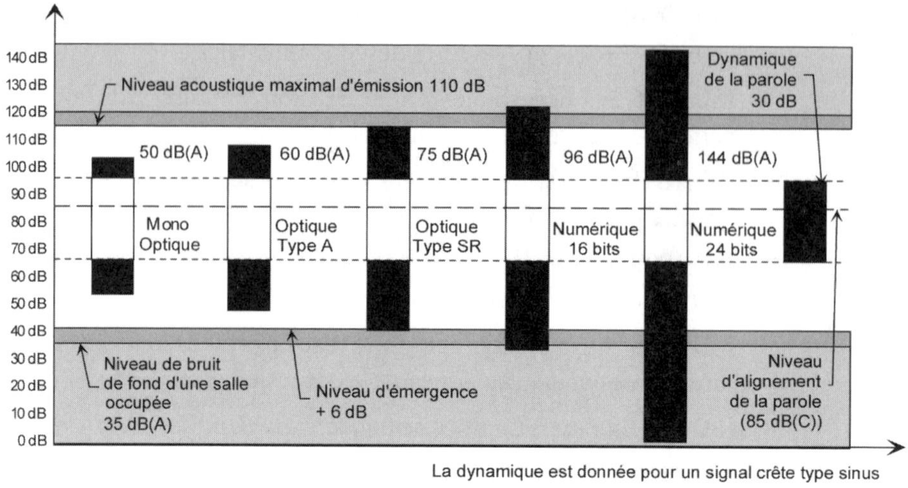

Figure 3.1 - Dynamique des pistes sonores et possibilités des salles.

Comme pour l'ensemble des sujets traités dans ce guide, nous n'entrerons pas dans le détail des développements scientifiques comme les coefficients α Sabine, les RASTI, STI ou autres diagrammes de phase. Une importante littérature sur ces sujets existe déjà. Nous nous contenterons d'évoquer l'application de ces données scientifiques pour les besoins de la diffusion sonore cinématographique.

3.2 Bruit de fond

Les relevés de niveau de bruit de fond se font dans une salle vide de tout spectateur. On verra plus loin l'impact de la présence des spectateurs. Hors spectateur, on relèvera trois types de niveau de bruit de fond :

- tous les équipements de la salle hors service ;
- les équipements « mécaniques » en fonctionnement : climatisation, projecteur ;
- la chaîne sonore en fonctionnement.

Le premier relevé permettra de faire apparaître les émergences de sources parasites non liées au fonctionnement de la salle : circulation, avions, bâtiments mitoyens par exemple. Ces sources ne sont pas maîtrisables par l'exploitant. Il devra donc s'en protéger.

Le second relevé permettra d'identifier les nuisances apportées par les équipements de la salle, indépendamment de la chaîne de reproduction sonore. Ces sources sont maîtrisables par l'exploitant. Les équipements doivent être réglés en conséquence.

Le troisième relevé permettra de faire apparaître des défauts annexes de la chaîne de reproduction sonore (résiduelle alternative, souffle). Ces sources sont maîtrisables. Les réglages et les matériels retenus doivent être performants.

3.2.1 *Unités*

La palette d'outils est vaste. L'utilisation de l'un ou l'autre de ces outils est fonction du but recherché.

✦ Niveau global brut : dB

C'est l'unité de base. Nous utiliserons en règle générale cette unité, indépendante de toute interprétation.

✦ Niveau global pondéré A : dB(A)

Cette unité est théoriquement utilisée en correction physiologique pour des niveaux sonores inférieurs à 60 dB. Certains documents officiels l'utilisent pour des niveaux supérieurs, rendant son interprétation équivoque. C'est l'unité la plus proche de la sensation perçue par l'oreille humaine à niveau faible ou moyen.

✦ Indices NR de bruit : NR 27 (niveau de bruit 27)

Elle indique de façon précise, sous réserve de présenter la courbe de répartition spectrale, le niveau d'émergence d'une source parasite au-dessus d'un bruit de fond. Elle intègre certaines données de la perception physiologique de l'oreille humaine.

✦ Critères NC de bruit : NC 27 (critères de bruit 27)

Ces critères de bruit sont définis pour déterminer précisément la nuisance apportée dans les salles de cinéma par les équipements techniques de la salle (traitement de l'air, projecteur), à l'exclusion de toute autre source de bruit (y compris salle mitoyenne, chaîne sonore, etc.).

✦ Niveaux par bande d'octave ou tiers d'octave

Cette représentation assez précise et très courante donne la répartition de l'énergie spectrale, élément fondamental dans la perception psychoacoustique du niveau sonore.

3.2.2 *Méthodologie*

Les recommandations utilisées à ce jour (ISO/R 1996 ou Afnor NF S 30-010) demandent que, lorsque la salle est vide et que les équipements techniques sont en fonctionnement (projecteur, extraction, climatisation), aucun point de la caractéristique de bruit de fond ne dépasse les valeurs de la courbe d'évaluation de bruit NC 27, sur la bande 31-8 000 Hz.

Suivant la nature du bruit et la bande de fréquences analysée, l'interprétation des niveaux de bruit de fond peut varier.

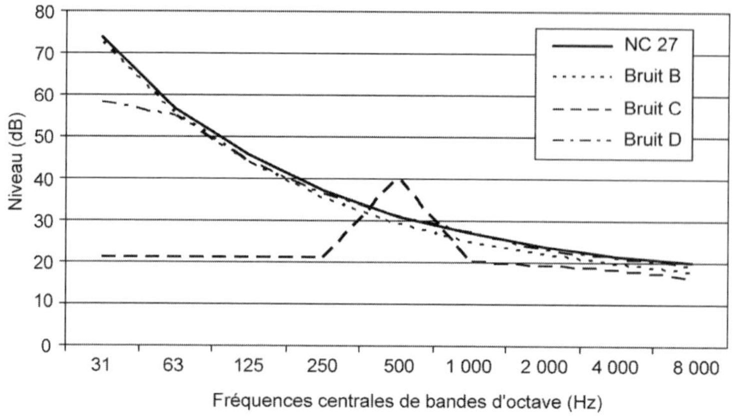

Figure 3.2 - Courbes de bruit de fond, réf. NC 27.

Dans la *figure 3.2*, trois types de bruit de fond B, C et D sont présentés.

Le bruit de fond B : est tangent sur tout le spectre à la courbe NC 27. Il est donc exprimé comme respectant le critère d'évaluation du bruit NC 27.

Le bruit de fond D : est tangent en au moins un point à la courbe NC 27. Il sera également exprimé comme respectant le critère d'évaluation du bruit NC 27.

Le bruit de fond C : représente un bruit de fond dans lequel une fréquence seulement est prédominante (bruit de sifflement de type bruit d'hélice ou de moteur). Dans l'exemple, ce bruit est exprimé comme respectant le critère d'évaluation NC 38.

On voit donc que l'écart de valeur entre la courbe NC et le niveau de bruit de fond varie en fonction de la largeur de bande de fréquences étudiée et du type de bruit.

Sur la bande de fréquences 125-4 000 Hz, on utilise par convention de calcul une différence de 5 dB. En conséquence, un bruit de fond estimé à NC 27 sur cette bande de fréquence peut être évalué à 32 dB(A). Plus on agrandira la largeur de bande étudiée, plus la valeur d'écart sera élevée. Les abaques de calculs apparaissent dans différents documents cités en bibliographie.

Tableau 3.1

Type de bruit	Spectre (Hz)	Niveau NC	Niveau dB(A)
Bruit B	31-8 000	27	37,7
Bruit D	31-8 000	27	29
Bruit B	125-8 000	27	34,5
Bruit C	31-8 000	38	35,1

Concernant les bandes d'octave de fréquences inférieures à celles centrées sur 125 Hz, une étude par bande d'octave devra être entreprise pour une expression des résultats en dB(A). Pour ces bandes de fréquences, les valeurs indiquées dans le *tableau 3.1* seront prises comme valeurs maximales à ne pas dépasser. Pour une estimation en tiers d'octave, il faudra retrancher 4,77 dB(A) à ces valeurs.

En résumé, le gabarit du critère de bruit NC 27 s'applique bien sur l'ensemble de la bande de fréquences 31,5-8 000 Hz.

Il est à noter qu'une étude statistique de présence de signal dans la bande 31,5 Hz serait à réaliser, les calculs de niveau de bruit équivalent *Lr* à ces fréquences très basses, auxquelles l'oreille est peu sensible, faisant apparaître que les niveaux résiduels y sont souvent peu gênants. À ce titre, il est rappelé que les mesures sont effectuées à partir d'une source de bruit rose, pour lequel un facteur de crête de ± 14 dB est appliqué à ces fréquences basses. La méthode de mesure précise également que le temps d'émission dans la bande considérée doit couvrir 95 % de la durée de mesure. C'est le cas pour la source de bruit rose. Ce n'est certainement pas le cas pour les bandes sonores des films dans la bande d'octave centrée sur 31,5 Hz. Il pourrait donc être utile de pondérer le niveau d'isolement à cette fréquence en fonction du temps d'exposition, qui n'excède pas 50 % du temps total d'une projection.

À ces études devra également être ajoutée celle du niveau de bruit de fond ambiant en séance (bruits de respiration, de frottement, de chuchotements, de papier), dont l'influence dépendra principalement des caractéristiques de temps de réverbération acoustique de la salle (faible en salle absorbante, importante en salle réverbérante). Cependant, l'effet de masque généré par le bruit émanant des spectateurs n'agira que dans les fréquences médium et aiguës, mais peu dans les fréquences basses.

Les relevés sont effectués sur l'ensemble de la zone d'implantation des fauteuils.

CRITÈRE N° 14

Niveau de bruit de fond selon méthode des critères de bruit (tous équipements en service) :

< NC 27

Niveau de bruit en dB(A) (tous équipements en service) :

< 32 dB(A)

Niveau de bruit de fond selon méthode des critères de bruit (aucun équipement en service) :

< NC 25

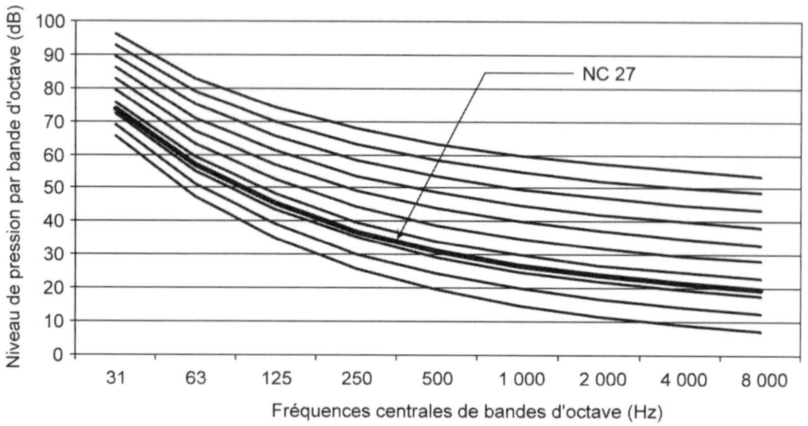

Figure 3.3 – Courbe d'évaluation de bruit NC.

Tableau 3.2

Courbes NC	31	63	125	250	500	1 000	2 000	4 000	8 000
NC 60	96,3	82,9	74,2	67,8	63,2	60	57,4	55,4	53,8
NC 55	92,9	78,9	69,8	63,1	58,4	55	52,3	50,3	48,6
NC 50	89,4	75	65,5	58,5	53,5	50	47,2	45,2	43,5
NC 45	86	71	61,1	53,6	48,6	45	42,2	40	38,3
NC 40	82,6	67,1	56,8	49,2	43,8	40	37,1	34,9	33,2
NC 35	79,2	63,1	52,4	44,5	38,9	35	32	29,8	28
NC 30	75,8	59,2	48,1	39,9	34	30	26,9	24,7	22,9
NC 27	73,8	56,8	45,5	37	31,1	27	23,9	21,6	19,8
NC 25	72,4	55,2	43,7	35,2	29,2	25	21,9	19,5	17,7
NC 20	69	51,3	39,4	30	24,3	20	16,8	14,4	12,6
NC 15	65,6	47,3	35	25,9	19,4	15	11,7	9,3	7,4

Tableau 3.3

Courbes NC	31	63	125	250	500	1 000	2 000	4 000	8 000
NC 27 en dB	73,8	56,8	45,5	37	31,1	27	23,9	21,6	19,8
NC 27 en dB(A)	34,4	30,6	29,4	28,4	27,9	27	25,1	22,6	18,7

Dans le *tableau 3.3*, la deuxième ligne indique la courbe d'évaluation de bruit NC 27 telle que définie dans les normalisations internationales. La troisième ligne indique les valeurs correspondantes de niveau de bruit exprimées en dB(A) par bande d'octave, pour un bruit dont le spectre de fréquences correspond à celui du critère de bruit.

3.2.3 *Niveau de bruit de fond ambiant*

Le bruit de fond ambiant en salle provient essentiellement des équipements de la salle, à savoir les systèmes de climatisation et les systèmes de projection. Des précautions doivent également être prises quant aux installations de distributeurs de boissons ou des systèmes de tringleries de rideaux de scène ou d'écran.

✦ La climatisation

Quel que soit le système retenu, climatisation, ventilation, renouvellement d'air, chauffage par convection, etc., les mises en place et les réglages doivent être effectués de façon méticuleuse. Les emplacements des systèmes générateurs, le placement et la forme des bouches d'arrivée d'air, ou de reprise, doivent être étudiés de façon à ne pas provoquer de nuisance spécifique, ni localement pour quelques sièges, ni globalement. Les sections des gaines et les matériaux de traitement interne devront être appropriés, afin d'éviter les mises en vibration mécanique.

Accessoirement, il est rappelé que les arrivées et les reprises d'air ne doivent en aucun cas être situées de telle sorte que le flux d'air balaye la surface d'écran, sous peine de détérioration rapide de celui-ci.

De même, il sera utile, lors des positionnements des bouches d'arrivée d'air chaud, notamment en plafond, de veiller à ce que le flux d'air chaud n'intercepte pas immédiatement le faisceau de projection. En effet, il est fréquemment constaté que les volumes d'air chaud se mouvant dans le faisceau de projection provoquent des ombres portées donnant une sensation de flou dans les zones d'image considérées.

Il est rappelé que les nuisances sonores issues des systèmes de climatisation sont principalement de deux ordres :

✧ Bruit de moteur

Les vibrations du bloc moteur, la rotation de l'hélice de sortie sont directement transmises en salle. Outre le réglage des systèmes (utilisation de *silent block*, réglage des axes de rotation), l'isolement du local climatisation par rapport au bloc salle doit être étudié de façon minutieuse. On évitera les positionnements au-dessus des salles ou contre des murs mitoyens s'ils ne sont pas doublés. Des « pièges à son » dans les gaines de liaison sont également très utiles.

✧ Bruit de déplacement d'air

Ce bruit peut provenir d'au moins quatre sources :

Déplacement de l'air dans la gaine

L'intérieur des gaines ne doit pas rester nu, le frottement de l'air pouvant générer une mise en vibration ou en résonance. Un calfeutrage est souvent utile.

Déplacement de l'air dans les coudes des gaines

Autant que faire se peut, les changements de directions, outre qu'ils augmentent la mise en charge des systèmes, devront être limités et adoucis au maximum. Là aussi, un calfeutrage s'impose.

Déplacement de l'air sur les grilles de sortie

Les ailettes des grilles de sortie seront choisies et orientées de façon à limiter au maximum le bruit de sifflement. Notamment, on évitera les fentes fines, qui génèrent d'importants sifflements selon la vitesse de déplacement de l'air.

Gestion de la vitesse de déplacement de l'air

Les diamètres de gaines et les débits des systèmes de traitement de l'air seront étudiés de façon à limiter la vitesse de déplacement de l'air dans les gaines et sur les bouches de sortie. À vitesse lente, niveau de bruit réduit.

✧ Mise en charge des volumes

Il arrive souvent que les mises en charge des volumes génèrent des différences importantes de pression entre le volume salle et les circulations d'accès. Cela provoque des fermetures incomplètes des portes, et donc des sifflements sur ces portes. Sans que les pressions soient nécessairement équilibrées, les différentiels doivent être réduits aux minima réglementaires pour la sécurité.

✧ Reprise

Les systèmes de reprise d'air doivent également être traités afin de limiter les niveaux sonores. Bruits de moteur et bruits de déplacement de l'air sont également en cause.

✧ Technologies de traitement de l'air

Tous les systèmes dont le traitement de l'air se fait en salle (climatiseurs indépendants, chauffages soufflants, etc.) sont à proscrire dans les salles de cinéma, les niveaux de bruit de ces systèmes étant prohibitifs.

✦ La projection

Les sources de bruit de la projection proviennent essentiellement du battement de la pellicule dans le chemin de film, de l'extraction de lanterne, des vibrations du redresseur ou du dérouleur. Le niveau de bruit émis par un projecteur, relevé 1 m devant, est environ de 65 dB. Le spectre de fréquence est plutôt dans le registre médium (150-1 000 Hz).

Tous les éléments du projecteur seront entretenus et réglés de façon à limiter le niveau de bruit du défilement de la pellicule.

Les systèmes d'extraction d'air chaud de la lanterne ne doivent pas utiliser des extracteurs trop bruyants.

Il est indispensable que les redresseurs de courant alimentant les brûleurs, et les dérouleurs, soient convenablement réglés et mécaniquement ajustés. Ils doivent être placés sur des supports souples isolant mécaniquement du sol.

Les cloisons de séparation entre la cabine et la salle doivent être hermétiques. Le mur ne doit pas être percé, les éventuelles gaines passant de la cabine à la salle seront isolées, les hublots de projection et de visée posséderont des huisseries étanches. Il sera souhaitable que ces huisseries soient ouvrantes, pour des raisons d'entretien de la vitre notamment. Les épaisseurs des vitres devront être suffisantes, mais n'excéderont pas 10 mm afin de ne pas induire de défauts optiques.

✦ Autres sources

Les portes d'accès doivent être suffisamment hermétiques pour isoler correctement des circulations communes et des circulations extérieures. L'utilisation de sas, appropriée également pour les lumières parasites, est fortement conseillée. Les huisseries doivent disposer de joints assurant une fermeture totale.

Vis-à-vis de l'extérieur, il est notamment nécessaire de soigner la réalisation des trappes de désenfumage et des sorties de secours. Par expérience, les simples portes ne sont pas efficaces pour protéger des nuisances sonores extérieures, et accessoirement pour protéger le voisinage des émissions sonores en salle. Un travail d'étude précis et rigoureux doit systématiquement être mené sur ces points. Les parois doivent également être correctement réalisées, et traitées au besoin afin de parfaire leurs propriétés isolantes.

Concernant les trappes de désenfumage, tout en respectant les contraintes du bon fonctionnement des déclenchements d'ouverture, le jointoiement et la structure même de la plaque de fermeture seront étudiés afin de ne pas créer de point de faiblesse dans l'isolement acoustique vis-à-vis de l'extérieur.

3.3 Isolement acoustique entre salles

Le volume de salle doit être correctement isolé des sources sonores extérieures. Ces sources peuvent provenir des autres salles du complexe, des circulations communes, des bâtiments mitoyens ou de l'extérieur.

Toutes les cloisons doivent être étudiées afin de limiter les transmissions des sons, de telle sorte que le niveau de bruit résiduel en salle ne dépasse pas la valeur définie en critère n° 14.

Un soin particulier sera apporté à la réalisation des cloisons mitoyennes avec d'autres salles, afin qu'aucun pont acoustique ne subsiste. Les jonctions avec les autres parois doivent être particulièrement soignées. Les passages de gaines seront proscrits. Les murs mitoyens doivent être prolongés suffisamment haut dans les faux plafonds, et de préférence de plancher à plancher.

3.3.1 *Méthodologie*

Il est défini que les mesures d'isolation acoustique entre deux salles sont effectuées à partir de l'installation sonore cinématographique. Ce point est important, car c'est la seule source importante de nuisances entre salles ; l'emplacement des sources, ainsi que leurs caractéristiques acoustiques et électroacoustiques, sont fondamentales dans l'interprétation des résultats d'isolement.

Il est d'abord procédé à la validation des réglages électroacoustiques de la chaîne de diffusion, en référence aux normes et recommandations en terme de transfert en fréquences (norme ISO 2969) et d'équilibrage de niveau entre voies (recommandations constructeurs). Pour ces points, on se reportera au chapitre 5 du présent guide. S'il apparaît dans le relevé de transfert en fréquences de la salle d'émission d'importantes variations par rapport à la courbe ISO 2969 X, ces variations devront pondérer les résultats obtenus en salle de réception.

Un bruit rose est émis au travers de la chaîne B, sur l'ensemble des canaux de reproduction sonore. En reproduction sonore numérique, le niveau global d'émission sur l'ensemble des canaux devra au moins atteindre 105 dB(C). Si des fuites acoustiques sont observées, une mesure complémentaire sera effectuée par canal, afin de déterminer l'origine de ces fuites. Dans ce cas, le niveau par canal sera de 100 dB(C). Il faut faire attention de ne pas lancer directement le bruit rose à ce niveau, car il y aurait risque de détérioration des amplificateurs ou des haut-parleurs. Il est préférable de débuter à un niveau moyen, puis de monter progressivement en s'assurant que le système de diffusion ne sature pas.

Les relevés sont effectués sur la bande de fréquences 31 -8 000 Hz. Par rapport aux relevés normalisés dans les mesures de type « bâtiment », la bande est étendue vers les fréquences graves, car les bandes sonores sont parfois riches dans ces fréquences (explosions, effets spéciaux, musiques, etc.). Les niveaux d'émissions seront donc ceux présentés au *tableau 3.4.*

3.3.2 *Critères d'isolation*

Les isolements normalisés (au sens acoustique) minimaux par bande d'octave seront ceux représentés aux *tableaux 3.5 et 3.6.*

On trouvera dans le chapitre 12 de ce guide des graphiques illustrant ces critères et intégrant les calculs sans la pondération A en réception (calcul d'un isolement brut).

Tableau 3.4 – Niveaux d'émission.

1	Salle d'émission équipée en reproduction sonore optique analogique	Tous canaux simultanément	95 dB(C)
2	Salle d'émission équipée en reproduction sonore optique analogique	Canal seul	90 dB(C)
3	Salle d'émission équipée en reproduction sonore numérique	Tous canaux simultanément	105 dB(C)
4	Salle d'émission équipée en reproduction sonore numérique	Canal seul	100 dB(C)

Tableau 3.5 – Isolement par bande d'octave, émission à 105 dB(C) de bruit rose, salle émettrice équipée en numérique.

Fréquence (Hz)	31	63	125	250	500	1 000	2 000	4 000	8 000	Global
Émission (dB(C))	95,5	95,5	95,5	95,5	95,5	95,5	95,5	95,5	95,5	105
Réception (dB(A))	34,4	30,6	29,4	28,4	27,9	27	25,1	22,6	18,7	NC 27
Isolement (dB(A))	61,1	64,9	66,1	67,1	67,6	68,5	70,4	72,9	76,8	

Tableau 3.6 – Isolement par bande d'octave, émission à 95 dB(C) de bruit rose, salle émettrice équipée en Stéréo SR.

Fréquence (Hz)	31	63	125	250	500	1 000	2 000	4 000	8 000	Global
Émission (dB(C))	85,5	85,5	85,5	85,5	85,5	85,5	85,5	85,5	85,5	95
Réception (dB(A))	34,4	30,6	29,4	28,4	27,9	27	25,1	22,6	18,7	NC 27
Isolement (dB(A))	51,1	54,9	56,1	57,1	57,6	58,5	60,4	62,9	66,8	

3.3.3 *Quelques causes d'insuffisances*

✦ La conception des parois

Les problèmes de fuite acoustique se rencontrent surtout dans le registre des fréquences basses ou bas médium. Ceux rencontrés dans les fréquences médium ou aiguës sont faciles à résoudre.

Dans le registre des fréquences basses, on émet beaucoup d'énergie, souvent sous forme d'impulsion, donc avec des facteurs de crêtes importants.

La meilleure option pour bloquer cette énergie, c'est la masse. Souvent, les parois sont prévues au plus juste, et avec une efficacité limitée en fréquence au-dessous de 125 Hz (fréquence basse des mesures « bâtiment »). **On doit bien rappeler dans**

la conception des salles que l'on émet beaucoup d'énergie jusque dans la bande 31 Hz. Si une structure de masse (mur en béton épais) est retenue, il est important de s'assurer que la densité du béton est homogène sur l'ensemble du mur. S'il s'agit de béton banché, les trous de banche doivent être minutieusement colmatés. Un doublage de cette cloison en béton avec au moins une épaisseur de plaque de plâtre de chaque côté sera bénéfique.

Des solutions à base de structure « mille-feuilles » (structure associant des plaques de plâtre, de la laine minérale et des lames d'air) peuvent également être efficaces. Le montage doit en être méticuleux. En particulier, aucun pont acoustique dans le montage de la structure de base ne doit apparaître. Le système peut être efficacement amélioré en insérant un voile en béton léger au milieu.

✦ Les plafonds

Les structures de plafond sont souvent en cause dans les problèmes d'isolation acoustique entre salles. Plusieurs précautions sont à prendre :

- La structure du plafond doit être absorbante. Les plafonds suspendus (plaques, BA13) sont efficaces si les fixations sont bien isolées des structures communes à toutes les salles.
- Les parois latérales doivent monter le plus haut possible dans le faux plafond, si possible jusqu'au plafond supérieur, mais sans liaison mécanique rigide avec celui-ci.

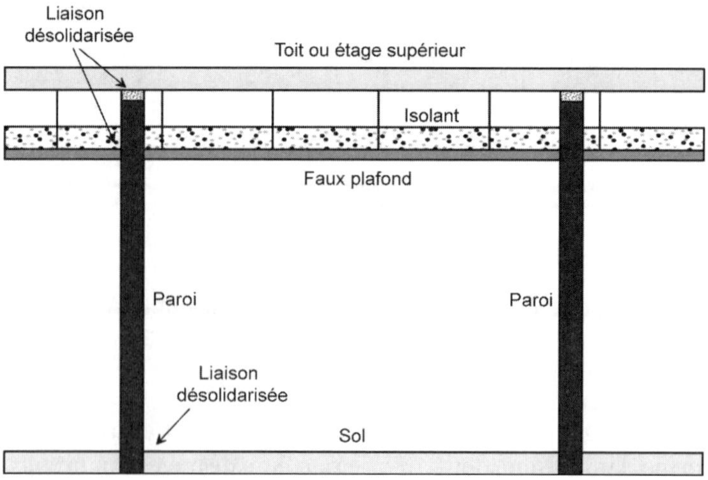

Figure 3.4 – Gestion des toits.

✦ Les angles et jonctions de parois

Les finitions sur ces points sont souvent défectueuses. On doit simultanément réaliser des liaisons hermétiques et étanches, ainsi que des liaisons non rigides mécaniquement, afin de limiter les ponts acoustiques.

✦ Les ouvertures

Les portes d'accès doivent être suffisamment hermétiques pour isoler correctement des circulations communes. L'utilisation de sas, appropriée également pour les lumières parasites, est fortement conseillée. Les huisseries doivent disposer de joints assurant une fermeture totale.

Les hublots de projection posent souvent problème. Les huisseries doivent en être correctement jointées. Il est préférable, pour des raisons optiques, de n'utiliser que des hublots simple vitre. Les doubles vitrages sont certes efficaces acoustiquement, mais déplorables optiquement (diffraction, propreté, etc.). Les surfaces ne doivent pas être trop importantes. Il vaut mieux plusieurs hublots, plutôt qu'un seul grand. Des tailles supérieures à 1 m^2 sont souvent problématiques. Pour le hublot simple vitre, les épaisseurs de verre, par ailleurs traitées optiquement, pourront atteindre au maximum 10 mm pour des raisons optiques.

✦ La fixation d'éléments

Un point fondamental est la fixation des enceintes acoustiques. Il est impératif que soit prévue une désolidarisation mécanique entre l'enceinte acoustique et son support, et si possible entre son support et le mur. Des cales *silent block*, des fixations désolidarisées sont souvent efficaces.

Il faut éviter de la même façon que les cadres d'écran résonnent. Plusieurs procédés permettent d'éviter ce phénomène (mousse injectée dans les tubes par exemple).

Pour les enceintes acoustiques d'ambiance, les fixations sur les parois latérales et mitoyennes sont souvent dramatiques. Une suspension par support amorti directement sur le plafond (pas le faux plafond !) sera efficace. Cependant, ce type de fixation doit être utilisé avec précaution, car il ne faut pas générer un point de faiblesse acoustique entre le volume salle et l'extérieur, notamment par percement inapproprié du faux plafond.

✦ Les gaines de climatisation

La distribution, le positionnement et le traitement des gaines de climatisation devront être étudiés de façon à ne créer aucun pont acoustique entre les salles. Les gaines communes à plusieurs salles, ou devant passer par une autre salle, devront impérativement comporter des pièges à sons aux lieux des jonctions entre salles. Les passages de gaines dans les parois seront également correctement jointés.

✦ Les passages de câbles

De même, tous les passages de câbles, alimentation électrique, éclairage, liaisons vers les enceintes acoustiques, informatiques, vidéo, audio, etc. ne devront créer aucun point de faiblesse dans l'isolation acoustique entre volumes.

3.4 Traitement acoustique interne

3.4.1 *Généralités*

Même à l'ère du multicanal, où les sources sonores se multiplient à l'infini, l'objectif premier de la reproduction sonore cinématographique reste l'intelligibilité du message sonore, et notamment du dialogue.

Par ailleurs, la répartition et l'équilibre entre les pistes du multicanal sont soigneusement dosés lors du mixage des bandes sonores, afin de recréer un espace sonore cohérent.

Il est donc impératif que les caractéristiques acoustiques internes de la salle ne perturbent pas les points suivants :

- **Intelligibilité du message** : le dialogue notamment doit rester clair en toutes circonstances, que l'acteur ait une diction lente et claire ou rapide et brouillonne. Il existe aujourd'hui plusieurs méthodes d'évaluation de l'intelligibilité d'un système de diffusion sonore, plus précises que la simple expression du temps de réverbération acoustique en fonction de la fréquence et du volume de salle : STI, EDT, RASTI, qui remplacent les logatomes des décennies 1940-1960. Ces méthodes utilisent pour la plupart l'analyse des premières décroissances et des premières réverbérations. Il n'y a pas encore de réelle normalisation sur ces thèmes. Les valeurs proposées ici le sont donc à titre indicatif et demanderont confirmation. Dans une salle répondant aux critères de temps de réverbération préconisés par la CST, le STI et le RASTI ne doivent pas descendre en dessous de 0,65.
- **Positionnement des sources sonores** : le mixage définit précisément la localisation des sources sonores, ainsi que les transitions entre les points de diffusion (déplacement des images sonores). Des perturbations acoustiques auront tendance à grossir exagérément la zone de diffusion autour de la source même (effet de caisse de résonance, ou d'imprécision de localisation).
- **Équilibre en niveau sonore entre les sources** : le traitement acoustique doit être homogène sur l'ensemble de la salle, afin d'éviter des déséquilibres de niveau ou de spectre en fréquences entre des sources placées en zone réverbérante et des sources placées en zone mate.

Là encore, comme pour l'isolation acoustique entre salles, il est primordial que les études acoustiques intègrent au plus près les caractéristiques de la chaîne B (chaîne électroacoustique). Ce point est développé plus précisément dans le chapitre 5, plus loin dans ce guide. Nous rappellerons juste pour mémoire ici les positionnements des sources sonores tels qu'ils ont été définis au fil du temps et de la conception des systèmes multicanaux. Ces positionnements prennent leur origine dès l'époque des premiers systèmes multicanaux (Fantasound notamment pour le film *Fantasia* en 1942) et ont été ensuite répandus avec l'avènement du 70 mm 6 pistes magnétiques (années 1950 et surtout 1960), puis des systèmes 35 mm multicanaux (Dolby principalement dans les années 1970-1980). Ces dispositions sont celles

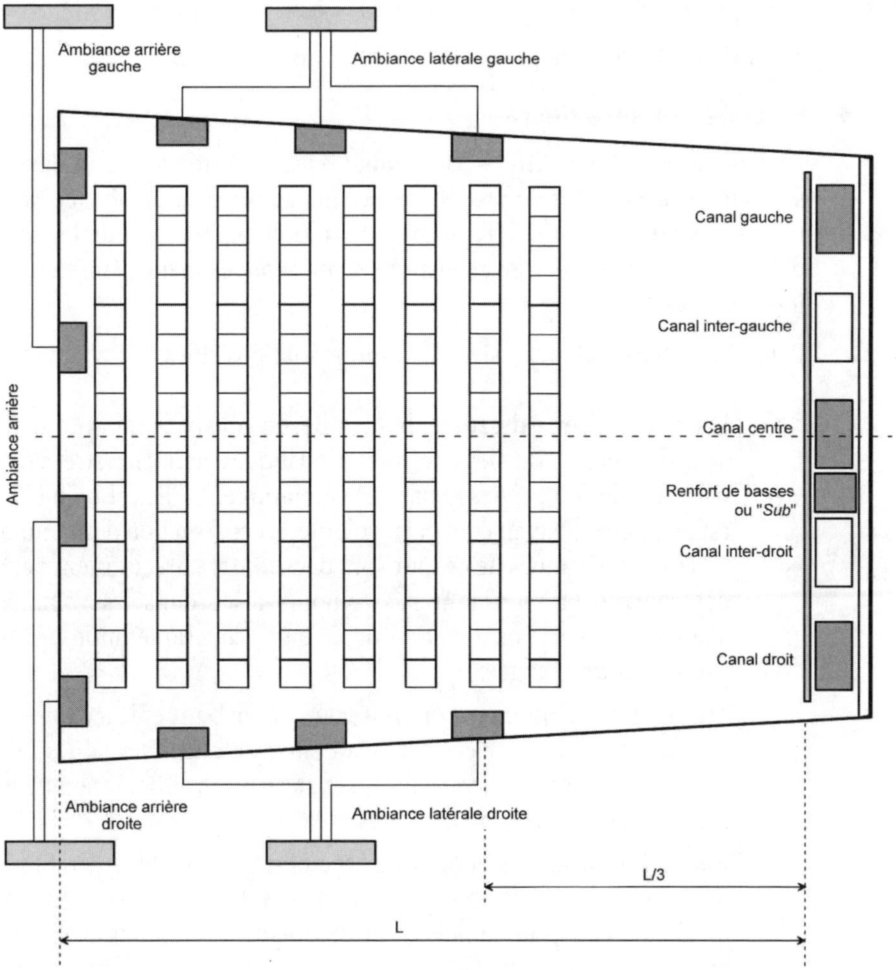

Figure 3.5 – Disposition des sources sonores dans la salle.

retenues par les auditoriums de mixage et doivent donc être totalement respectées en salle afin de respecter les mixages des bandes sonores.

Tout système de diffusion sonore qui ne reprendrait pas les dispositions adoptées lors du mixage des films ne pourrait être considéré comme respectueux de la création artistique. Son implantation, ainsi que les conséquences sur la gestion acoustique de la salle, ne peut donc être tolérée tant qu'il n'a pas reçu l'aval des concepteurs des bandes sonores.

Il est enfin rappelé que le spectre en fréquences de la diffusion sonore cinématographique, défini notamment dans la norme ISO 2969, s'étend sur la bande 40-12 500 Hz. Mais le canal renfort de basses peut parfois émettre jusqu'à 20 Hz, voire même dans les infrasons en sous-harmonique.

3.4.2 *Objectifs*

Nous allons décrire chaque zone de la salle.

✦ La zone derrière l'écran

Le dialogue est à 90 % diffusé par le canal centre. On trouve depuis l'avènement du son numérique de plus en plus de scènes où la parole va se déplacer avec l'acteur. Pour la cohérence du son à l'image et pour l'intelligibilité du dialogue, cette zone doit être absolument neutre acoustiquement, sans résonance, mise en vibration et interférences.

Pour obtenir ce résultat, plusieurs solutions sont possibles :

- **Isoler ce volume du reste de la salle**, en construisant un mur acoustique juste derrière l'écran, les enceintes acoustiques étant encastrées dans ce mur. C'est la solution proposée par THX notamment. Elle est bien efficace, mais est assez onéreuse, en coût et en volume, la construction d'un mur acoustique (les caractéristiques de ce mur sont décrites très précisément dans le cahier des charges THX) n'étant pas toujours aisée dans les volumes de salle d'aujourd'hui. La construction de ce mur acoustique imposera souvent de supprimer une rangée.
- **Traiter acoustiquement en matériau absorbant** efficace toutes les parois de cette zone (mur arrière, murs latéraux, plafond). Des laines minérales de 80 mm au moins conviendront. Ces matériaux absorbants seront aussi placés derrière les enceintes acoustiques.
- **Placer les enceintes acoustiques** le plus près possible de la toile d'écran, notamment pour les haut-parleurs d'aigu. Plusieurs essais, menés notamment par la CST, ont démontré que les meilleurs résultats de transfert en fréquences, en phase, en réponse impulsionnelle, en localisation, sont obtenus lorsque le diffuseur est situé au plus près de la toile. L'enceinte acoustique

pouvant par ailleurs être placée au plus près du mur arrière, sans en être solidaire mécaniquement, le volume derrière l'écran pourra être réduit au maximum. Les enceintes acoustiques seront aussi désolidarisées mécaniquement de leurs supports, afin d'atténuer d'éventuelles mises en vibration de ces supports.

✦ Parois latérales entre l'écran et le 1er rang

Cette zone est sans doute la seule sur laquelle une certaine « brillance » acoustique peut être admise, à savoir que ces surfaces peuvent être utilisées, notamment dans les grandes salles, pour aider à « porter » le son jusqu'au fond de la salle.

Toutefois, de nombreuses erreurs sont à éviter :

- **Le parallélisme parfait des parois latérales** est souvent générateur d'ondes stationnaires (et donc d'écho flottant). Cet écho est souvent directement perçu par les deux voire les trois premiers rangs, mais il a aussi d'incontestables conséquences sur la diffusion du son au-delà de la zone. Ainsi, la phase, la réponse impulsionnelle et, en conséquence, l'intelligibilité peuvent éventuellement être notablement altérées. La présence des voix, notamment en gros plan, et donc l'équilibre du mixage, peut être modifiée, voire « perdue ».
- **Une réverbération trop importante** sur ces zones peut donner un effet de volume des voies gauche et droite, et créer ainsi un déséquilibre avec le canal centre.
- **Le parallélisme du plafond et du sol** est rédhibitoire. En effet, ces deux surfaces sont en général relativement réverbérantes et les ondes stationnaires y sont souvent légion. Il est conseillé de « casser » ce parallélisme, par l'inclinaison, même légère, d'une des deux surfaces.

✦ Zone d'implantation des fauteuils

Plusieurs approches sont possibles pour gérer le contrôle de l'énergie sonore reçue par ces parois. Si l'on absorbe trop, les fréquences élevées n'atteindront pas les spectateurs du fond. Si l'on n'absorbe pas assez, l'importante énergie dans le registre des fréquences basses ne sera pas correctement maîtrisée, ainsi que les éventuels retours d'onde sur le mur du fond de la salle. Le plus souvent, il sera utile de prévoir un traitement progressif entre l'avant et le fond de la salle, en fonction des proportions du volume.

La réduction de l'énergie sonore réémise par les parois peut être gérée soit par absorption (matériau absorbant), soit par diffraction sur une structure en relief.

Le mur arrière devra être très neutre, soit par absorption, soit par diffraction sur des surfaces complexes.

✦ Plafond

Le plafond est souvent utilisé pour aider à porter le son vers le fond de la salle, sous réserve qu'il ne soit pas trop haut par rapport aux fauteuils, notamment en modulant les matériaux et la forme du plafond en fonction de l'absorption spectrale que l'on veut obtenir.

Dans une salle type « multiplexe » (gradinage important, plafond juste en haut de l'écran, hauteur de plafond réduite en haut des gradins), des plafonds en staff sont globalement corrects, sauf pour la zone devant l'écran où les résonances avec le sol doivent être traitées.

Pour les salles où le plafond est relativement élevé par rapport à un sol assez plat ou en pente légère ne nécessitant pas notamment un gradinage, la partie haute de la salle, souvent située au-dessus du haut de l'écran, doit être traitée de façon à maîtriser l'énergie s'accumulant sous forme de résonances perturbatrices souvent constatées dans ces volumes hauts.

✦ Ouvertures dans les cloisons

Il existe au moins trois types d'ouvertures dans les cloisons des salles, qui doivent être intégrées à l'étude acoustique :

- **Les vitres des hublots de cabine** : ces vitres ne doivent pas avoir des surfaces trop importantes, afin de ne pas être des causes de retour d'onde arrière vers les spectateurs (accessoirement aussi afin de ne pas provoquer de lumière parasite issue de la cabine vers la salle).
- **Les portes d'accès ou de sortie** : situées en fond de salle, elles peuvent parfois être sources de retour d'onde arrière localisée, lorsqu'elles sont dans l'axe direct d'une des enceintes acoustiques d'écran. Leur surface devra alors être traitée absorbante.
  Situées sur les parois latérales près de l'écran, elles peuvent créer un déséquilibre de rendu acoustique entre les voies latérales et le centre, voire une délocalisation ou un détimbrage de la source d'écran la plus proche.
- **Trappes de désenfumage** : notamment lorsqu'elles sont situées derrière l'écran, elles peuvent créer une zone de brillance provoquant détimbrage ou délocalisation de source. La surface interne doit donc être traitée absorbante, sans en gêner le fonctionnement.

✦ Autres cas critiques

Enfin, il existe quelques cas de réverbérations parasites aisément évitables à la conception :

- **Les gaines de climatisation** sont souvent placées derrière l'écran. Ce sont souvent des gaines métalliques, magnifiques caisses de résonance. Elles doivent impérativement être calfeutrées extérieurement. Ajoutons que ces gaines ne doivent en aucun cas (on le constate malheureusement parfois) servir de support aux enceintes acoustiques. Si elles doivent être placées dans la zone basse derrière l'écran, elles seront impérativement isolées de la partie haute (dalle par exemple).

- **Les couloirs de sortie** ou d'accès placés près de l'écran (dessous, derrière, ou dans les parois latérales) sont parfois des caisses de résonance importantes. Les portes d'accès doivent être globalement isolantes, et les premiers mètres au moins de ces volumes doivent être traités en absorbant, au même coefficient que les parois de salle dans cette zone. Il faut notamment privilégier les portes directement sur les murs de la salle, plutôt qu'au fond d'un renfoncement ou d'un début de couloir.

3.4.3 *Temps de réverbération acoustique RT60*

Si en matière de spectacle vivant, l'acteur peut moduler son débit de parole en fonction des propriétés acoustiques de la salle, plus lentement si le RT60 est long, plus rapide s'il est court, le débit de parole de l'acteur de cinéma est figé une fois pour toutes. L'acoustique de la salle devra donc permettre de comprendre un débit lent comme un débit rapide.

Pour ces raisons, le temps de réverbération acoustique (RT60) doit rester relativement faible en fonction du volume de la salle.

Il sera par ailleurs souhaitable que les traitements spécifiques permettent d'obtenir une certaine homogénéité en fonction de la fréquence, l'expérience montrant qu'une salle présentant un même temps de réverbération à toutes les fréquences est généralement mieux appréciée.

Enfin, il y aura lieu de veiller à ce que le temps de réverbération acoustique soit homogène sur l'ensemble de la surface d'implantation des fauteuils, et qu'aucune surface particulière ne crée de zone de réflexion ou de résonance particulière. Les parois concaves régulières ou les parois parallèles en matériau peu absorbant devront notamment être proscrites.

Des méthodes simples de traitement acoustique, à base de matériaux absorbants judicieusement positionnés, permettront d'obtenir des résultats satisfaisants. Les parois à traiter sont principalement les parois verticales. Le plafond sera étudié afin d'éviter des focalisations, des réflexions trop précises et des mises en résonance. Le sol revêt une importance moins grande, étant donné la présence des fauteuils et des spectateurs. Seule la partie avant de la salle, là où il n'y a pas de fauteuils, sera traitée plus précisément, afin d'éviter des « cages » de résonance pouvant créer des impédances de charge acoustique déstabilisantes.

CRITÈRE N° 15

Temps de réverbération acoustique RT60 en fonction de la fréquence (référence à 500 Hz).

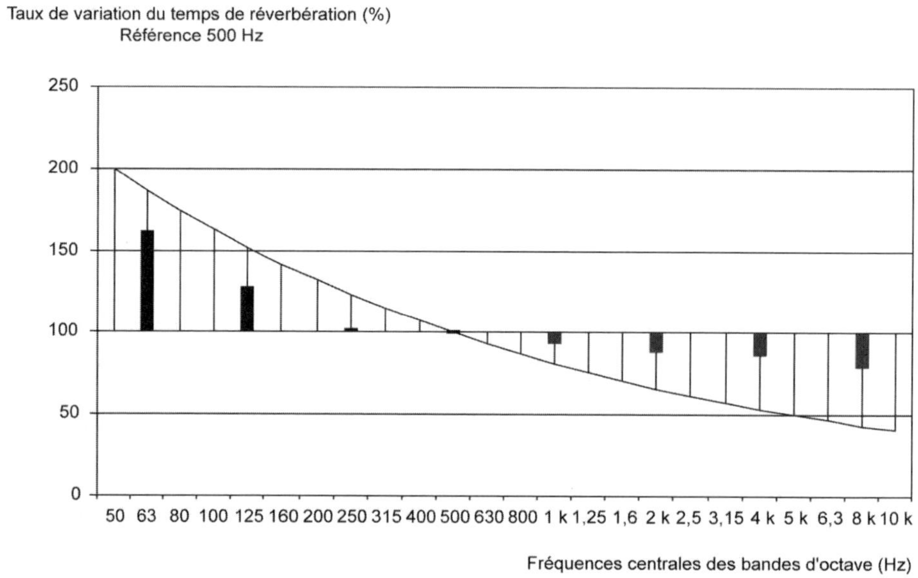

Figure 3.6 – RT60 en fonction de la fréquence.

CRITÈRE N° 16

Temps de réverbération acoustique RT60 à la fréquence 500 Hz en fonction du volume de la salle.

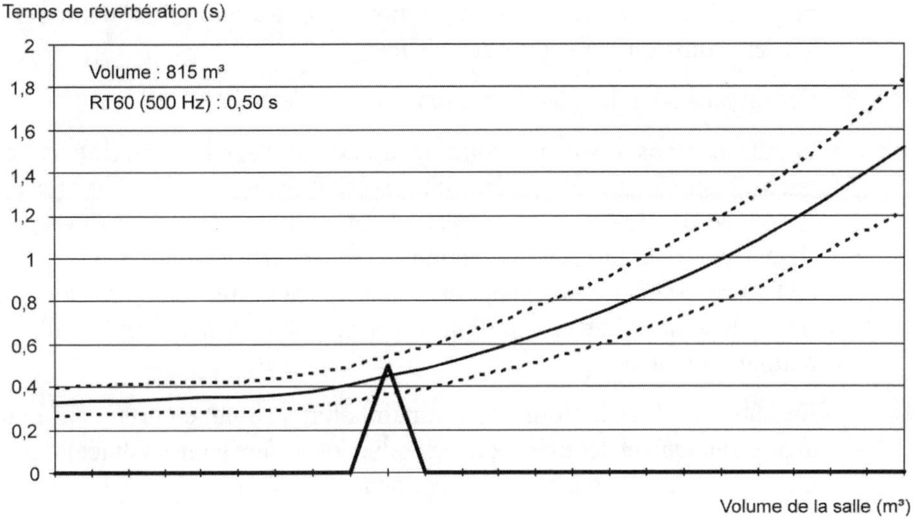

Figure 3.7 – RT60 en fonction du volume de la salle.

3.5 Isolement acoustique vis-à-vis du voisinage

Depuis quelques années, de nombreuses réflexions sont menées sur la limitation des niveaux sonores dans les lieux diffusant des sons amplifiés. Les raisons en sont notamment :

- la protection de l'audition pour les spectateurs ;
- la protection des nuisances sonores sur le voisinage.

En 1992, le Conseil national du bruit avait édité un premier document, intitulé : « Établissements produisant de la musique à haut niveau sonore – Recommandations relatives à l'isolation acoustique des logements du voisinage vis-à-vis des bruits produits à l'intérieur des établissements », qui a fait jurisprudence dans le domaine.

En 1998, la CST a édité une recommandation technique définissant une première méthodologie de contrôle des niveaux des bandes sonores des films pour les publicités et les bandes-annonces. Cette recommandation, portant sur la reproduction sonore analogique type SR, a été une première étape dans la prise de conscience du besoin de limitation des niveaux sonores des bandes.

Le 15 décembre 1998, le ministère de l'Aménagement du Territoire faisait publier au *Journal officiel* le décret n° 98-1143, utilisant le principe de la mesure des niveaux équivalents (Leq) et définissant des valeurs de niveaux acoustiques crêtes et Leq à ne pas dépasser, ainsi que des limitations dans les nuisances sonores et les émergences acoustiques vis-à-vis du voisinage.

Ces niveaux sont de 120 dB en niveau crête et de 105 dB Leq(A).

Ces dispositions ne sont pas contraignantes pour l'exploitation cinématographique qui n'atteint pas ces valeurs dans une exploitation normale des films (chaîne sonore étalonnée, bande sonore maîtrisée, validation du niveau de diffusion en salle pour chaque nouveau film, etc.), de nombreuses expertises menées notamment par la CST l'ayant démontré. Cependant, l'esprit de ce décret est intéressant et peut être très utilement pris en compte dans la réflexion lors de la conception d'un site cinématographique.

En 2001, la CST éditait une recommandation technique portant sur la méthodologie d'alignement des niveaux de reproduction sonore entre les différents processeurs d'une chaîne de reproduction sonore cinématographique (CST – RT – 001 – S – 2001).

En 2002, la CST éditait une recommandation technique portant sur le contrôle de l'énergie sonore des bandes-annonces et des publicités en son numérique (CST – RT – 003 – S – 2001).

En 2006, la CST éditait une recommandation technique portant sur le niveau sonore en salle de cinéma (CST – RT – 013 – P – 2006), portant sur un engagement réciproque des différents intervenants de la chaîne du cinéma (mixeurs, distributeurs et exploitants) de modifier les méthodes de travail afin que le niveau de référence 7 redevienne le principe de base d'utilisation en auditorium de mixage et en salle d'exploitation.

Ces recommandations techniques sont disponibles sur le site www.cst.fr.

Partie B

Projection des images et reproduction des sons chaîne A

Chapitre 4

Projection argentique

4.1 Caractéristiques mécaniques

Ce chapitre traite de l'ensemble des caractéristiques qui régissent le défilement du film dans le projecteur, tant dans le couloir de projection que devant le lecteur sonore. Les valeurs indiquées sont spécifiques de la projection 35 mm. Les spécifications pour les formats 16 mm et 70 mm sont indiquées dans les tableaux du chapitre 12.

4.1.1 *Cadence de défilement*

✦ Objet

Les copies sont tirées pour être reproduites à la cadence nominale de 24 im/s. Afin de reproduire autant la cinétique des mouvements que l'intégrité de la bande sonore telles que prévues par le réalisateur et telles qu'enregistrées sur la pellicule, il est impératif de reproduire le film avec cette cadence.

Le son est d'ailleurs particulièrement sensible à ce point. Une augmentation de la cadence de défilement de 4 %, soit 25 im/s, apporte un décalage en fréquence de $1/24^{e}$ de ton environ, ce qui porte le *la* 3 du diapason de la fréquence 440 Hz à la fréquence 457 Hz ! Les musiciens comprendront.

Enfin, l'oreille est plus gênée par une diminution de la fréquence, notamment sur la musique. Il est donc impératif de ne pas diffuser en dessous de la cadence d'enregistrement.

Pour information, projeter un film de 1 h 40, soit 100 minutes, à 25 im/s au lieu de 24, ne réduit la durée de projection que de 4 minutes !

✦ Matériel de mesure

- Un film à piste sonore optique comprenant un signal modulé à 3 150 Hz (± 0,1 %).
- Un fréquencemètre.

✦ Méthode de mesure

Le film défile dans le projecteur. On mesure en sortie de préamplificateur ou d'amplificateur la fréquence du signal restitué. L'écart de vitesse est donné par le rapport entre la fréquence du signal restitué et la fréquence du signal enregistré, exprimé en pourcentage.

✦ Causes de défaut

Défectuosité du moteur d'entraînement, écart dans la tension secteur (moteurs asynchrones), usure des courroies lisses de transmissions, usure des poulies, mauvaise tension des courroies, frottement des axes, mauvaise adaptation des diamètres des poulies ou pignons de transmission, etc.

✦ Valeurs spécifiées

NOMINAL	TOLÉRANCE
24 im/s	24 im/s ≤ v ≤ 25 im/s

4.1.2 *Fluctuations de vitesse*

✦ Objet

L'oreille est particulièrement sensible aux variations instantanées de fréquence (vibrato) autour de la fréquence nominale d'un signal (exemple : la note de piano). Il est important pour l'intelligibilité des voix ou pour la cohésion des bandes musicales que ces variations soient limitées au maximum. Le filtre CCIR détermine la pondération liée au maximum de sensibilité de l'oreille à ce type de variations, centrée sur une fréquence de 4 Hz.

✦ Matériel de mesure

- Un film à piste sonore optique comprenant un signal modulé à 3 150 Hz (± 0,1 %) type CST B 3150.
- Un fluctuomètre étalonné comportant un filtre de pondération CCIR.

✦ Méthode de mesure

Le film étant en défilement, on mesure aux bornes du préamplificateur ou de l'amplificateur les variations de fréquence autour de la fréquence enregistrée. La valeur est directement donnée par le fluctuomètre en %. Le film sera chargé sur tout le chemin de film du projecteur. La mesure ne peut s'effectuer à partir d'un film monté en boucle, les collures impliquant des irrégularités de défilement. Le film d'essai sera en parfait état. Il sera utile de créer artificiellement (avec le doigt par exemple) de légères irrégularités de défilement, afin de contrôler le temps de stabilisation du défilement (vitesse d'action des systèmes de compensation).

✦ Causes de défaut

Volant d'inertie déséquilibré, axe du tambour du lecteur faussé, pression insuffisante, excessive ou irrégulière du galet presseur, usure mécanique ou rotation irrégulière des éléments d'entraînement et de guidage de la pellicule, vibration mécanique globale du projecteur, dysfonctionnement du système de compensation de la tension du film, etc.

✦ Valeurs spécifiées

NOMINAL	TOLÉRANCE
± 0 %	± 0,15 % maximum

4.1.3 *Temps de démarrage*

✦ Objet

Lors du démarrage du projecteur, le spectateur ne doit percevoir aucun glissement en fréquence, ni aucune accélération des mouvements de l'image. Ceci est particulièrement important dans les cabines fonctionnant en double poste, le second projecteur devant avoir atteint sa cadence nominale à l'ouverture du volet lors du changement de base. Le temps ne doit cependant pas être trop court afin de ne pas exercer de contraintes mécaniques trop importantes sur la pellicule.

✦ Matériel de mesure

- Un film à piste sonore optique comprenant un signal modulé à 3 150 Hz (± 0,1 %) type CST - B 3150.
- Un fluctuomètre étalonné comportant un filtre de pondération CCIR.
- Un chronomètre.

✦ Méthodes de mesure

Le chronomètre est déclenché au démarrage du projecteur. Il est stoppé lorsque le fluctuomètre indique une valeur inférieure ou égale à la valeur maximale spécifiée de taux de fluctuations de vitesse.

Une autre méthode consiste à charger une amorce opérateur sur le repère 11. Le projecteur doit avoir atteint sa cadence nominale stabilisée à la première image du film.

✦ Causes de défaut

Moteur sous-puissant, transmissions présentant un jeu mécanique, frottements mécaniques des axes, taux de fluctuations de vitesse déjà excessif en défilement stabilisé, condensateurs usés, résistances de démarrage mal réglées, etc.

✦ Valeurs spécifiées

NOMINAL	TOLÉRANCE
3 secondes	7 secondes maximum

4.1.4 *Fixité des images projetées*

✦ Objet

Les variations de positionnement du champ d'image projetée, dues au fait que la pellicule ne peut être rigoureusement guidée au micron près dans le couloir de projection (le glissement ne serait plus possible) ne doivent pas être perceptibles pour le spectateur, sous peine de provoquer une gêne (impression de flou notamment) et une fatigue inutiles. La chose est particulièrement sensible sur des plans relativement fixes, ou sur des sous-titres.

✦ Matériel de mesure

- Un film de fixité des images.

- Un mètre.

✦ Méthode de mesure

Le film de fixité est projeté sur l'écran dans les conditions normales de projection dans le format le plus courant (Panoramique 1,66 ou 1,85). Les perforations de mesure, réalisées dans la zone du champ d'image projetée en même temps que les perforations d'entraînement, se présentent donc sous la forme de deux rectangles blancs à l'écran.

On mesure le déplacement crête à crête de l'image projetée de ces perforations. Le taux de fixité des images est ensuite exprimé en % de la dimension correspondante de la pellicule.

La formule de calcul suivante sera utilisée :

$$\text{Taux (\%)} = \frac{a}{10^4(G \cdot d)}$$

où : a = amplitude du déplacement en mm ;

G = grandissement de l'image (rapport dimension image projetée sur dimension image sur film) ;

d = dimension correspondante du champ d'image enregistré sur la pellicule, exprimée en mm.

L'amplitude crête à crête sera mesurée sur une durée d'au moins 10 secondes afin de bien caractériser les phénomènes d'instabilité des images.

✦ Causes de défaut

Propreté du couloir de projection, usure des glissières ou des patins presseurs, mauvais réglage des patins presseurs, usure du mécanisme de croix de Malte, usure du débiteur de croix de Malte, dérèglement des systèmes de guidage de la pellicule, échauffement excessif de la pellicule, noix de cadrage, usure des axes de transmissions, etc.

✦ Valeurs spécifiées

NOMINAL	TOLÉRANCE
± 0,00 %	± 0,25 % maximum

4.1.5 *Filage*

✦ Objet

Les projecteurs sont équipés d'obturateurs qui masquent la lumière lorsque le film est en déplacement dans le couloir (voir plus loin le descriptif du principe). Une désynchronisation entre la rotation de l'obturateur et le mécanisme d'entraînement intermittent peut générer la projection de la pellicule en déplacement, qui se visualise sous forme de traînées verticales sur l'image.

✦ Matériel de mesure

- Un film de mesure du filage ou à défaut un film de fixité.
- Un mètre.

✦ Méthode de mesure

Le filage apparaît comme une traînée qui prolonge ou précède une zone claire se détachant sur un fond plus sombre, en haut ou en bas de l'image, suivant le sens de rotation de l'obturateur et le signe de la désynchronisation de l'obturateur avec le mécanisme d'entraînement intermittent. La mesure pourra donc se faire sur les perforations du film de fixité. On notera la présence ou l'absence du filage, ainsi que son orientation.

✦ Cause de défaut

Désynchronisation du système d'obturation par rapport au mécanisme d'entraînement intermittent de la pellicule.

✦ Valeurs spécifiées

NOMINAL	TOLÉRANCE
Non apparent	Aucune

4.1.6 *Dimensions des champs d'image projetée*

✦ Objet

Les réalisateurs et les directeurs de la photographie, en liaison avec le cadreur, ont défini lors du tournage le champ d'image exact qui leur semblait correspondre à l'expression artistique qu'ils recherchaient. Il serait inadmissible de ne pas reproduire tel quel ce champ d'image. Il ne viendrait à l'idée de personne de tronquer le buste ou le crâne de *La Joconde*, par exemple !

Les formats d'image, ou rapport de dimensions, en projection 35 mm, sont de quatre types : Standard 1,37 ; Panoramique 1,66 ; Panoramique 1,85 ; CinémaScope 2,39. On peut voir aujourd'hui apparaître des copies en 16/9, soit un rapport 1,78.

La *figure 4.1* indique les aspects des images tels qu'ils doivent être, et tels qu'ils sont lorsqu'ils sont projetés avec des fenêtres de projection inappropriées.

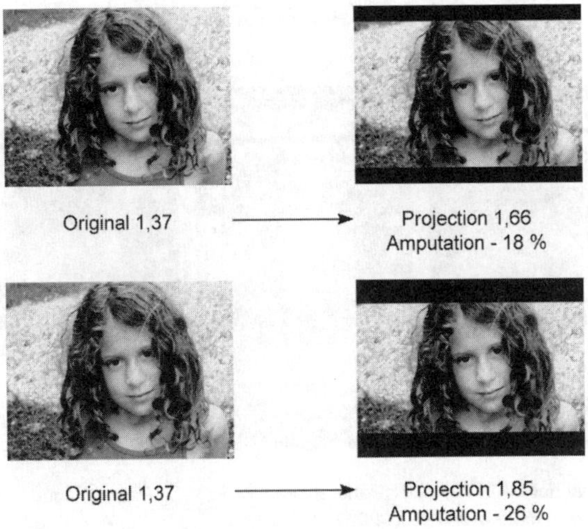

Figure 4.1 – Amputation sur projection d'un format 1,37.

Il n'est pas inutile à ce niveau de rappeler ce qu'est un format, ainsi que l'emplacement qu'il prend sur la pellicule.

Le format, que l'on indique par un nombre à deux décimales, correspond à la valeur du rapport entre la largeur de l'image et la hauteur de l'image (soit *L* que divise *h*). Le propos de ce document n'est pas de réaliser un historique des différents formats utilisés par le passé. On trouvera notamment sur les « charts » édités par la BKSTS l'ensemble des formats existants ou ayant existé. Nous nous contenterons de réviser les formats actuellement utilisés en projection 16 mm, 35 mm et 70 mm.

Les dimensions nominales des images enregistrées sur les copies d'exploitation sont définies par des normes internationales (ISO 2907) – *cf. tableau 4.1.*

Tableau 4.1

	Largeur (mm)	Hauteur (mm)
FORMAT 16 mm		
Standard 1,37	9,70	7,10
Panoramique 1,66	9,70	5,90
CinémaScope 2,35	8,35	7,10
FORMAT 35 mm		
Standard 1,37	20,96	15,29
Panoramique 1,66	20,96	12,62
Panoramique 1,85	20,96	11,33
CinémaScope 2,39	20,96	17,53
FORMAT 70 mm		
Todd-AO 2,2	48,59	22,10

Figure 4.2 – les différents formats sur une copie d'exploitation.

Pour information, et sous réserve d'indications spécifiques, les films récents sont soit au format CinémaScope 2,39, soit au format Panoramique 1,85, même si l'image paraît plein cadre sur la pellicule. Il est primordial pour l'opérateur projectionniste de rechercher précisément quel est le format du film, et, pour l'exploitant, d'équiper sa salle avec les formats d'image des films qu'il diffuse, soit un objectif de distance focale appropriée et une fenêtre de projection taillée à la cote.

✦ Matériel de mesure

- Un film de cadrage pour chacun des formats testés type CST P 2000 :
- format 16 mm : Standard 1,37 ; Panoramique 1,66 ; CinémaScope 2,35 ;
- format 35 mm : Standard 1,37 ; Panoramique 1,66 ; Panoramique 1,85 ; CinémaScope 2,39 ;
- format 70 mm : Todd-AO 2,2 ; Panoramique 1,85.

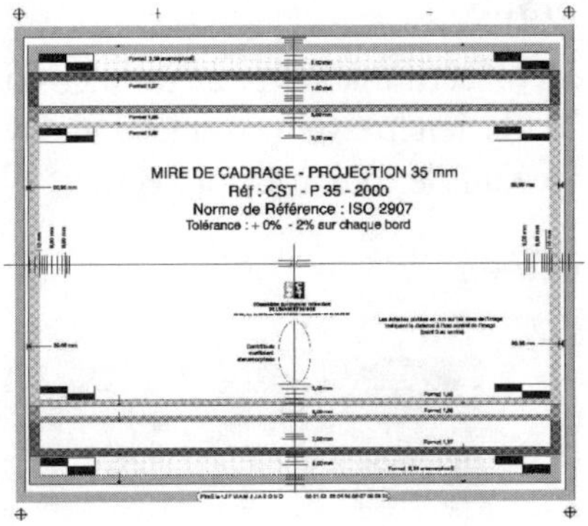

✦ Méthode de mesure

Lors de la projection de l'un des films test, avec l'objectif et la fenêtre de projection appropriés, on relève les pourcentages d'amputation ou de projection excessive par rapport aux dimensions nominales des champs d'image projetable, en utilisant les échelles graduées inscrites sur les films test.

Lors de l'utilisation de caches d'écran mobiles (rideaux, barres), la projection résiduelle sur ces caches ne devra pas excéder 1 % du champ nominal à l'endroit de l'amputation.

Lors de l'utilisation d'écrans de type « carte postale », aucune projection ne devra être apparente hors du cadre d'écran.

Les délimitations devront être rectilignes, autant en découpe qu'en propreté. Les zones grises dues aux problèmes d'épaisseur de la fenêtre de projection ou aux problèmes

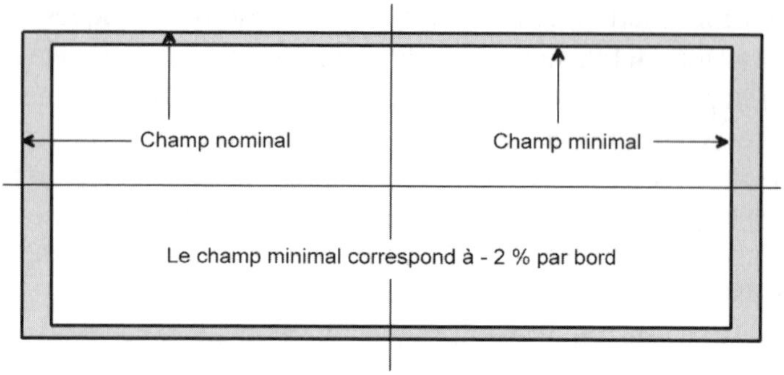

Figure 4.3 – Champ d'image projetée.

de distance entre la fenêtre de projection et la pellicule (mise au point sur l'une ou sur l'autre), ne devront pas excéder 1 % des dimensions nominales du champ d'image projetée.

✦ Causes de défaut

Distance focale d'objectif inadaptée aux dimensions de la salle et de l'écran, mauvaise découpe de la fenêtre de projection, mauvais réglage des caches d'écran, mauvais centrage dans le couloir de projection.

✦ Valeurs spécifiées

NOMINALE	TOLÉRANCE
0 %	– 2 % sur chaque dimension

4.1.7 *Centrage du champ d'image projetée*

✦ Objet

Les images doivent être correctement centrées par rapport à l'écran et les enchaînements entre projecteurs dans le cas d'installations avec projecteurs multiples doivent se réaliser sans décalage des champs d'image projetée, dans chaque format.

✦ Matériel de mesure

- Un film de cadrage type CST P 2000.

✦ Méthode de mesure

Lors de la projection du film de cadrage, le centre du champ d'image projetée doit correspondre rigoureusement au centre de l'écran, pour chaque format et pour chaque projecteur.

Pour les installations à projecteurs multiples, les découpes des fenêtres de projection doivent en outre être adaptées aux caractéristiques géométriques de la projection (notamment angle de plongée), afin qu'aucune différence de dimension de champ d'image projetée ne soit perceptible lors des changements.

✦ Causes de défaut

Projecteur mal orienté, écran mal positionné, fenêtre de projection mal taillée, objectif non aligné, distances focales légèrement différentes (cas de 2 projecteurs), support d'objectif mal réglé, etc.

✦ Valeurs spécifiées

NOMINALE	TOLÉRANCE
0 %	1 % du champ nominal

4.1.8 *Distorsion de proportion*

✦ Objet

Cette mesure consiste à s'assurer de la restitution correcte du format d'image en format CinémaScope, à savoir que le coefficient de désanamorphose de la lentille utilisée est correct et uniforme sur tout le champ d'image projetée. Ce coefficient est théoriquement de 2, c'est-à-dire que l'image enregistrée sur la pellicule est deux fois moins large que l'image originale. La fonction de l'anamorphoseur est de redonner la bonne largeur à l'image projetée.

✦ Matériel de mesure

- Un film de cadrage type CST P 2000.

✦ Méthode de mesure

Lors de la projection de la mire de définition, le rectangle inscrit sous le centre de l'image doit paraître parfaitement carré. La hauteur et la largeur de ce parallélépipède seront relevées, et le ratio sera calculé. Si ce ratio est de 1, cela signifie que l'ensemble du système optique est opérationnel.

On s'assure également qu'aucune déformation en losange des images n'est observée.

✦ Causes de défaut

Distorsion de proportion : mauvais montage des lentilles du système anamorphoseur, mauvais alignement par rapport à l'objectif primaire.

Losange : mauvaise orientation en azimut du système anamorphoseur.

✦ Valeurs spécifiées

RATIO NOMINAL	TOLÉRANCE
1 soit un coefficient d'anamorphose de 2	± 5 % maximum soit un coefficient d'anamorphose entre 1,9 et 2,1

4.1.9 *Distorsion géométrique*

✦ Objet

Deux types d'installations peuvent générer des déformations dans la géométrie des images, qui doit théoriquement rester rigoureusement rectangulaire : une distance de projection trop courte et des angles de plongée par rapport à l'écran excessifs.

Une distance de projection trop courte induira une déformation en coussinet, des lignes de fuite apparaissant sur les angles.

Un angle de projection excessif induira une déformation en trapèze, des lignes de fuites apparaissant dans un des angles de l'image, et les lignes verticales ou horizontales pouvant s'incurver.

✦ Matériel de mesure

- Un clisimètre.
- Un décamètre.

✦ Méthode de mesure

Le taux de distorsion géométrique des images se relève dans le sens vertical et dans le sens horizontal.

Pour le sens vertical : on relève, en plaçant le clisimètre sensiblement à l'emplacement de l'objectif sur le projecteur, les angles de plongée au centre de l'écran (angle α), puis les angles de plongée vers le haut et vers le bas des images (angles y et z). De ces deux valeurs y et z, on déduit l'angle d'ouverture du faisceau de projection (angle β).

Pour le sens horizontal, la mesure se fait au moyen d'un décamètre ou d'un télémètre.

Les taux de distorsion géométrique des images, autant verticale qu'horizontale, sont calculés par la formule suivante :

$$D\,(\%) = 200 \times \mathrm{tg}(\alpha) \times \mathrm{tg}(\beta/2)$$

où : α = angle de plongée au centre de l'écran ;

β = angle d'ouverture du faisceau de projection.

La distorsion en coussinet sera limitée par l'application de la formule :

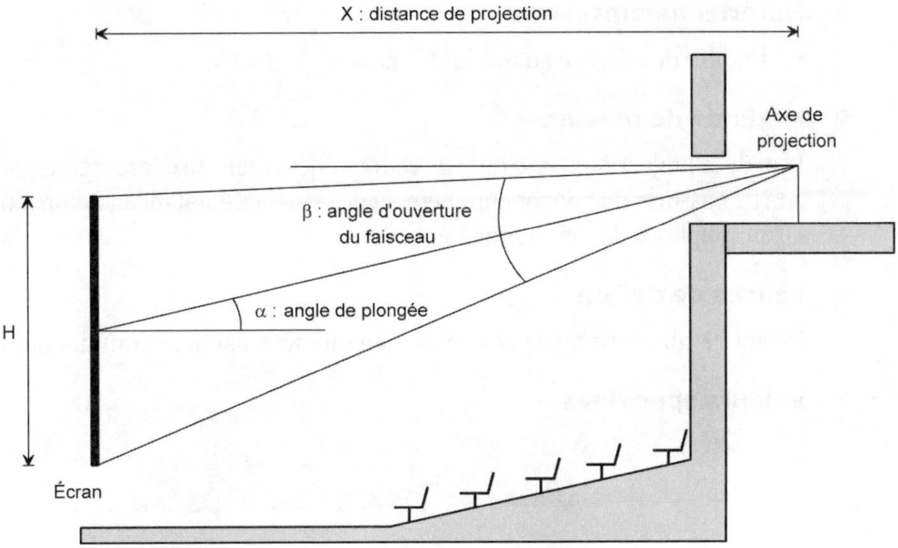

Figure 4.4 – Distorsion géométrique.

$$(X/H) \geqslant 4$$

où : X = distance de projection en m ;
H = hauteur du champ d'image projetée à l'écran en m.

✦ Causes de défaut

Distorsion géométrique : angle de plongée trop important, distance de projection trop courte.

Distorsion en coussinet : distance de projection trop courte.

✦ Valeurs spécifiées

NOMINAL	TOLÉRANCE
0 %	< 3 % conseillé 5 % maximum

4.1.10 *Commande de cadrage*

✦ Objet

Le cadrage du champ d'image projetée devant rester parfait afin de respecter les dimensions de celui-ci, un système mécanique approprié doit permettre de rattraper tout décadrage accidentel.

✦ Matériel de mesure

- Un film de cadrage au format CinémaScope 2,39.

✦ Méthode de mesure

Lors de la projection d'une mire de cadrage, des essais de décadrage seront effectués afin de s'assurer du bon fonctionnement de la mollette, autant en excursion de course qu'en souplesse de fonctionnement.

✦ Causes de défaut

Défaut de conception, mauvais entretien du mécanisme de commande.

✦ Valeurs spécifiées

EXCURSION NOMINALE	TOLÉRANCE
1 image	1 image

4.1.11 *Détérioration des copies*

✦ Objet

Durant toute sa durée d'utilisation, la copie d'exploitation doit rester exempte de toute détérioration visible : rayures, poussières, arrachements de perforations, etc. Le chemin de film doit donc rester en parfait état de réglage et de propreté.

✦ Matériel de mesure

- Une bobine de pellicule vierge voilée et développée (image noire).

✦ Méthode de mesure

La bobine est chargée sur l'ensemble du chemin de film : bobine débitrice, chemin de film du projecteur, bobine réceptrice, détecteurs ou palpeurs de sécurité, etc. Le défilement est interrompu en cours de bobine. Les éventuelles détériorations de pellicule peuvent alors être observées en regard direct des éléments les provoquant.

✦ Causes de défaut

Mauvais positionnement, usure ou mauvais entretien des éléments du chemin de film, mauvais chargement de la pellicule, entretien insuffisant du local de projection, système de climatisation mal orienté, moquette « emmagasinant » la poussière.

Il est à noter que les détériorations de pellicule sont le plus souvent créées lors du montage ou du démontage des différentes bobines composant une copie d'exploitation. Le plus grand soin devra être apporté à cette manipulation, ainsi qu'à la qualité et à l'utilisation des équipements appropriés : table de montage, enrouleuse, etc.

Notamment, les machines disposant d'une vitesse de rembobinage excessive et non réglable sont à proscrire. En outre, les recommandations suivantes sont à respecter :

- Utiliser des gants de montage en coton.
- Installer des bacs chutiers à côté des tables de montage.
- Ne pas lubrifier les copies sur support polyester.
- Ne pas marquer les pellicules avec des produits déposants (craie, etc.).
- Utiliser dans les colleuses du ruban adhésif au « mylar », à l'exclusion de tout autre adhésif, et notamment des adhésifs à usage de bureau, qui ne résistent pas à la chaleur et qui bavent.
- Ne pas réaliser de collage en superposition, et donc régler les massicots des colleuses en conséquence.
- Ne pas effectuer d'opération de montage ou de démontage des copies « à la volée », c'est-à-dire durant la projection (pellicule traînant par terre, mise en tension brutale lors de la remise sur bobine, etc.).

✦ Valeurs spécifiées

NOMINAL	TOLÉRANCE
Non apparente	Aucune

4.2 Caractéristiques photométriques

Cette section traite de l'ensemble des caractéristiques de l'éclairement de l'écran.

4.2.1 *Luminance des images*

✦ Objet

Afin de restituer l'ensemble des nuances d'éclairement recherchées par les directeurs de la photographie (brillance, contraste, densité des couleurs, etc.) et restituées sur la pellicule par les étalonneurs, il convient de respecter à la projection un flux lumineux de référence dont tiennent également compte tous les intervenants antérieurs à la projection : réalisateurs, directeurs de la photographie, laboratoires, etc.

✦ Matériel de mesure

- Un luminancemètre étalonné, avec champ angulaire de 2° maximum et une sensibilité spectrale conforme à celle de l'observateur de référence défini par la Commission internationale de l'éclairage en 1924.

✦ Méthode de mesure

La luminance des images est mesurée au centre de l'écran lorsque le projecteur fonctionne à sa cadence nominale, obturateur tournant et sans film dans le couloir. Cette mesure globalise le rendement et les réglages de la source lumineuse (lanterne), la transparence de l'objectif de projection et du hublot de projection, ainsi que les caractéristiques de réflexion de la lumière par la toile d'écran.

Les mesures sont effectuées avec le photomètre placé à un mètre au-dessus du sol, sur l'axe longitudinal de la salle et au centre de la zone d'implantation des fauteuils (point A sur la *figure 4.5*).

Dans le cas de salles équipées d'écran à taux de directivité élevé, ou de salles pour lesquelles la largeur de la zone d'implantation des fauteuils est notablement supérieure à la largeur de l'écran, des mesures complémentaires peuvent être effectuées avec le photomètre placé à un mètre au-dessus du sol, en deux points situés sur une ligne transversale localisée aux deux tiers de la distance séparant l'écran du dernier rang (en partant de l'écran), et latéralement à une distance égale au tiers de la largeur de la salle de part et d'autre de l'axe longitudinal de cette dernière (points B et C sur la *figure 4.5*).

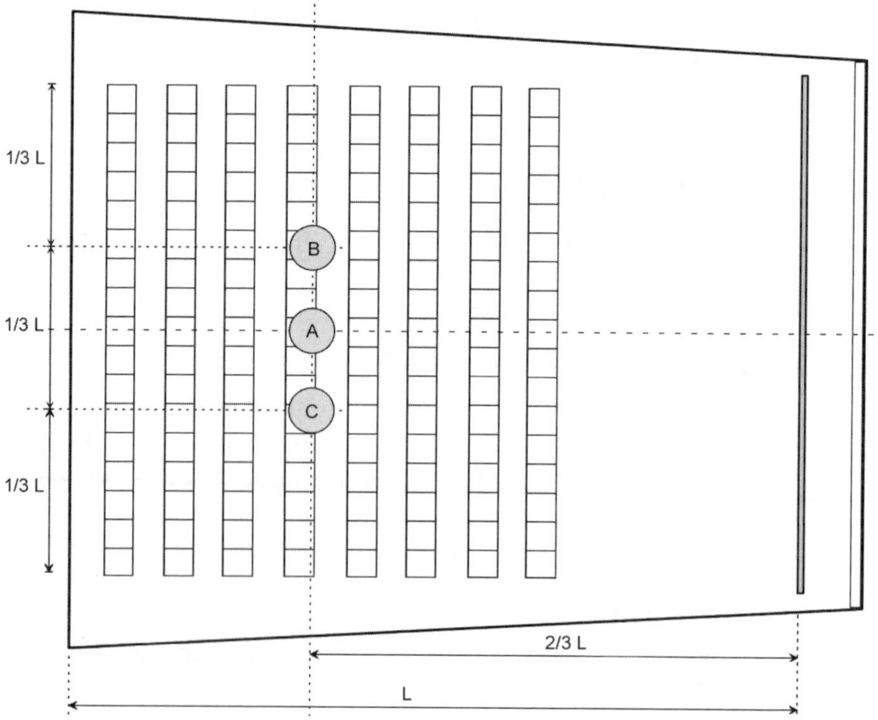

Figure 4.5 - Emplacements de mesure de la luminance (opérateur).

La luminance est relevée pour chaque format de projection utilisé, avec l'objectif et la fenêtre de projection appropriés.

✦ Causes de défaut

Puissance de brûleur sur ou sous-évaluée, brûleur défectueux, alignement optique des éléments de la lanterne incorrect, mauvais état (usure, mauvais entretien) des pièces optiques (miroir, filtre, objectif, hublot de projection), toile d'écran détériorée, redresseur défectueux, valeur incorrecte de l'intensité du courant alimentant le brûleur, etc.

✦ Valeurs spécifiées

NOMINAL	TOLÉRANCE
40 cd/m^2	– 10 cd/m^2 + 25 cd/m^2

4.2.2 *Répartition de luminance*

✦ Objet

Les équipements utilisés ne doivent induire ni concentration excessive de l'énergie lumineuse en un point, ni manque de luminance en un point particulier. L'écart entre le point le plus lumineux et le moins lumineux ne doit pas excéder une certaine valeur.

✦ Matériel de mesure

- Un luminancemètre étalonné, avec champ angulaire de 2° maximum et une sensibilité spectrale conforme à celle de l'observateur de référence défini par la Commission internationale de l'éclairage en 1924.

✦ Méthode de mesure

Une zone dont les dimensions représentent 80 % des dimensions de l'image est définie (voir *figure 4.6*). Dans cette zone, les valeurs de luminance minima et maxima sont relevées, l'observateur se plaçant au point A défini en *figure 4.5*. Le taux de répartition de la luminance est donné par le rapport entre ces deux valeurs.

✦ Causes de défaut

Directivité d'écran excessive, mauvais état de l'écran, taches sur le hublot de projection ou sur l'objectif, mauvais réglage des éléments de lanterne, défaut, usure ou mauvais entretien de ces éléments.

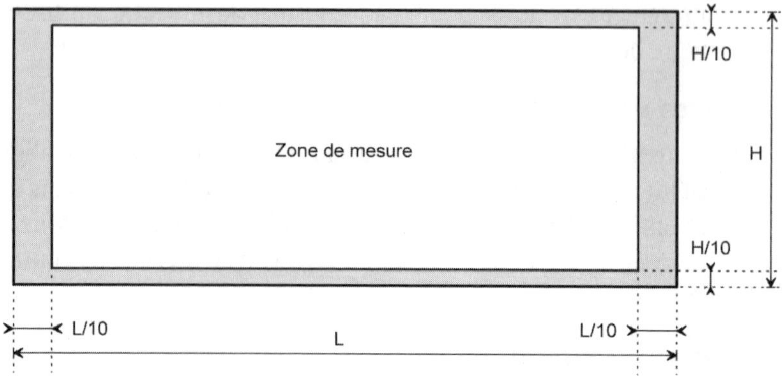

Figure 4.6 – Zone de relevé des niveaux de luminance.

✦ Valeurs spécifiées

NOMINAL	TOLÉRANCE
= 80 %	50 % minimum

4.2.3 *Uniformité de luminance des images*

✦ Objet

De même, des variations de luminance excessives suivant les points de l'écran (taches ou points de brillance) ne doivent pas affecter l'image sur l'ensemble de sa surface utile. La luminance moyenne ne doit pas être excessivement inférieure à la luminance maximale.

✦ Matériel de mesure

- Un luminancemètre étalonné, avec un champ angulaire de 2° maximum et une sensibilité spectrale conforme à celle de l'observateur de référence défini par la Commission internationale de l'éclairage en 1924.

✦ Méthode de mesure

Pour les formats de projection (Standard 1,37 ; Panoramique 1,66 ; Panoramique 1,85), les valeurs de luminance des points de l'écran 1 à 5 définis sur la *figure 4.7* sont relevées dans les mêmes conditions qu'en *figure 4.5* (point A).

L'uniformité de luminance des images est donnée par la formule :

$$U\,\% = \frac{L1 + L2 + L3 + L4 + L5}{5[\mathrm{Max}(L1{:}L5)]} \times 100$$

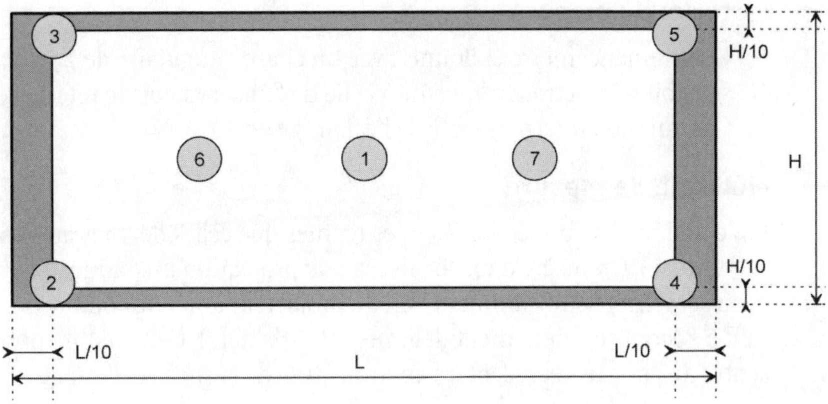

Figure 4.7 – Points de relevé des niveaux de luminance.

Pour le format CinémaScope 2,35 et le format 70 mm Todd-AO, les valeurs de luminance sont relevées pour les points 1 à 7 de la *figure 4.7*. La formule de calcul devient :

$$U\,\% = \frac{\text{somme}(L1{:}L7)}{7[\text{Max}(L1{:}L7)]} \times 100$$

Deux mesures complémentaires peuvent être réalisées au-dessus et au-dessous du point 1.

✦ Causes de défaut

Directivité d'écran excessive, hublot de projection ou objectif tachés, mauvais réglage des éléments de lanterne, défaut, usure ou mauvais entretien de ces éléments, détérioration de la toile d'écran, mauvais alignement optique.

✦ Valeurs spécifiées

NOMINAL	TOLÉRANCE
= 80 %	65 % minimum

4.2.4 *Lumière parasite*

✦ Objet

Afin de conserver toute la gamme de contraste de l'image enregistrée et projetée, aucune lumière parasite ne doit venir affaiblir la densité des noirs sur l'image projetée.

✦ Matériel de mesure

- Un luminancemètre étalonné, avec un champ angulaire de 2° maximum et une sensibilité spectrale conforme à celle de l'observateur de référence défini par la Commission internationale de l'éclairage en 1924.

✦ Méthode de mesure

Les conditions de projection sont les mêmes que celles décrites au paragraphe 4.2.1 (1re phrase). On insère dans le faisceau de projection un panneau opaque. Ce panneau sera inséré suffisamment loin du projecteur afin que l'ombre portée apparaissant à l'écran soit nettement délimitée (bords nets). Cette ombre portée, placée au centre de l'image, représentera environ 10 % de la surface d'image.

La luminance résiduelle de cette ombre portée est alors relevée et comparée à la luminance du même point sans panneau.

✦ Causes de défaut

Sources lumineuses parasites (ampoules), réflexions parasites sur des revêtements muraux ou de plafond trop clairs ou trop brillants, réflexion sur le mur d'écran, diffraction de lumière au travers d'un objectif ou d'un hublot sales ou détériorés, occultation insuffisante d'ouvertures sur l'extérieur, hublot de cabine de projection trop grand, réflexion sur le mur derrière l'écran.

✦ Valeurs spécifiées

NOMINAL	TOLÉRANCE
0 % de la luminance nominale	5 % maximum

4.2.5 *Distribution spectrale*

✦ Objet

L'étalonnage en colorimétrie des images enregistrées est suivi avec soin autant lors du tournage que lors du tirage des copies. Il est impératif de ne pas superposer à l'image une dominante de couleur bleue ou rouge pouvant modifier la construction picturale.

✦ Matériel de mesure

- Un thermocolorimètre étalonné.
- Un film d'essai comportant une charte de couleurs à haute saturation.

✦ Méthode de mesure

La projection étant du type de celle décrite au paragraphe 4.2.3 (sans film dans le couloir), la température de couleur de la source lumineuse est mesurée en plaçant le thermocolorimètre dans le faisceau de projection. Il sera souhaitable de se placer assez loin de l'objectif, par exemple à l'écran, afin de ne pas saturer en intensité lumineuse le thermocolorimètre.

Si la mesure donne un résultat hors spécifications, elle devra être renouvelée en enlevant au fur et à mesure les obstacles optiques (hublot, filtre, objectif) afin de localiser précisément la cause du défaut.

Une mesure complémentaire de la lumière réfléchie par l'écran sera également réalisée.

Une projection d'un film d'essai comportant une charte de couleurs est ensuite réalisée. Aucune dominante de couleur ne doit affecter la saturation et la nuance de ces teintes.

✦ Causes de défaut

Brûleur ou miroir détériorés ou mal étalonnés, filtre, objectif ou hublot sales ou brûlés, écran sale ou jauni, lanterne mal alignée, etc.

✦ Valeurs spécifiées

NOMINAL	TOLÉRANCE
5 400 °K	± 400 °K

4.2.6 *Rendu des densités*

✦ Objet

Cette mesure est complémentaire aux mesures de colorimétrie et de lumière parasite.

✦ Matériel de mesure

- Un luminancemètre étalonné, avec champ angulaire de 2° maximum et une sensibilité spectrale conforme à celle de l'observateur de référence défini par la Commission internationale de l'éclairage en 1924.
- Un film d'essai de contraste comportant une échelle de gris dont les densités varient au minimum de 0,3 à 3.

- **Méthode de mesure**

La luminance de chacune des plages de gris est mesurée en projection normale. Les valeurs relevées sont ensuite comparées. Le résultat est exprimé comme un rapport de densité, entre la valeur du blanc et la valeur du noir.

Chaque plage de gris doit être clairement visible et différenciable des autres.

- **Causes de défaut**

Mauvais alignement de lanterne ; miroir, objectif, hublot ou écran sales ou détériorés.

- **Valeurs spécifiées**

NOMINAL	TOLÉRANCE
3	Minimum

4.3 Caractéristiques optiques

Cette section traite de l'ensemble des caractéristiques optiques de l'image.

4.3.1 *Définition des images*

- **Objet**

L'image projetée ne doit présenter aucun défaut altérant sa précision dans le moindre de ses détails. En particulier, la résolution de la pellicule d'exploitation doit être intégralement reproduite à l'écran.

- **Matériel de mesure**
  - Un film d'essai de définition des images par format testé.

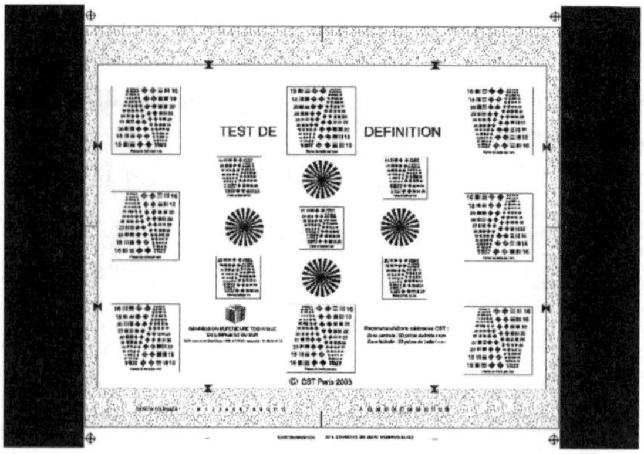

✦ Méthode de mesure

Le film d'essai de définition est projeté dans les conditions normales d'exploitation.

Concernant les films aux formats Standard 1,37, Panoramique 1,66 et Panoramique 1,85, les films d'essai comprennent des mires indiquant de 16 paires de traits par mm à 90 paires de traits par mm.

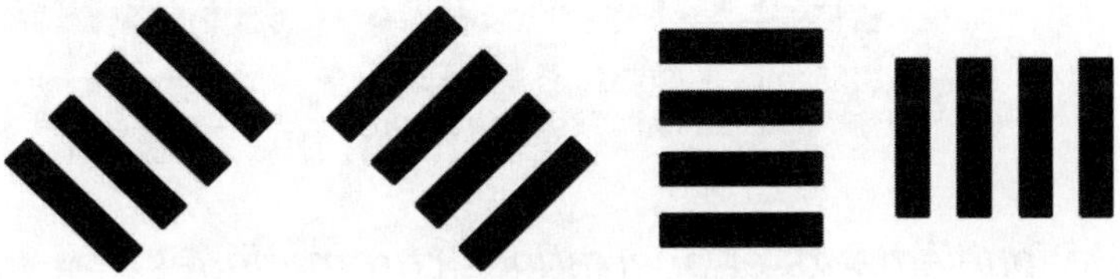

Figure 4.8 – Les 4 directions des mires de définition.

Concernant les films anamorphosés (CinémaScope 2,39), la définition horizontale est divisée par le coefficient d'anamorphose. En CinémaScope 2,39, les mires de définition vont donc de 8 à 45 paires de traits par mm.

Ces mires sont constituées de traits alternativement sombres et clairs orientés dans quatre directions, et plus ou moins serrés. Ces valeurs correspondent à ce qui est effectivement inscrit sur la pellicule.

La mesure consiste à relever à l'écran la mire la plus petite visible à l'œil depuis l'avant de la zone d'implantation des fauteuils (vision du contrôleur de 10 pour chaque œil avec ou sans correction). Trois des quatre directions inscrites devront être visibles.

Les relevés sont effectués aux points A, B, C, D et E définis sur la *figure 4.9*. L'observateur se placera au niveau du premier rang.

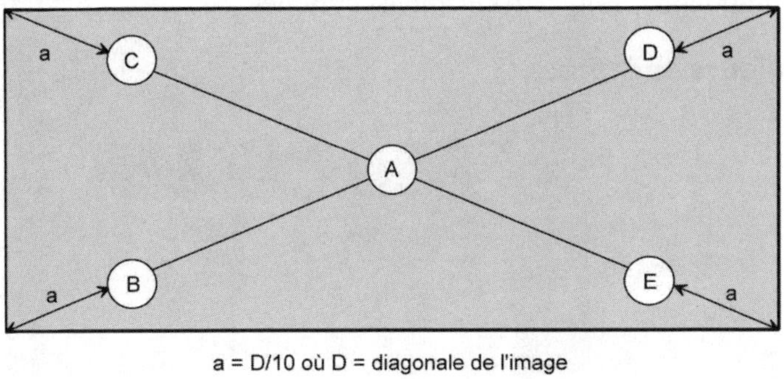

Figure 4.9 – Points de relevé de la définition des images.

✦ Causes de défaut

Mauvais alignement de lanterne ; miroir, objectif, hublot ou écran sales ou détériorés ; angles de plongée de la projection trop élevés ; distance de projection trop courte ; forme d'écran, etc.

✦ Valeurs spécifiées

NOMINAL	TOLÉRANCE
Lecture de 90 paires de traits/mm dans au moins trois directions	50 pt/mm minimum

4.3.2 *Dédoublements et aberrations chromatiques*

✦ Objet

L'image projetée ne doit présenter aucun défaut optique dû aux différents éléments de la chaîne optique : dédoublement, aberrations chromatiques, image parasite localisée par réflexion.

✦ Matériel de mesure

- Un film d'essai de définition des images par format testé.

✦ Méthode de mesure

Le film d'essai de définition est projeté dans les conditions normales d'exploitation.

L'observateur examine les zones à contraste marqué (traits blancs sur fond sombre ou traits sombres sur fond blanc) et détecte l'apparition d'éventuels défauts optiques.

✦ Causes de défaut

Hublot de projection, lentilles d'objectifs désalignées, lanterne de projection déréglée, alignement défectueux des différents éléments de la chaîne optique, double vitrage, vibration mécanique des éléments optiques.

✦ Valeurs spécifiées

NOMINAL	TOLÉRANCE
Non apparent	Aucune

4.3.3 *Scintillement*

✦ Objet

Le scintillement est un phénomène optique qui apparaît lorsque la luminance des images est excessive. Dans ces conditions, l'œil n'intègre plus suffisamment la lumière qu'il reçoit entre les phases d'éclairement et d'obturation. Il ne perçoit donc plus une luminance moyenne, mais une succession de flashs. Afin d'éviter ce phénomène désagréable, il est donc important de respecter les valeurs maximales de luminance énoncées au § 4.2.1.

4.3.4 *Pompage*

✦ Objet

Le pompage est perçu soit comme une variation erratique de la luminance des images, soit comme un déplacement du film perpendiculaire à son plan.

✧ Variation erratique de la luminance

Elle est en général due soit à une instabilité de la flamme du brûleur, soit à une mise en vibration mécanique des éléments de la source lumineuse.

✧ Instabilité de la flamme

Défaut de conception du brûleur : densité de gaz, paille dans les électrodes.

Défaut d'alimentation du brûleur : à la tension continue délivrée par le redresseur se superpose une tension alternative excessive. Il est recommandé que cette tension n'excède pas 5 % de la tension continue.

Défaut de ventilation de lanterne : un échauffement ou un refroidissement excessif, une mauvaise circulation du flux d'air autour du brûleur, des contrastes de température importants entre les différentes parties du brûleur.

✧ Vibration mécanique

L'ensemble des éléments de la source lumineuse, principalement le miroir et le brûleur, doit être fixé dans les règles de l'art, en respectant les prescriptions des constructeurs concernant les contraintes mécaniques que peuvent subir ces équipements.

✧ Déplacement du film

Ce déplacement transversal peut être dû soit à la forme du couloir de projection, certains types de couloirs courbes n'assurant pas une planéité totale de la pellicule devant la fenêtre de projection, soit à un mauvais réglage ou à un mauvais état des patins presseurs.

4.4 Reproduction sonore optique analogique

Cette section traite de l'ensemble des caractéristiques de la chaîne A de reproduction sonore en lecture optique analogique. Les principes de mesures sont identiques en lecture optique 16 mm et 35 mm, ainsi qu'en lecture magnétique 16 mm, 35 mm et 70 mm. Les valeurs spécifiées sont récapitulées en annexe du présent document. Les relevés sont également identiques en lecture monophonique ou stéréophonique. Pour cette seconde, on traitera en plus le taux de diaphonie (séparation entre les canaux).

Pour les personnes qui souhaitent connaître les définitions du son, il existe de nombreux livres qui décrivent ce sujet avec précision. Nous leur conseillons de s'y référer.

En premier lieu, nous rappellerons ici la définition de la chaîne sonore, telle que décrite dans la norme ISO 2969. Par convention, il a été décidé que la chaîne sonore était séparée en deux parties :

La chaîne A :

- lecture de la piste sonore ;
- préamplification du signal issu de la cellule ;
- traitement du signal : dématriçage, décodage de réduction de bruit de fond.

La chaîne B :

- égalisation électroacoustique ;
- filtrage ;
- amplification ;
- enceintes acoustiques.

On trouvera dans le paragraphe 9.2 un descriptif schématique de la chaîne sonore.

4.4.1 *Niveau d'alignement*

✦ Objet

Ce relevé est impératif pour les installations sonores utilisant des processeurs de traitement du signal de type réduction de bruit de fond ou de type matriçage de canaux. En effet :

- **Les systèmes de réduction de bruit de fond** utilisés en reproduction sonore cinématographique fonctionnent sur le principe de l'atténuation des signaux situés en dessous d'un seuil prédéfini lors de l'enregistrement, en référence à un niveau d'alignement. Il est nécessaire que le système de lecture respecte ce niveau d'alignement. Si le niveau de lecture est trop élevé, des signaux parasites seront audibles, s'il est trop faible, des signaux « utiles » seront atténués.

- **Les systèmes de matriçage** (4 voies matricées en deux voies lors de l'enregistrement) utilisent également des niveaux de référence, notamment pour le dématriçage du canal ambiance.

✦ Matériel de mesure

- Un film d'essai de type Dolby Tone CAT 69T ou DTS Tone.

✦ Méthode de mesure

Le film défile dans le lecteur dans les conditions normales de défilement du film (chargement complet du chemin de film). Ce chargement complet est important pour toutes les mesures, la tension ou le positionnement du film dans le couloir étant pour certains lecteurs fonction du chemin de film utilisé.

Le signal est analysé au niveau des indicateurs de niveau d'alignement des processeurs de traitement du son (Dolby, DTS, SDDS).

✦ Causes de défaut

Mauvais positionnement de la pellicule devant le lecteur sonore, cellule décalée ou détériorée, lampe phonique suralimentée ou trop puissante, niveau électrique excessif (saturation) du signal en entrée des étages de préamplification, d'amplification ou des haut-parleurs, etc.

✦ Valeurs spécifiées

NOMINAL	TOLÉRANCE
Allumage des deux diodes centrales sur les processeurs de traitement du signal, dans le menu approprié	Aucune

4.4.2 *Distorsion harmonique*

✦ Objet

La bande sonore doit être reproduite sans déformation du signal, soit optique lors de la lecture, soit électronique lors du traitement du signal.

La distorsion harmonique se traduit par la création artificielle de fréquences harmoniques (multiples entiers de la fréquence fondamentale), déformant un son. Cette distorsion peut être voulue artistiquement, comme par exemple certains sons de guitare électrique (pédale de distorsion). Par contre, elle rend très rapidement inintelligible la voix humaine et dénature les sons musicaux.

✦ Matériel de mesure

- Deux films d'essai de fréquence 1 000 Hz, l'un à 50 % de taux de modulation maximale, l'autre à 90 %.
- Un distorsiomètre étalonné dont la fréquence de référence de mesure pourra varier de ± 5 %.

✦ Méthode de mesure

Le film défile dans le lecteur dans les conditions normales de défilement, notamment avec le chargement complet du chemin de film. En effet, si on ne charge que le lecteur, il peut apparaître sur certains projecteurs des insuffisances de stabilité de positionnement du film dans le lecteur sonore.

Le signal est prélevé en sortie de la chaîne sonore (sortie d'amplificateur) et injecté dans le distorsiomètre. Dans le cas de systèmes à préamplificateurs séparés (notamment les systèmes stéréo), une mesure intermédiaire en sortie de préamplificateur cellule pourra être effectuée.

✦ Causes de défaut

Mauvais positionnement de la pellicule devant le lecteur sonore, cellule décalée ou détériorée, lampe phonique suralimentée ou trop puissante, niveau électrique excessif (saturation) du signal en entrée des étages de préamplification, d'amplification ou des haut-parleurs, etc.

✦ Valeurs spécifiées

NOMINAL	TOLÉRANCE
0 %	3 % avec film à 50 % de modulation 5 % avec film à 90 % de modulation

4.4.3 *Rapport signal/bruit*

✦ Objet

La bande sonore doit être reproduite sans addition de bruit de fond parasite. On mesurera donc le rapport entre le signal maximal enregistrable sur la piste (100 % de taux de modulation) et le bruit de fond généré par l'ensemble de la chaîne A.

✦ Matériel de mesure

- Un film d'essai de fréquence 1 000 Hz, à 90 % de taux de modulation, type CST – B 1000.
- Un voltmètre ou un analyseur de fréquence en temps réel indiquant les niveaux en décibels.

✦ Méthode de mesure

Le film défile dans le lecteur dans les conditions normales de défilement (chargement complet du chemin de film), y compris le couloir, sauf s'il existe un galet intermédiaire.

Le signal est prélevé en sortie de la chaîne sonore (sortie d'amplificateur) et injecté dans le multimètre ou l'analyseur. Le niveau maximal obtenu au seuil de la saturation (distorsion = 5 %) est relevé en décibels.

Le film est ensuite retiré du lecteur sonore. L'appareil est alors mis en fonctionnement complet sans film dans le projecteur, avec lecteur optique en marche, lanterne allumée, volet ouvert. Le niveau de bruit de fond électrique est mesuré en dB(A). La différence exprimée en dB(A) est alors effectuée entre les deux niveaux.

Une mesure complémentaire est effectuée lampe excitatrice et brûleur éteints, afin de ne mesurer que le bruit de fond de la chaîne de préamplification et d'amplification.

Pour les installations stéréophoniques, une mesure en sortie du préamplificateur optique peut être réalisée.

✦ Causes de défaut

Alimentation de lampe phonique mal filtrée (50 ou 100 Hz présent), câblage de cellule défectueux (induction), câblage de la chaîne d'amplification défectueux, défaut de masse, composants électroniques peu performants ou défectueux, réflexion de lumière parasite vers la cellule du lecteur (notamment faisceau de projection réfléchi sur le hublot, rayon lumineux parasite s'échappant d'une lanterne insuffisamment close, éclairage d'ambiance de la cabine). Les problèmes de mauvais contacts sont également souvent à l'origine de signaux parasites, parfois seulement intermittents.

Dans les relevés et dans la recherche de la panne, il faudra bien différencier ce qui peut provenir des composants de la chaîne (composante 50 Hz stable, bruit de fond stable) de ce qui peut provenir de sources lumineuses extérieures à la chaîne, et des inductions sur les lignes de transport du signal. La proximité de câbles secteurs et de câbles audio est à proscrire.

✦ Valeurs spécifiées

NOMINAL	TOLÉRANCE
⩾ 60 dB(A)	⩾ 50 dB(A)

4.4.4 *Diaphonie*

✦ Objet

Ce critère ne concerne que les installations de type multicanal. La lecture de chaque canal doit être suffisamment différenciée afin d'assurer les décodages corrects des effets multiphoniques enregistrés. On se reportera utilement aux divers descriptifs des caractéristiques du son optique multicanal (voir les notes Dolby, les cours du CNDP, etc.). On rappellera simplement ici que le matriçage (4 canaux réduits en deux puis réétendus en 4) et l'encodage de réduction de bruit de fond (principe compression/expansion par bandes de fréquences filtre suiveur bruit masquant) intègrent des références de niveau précises, et donc un équilibre précis entre les deux pistes lues.

✦ Matériel de mesure

- Un film d'essai modulé à 90 % de taux de modulation, alternativement sur chaque piste, type Dolby CAT 97 ou équivalent.
- Un film d'essai modulé à 90 % de taux de modulation, sur une seule des deux pistes (1 par piste) type CST Diaphonie.
- Un voltmètre ou un analyseur de fréquence en temps réel indiquant les niveaux en décibels.
- Un oscilloscope.

✦ Méthode de mesure

Le film défile dans le lecteur dans les conditions normales de défilement du film (chargement complet du chemin de film).

Le signal est prélevé en sortie du préamplificateur optique, avant le décodage multiphonique, et injecté dans le multimètre ou l'analyseur.

Lors de la lecture du film comportant une modulation alternative sur chaque canal, les deux signaux captés sont injectés dans les entrées d'un oscilloscope bi-courbe. En position x/y, le signal apparent sur l'écran de l'oscilloscope doit représenter une croix.

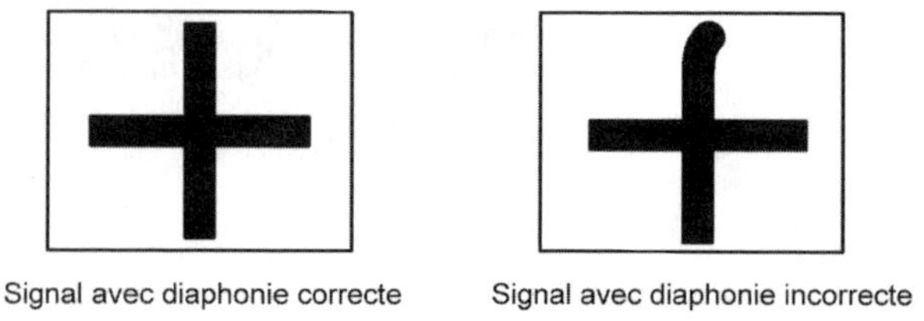

Figure 4.10 – Diaphonie à l'oscilloscope.

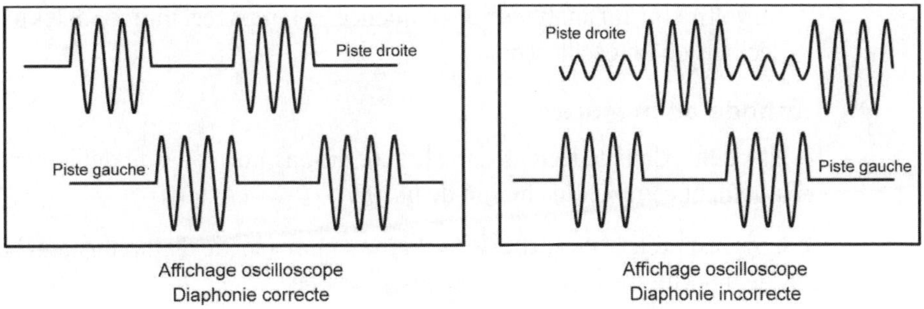

Figure 4.11 – Lecture de la diaphonie entre pistes sonores sur un oscilloscope bi-courbe.

Lorsque l'oscilloscope est utilisé en configuration normale, l'écran devra afficher ce qui est représenté en *figure 4.11*.

✦ Causes de défaut

Cellule trop éloignée, délocalisation latérale du lecteur (pinceau lumineux, cellule, film), connexion des cellules inappropriée.

✦ Valeurs spécifiées

NOMINAL	TOLÉRANCE
⩾ 40 dB(A)	⩾ 20 dB(A)

4.4.5 *Localisation*

✦ Objet

La piste sonore doit être lue dans l'intégralité de sa largeur nominale.

✦ Matériel de mesure

- Un film d'essai de localisation type CST B – Localisation.

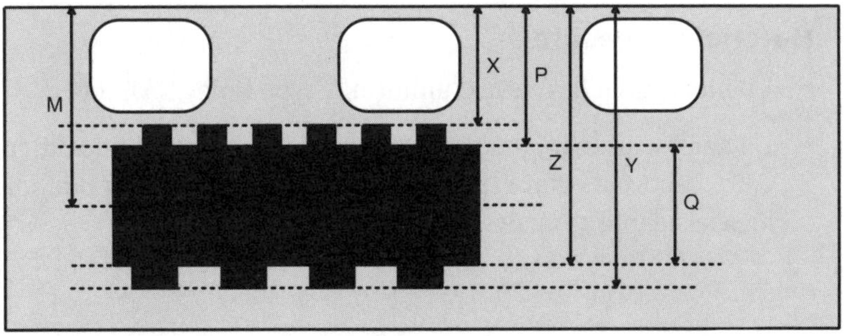

- Un voltmètre, un analyseur de fréquence en temps réel indiquant les niveaux en décibels ou un oscilloscope.

✦ Méthode de mesure

Le film défile dans le lecteur dans les conditions normales de défilement du film (chargement complet du chemin de film).

Le signal est prélevé en sortie de la chaîne sonore (sortie d'amplificateur) et injecté dans le multimètre, l'analyseur ou l'oscilloscope.

Aucune des fréquences enregistrées aux limites extérieures de la largeur nominale de la piste optique ne doit être lue.

Cependant, un réglage idéal permettra de percevoir ces deux fréquences à des niveaux égaux à 2 à 3 dB au-dessus du bruit de fond.

✦ Causes de défaut

Alignement du lecteur optique (lampe phonique, tube optique, fente mécanique, pellicule, cellule).

✦ Valeurs spécifiées

NOMINAL	TOLÉRANCE
Largeur nominale de la piste 3 dB au-dessus du bruit de fond	Minimum Maximum

4.4.6 *Uniformité d'éclairement*

✦ Objet

Outre que la piste sonore doit être lue dans toute sa largeur (voir § 4.4.5), il est important que l'éclairement soit égal sur toute la largeur. Si les extrémités sont notablement moins éclairées que le centre, une distorsion harmonique relative peut être relevée. Si un côté est plus éclairé que l'autre, le signal issu de cette piste sera plus fort que celui issu de l'autre.

✦ Matériel de mesure

- Un film d'essai de relevé d'uniformité type Dolby CAT 566.
- Un analyseur de fréquence en temps réel permettant une différenciation nette entre bandes d'octave (pente des filtres suffisamment raide) ou possédant un logiciel adapté à l'analyse du film test Dolby CAT 566.

✦ Méthode de mesure

Le film défile dans le lecteur dans les conditions normales de défilement (chargement complet du chemin de film).

Le signal est prélevé en sortie de la carte de préamplification, et injecté dans l'analyseur.

Le film test comporte six pistes sonores mitoyennes, réparties sur la largeur nominale de la piste sonore. Chaque piste comporte un signal audio de fréquence fixe : 100 Hz, 200 Hz, 400 Hz, 1 000 Hz, 2 000 Hz et 4 000 Hz.

Lors de la lecture, on vérifie que les six pistes sont toutes reproduites au même niveau.

Cette mesure doit être effectuée en ayant d'abord vérifié que les gains des préamplificateurs gauche et droit d'entrée (réglage type Dolby Tone ou DT Tone) sont équilibrés entre eux. S'ils ne le sont pas, un écart d'éclairement entre pistes gauche et droite pourrait être alors masqué par une compensation différente par les gains d'entrée.

✦ Causes de défaut

Alignement du lecteur optique (lampe phonique, tube optique, fente mécanique, pellicule, cellule).

✦ Valeurs spécifiées

NOMINAL	TOLÉRANCE
± 2 dB entre les six fréquences	Maximum

4.4.7 *Caractéristiques de transfert en fréquences - Lecteur sonore*

✦ Objet

Toute la gamme des fréquences enregistrées sur la pellicule doit être reproduite sans atténuation ou accentuation de l'une ou l'autre bande de fréquences.

✦ Matériel de mesure

- Un film d'essai de bruit rose type 3, ou un film d'essai de fréquences (films test CST type B bruit rose ou B3).
- Un voltmètre, un analyseur de fréquence en temps réel indiquant les niveaux en décibels et un oscilloscope.

✦ Méthode de mesure

Le film défile dans le lecteur optique dans les conditions normales de défilement (chargement complet du chemin de film).

Le signal est prélevé en sortie de la chaîne sonore (sortie d'amplificateur) pour les systèmes monophoniques, ou en sortie de préamplificateur optique pour les systèmes multicanaux, et injecté dans le multimètre, l'analyseur ou l'oscilloscope. Il est préalablement vérifié que les réglages d'éventuels filtres (grave-aigu en reproduction mono, compensation HF en stéréo) sont à 0, afin de valider en premier lieu le lecteur sonore. Ces réglages pourront ensuite être réalisés afin de compenser d'éventuelles insuffisances légères.

Le dépouillement est réalisé soit par lecture directe sur l'écran de l'analyseur en temps réel, soit par relevé des valeurs en volts ou en décibels pour chaque fréquence (film de fréquence obligatoirement) sur l'afficheur du voltmètre.

✦ Causes de défaut

Lampe phonique défectueuse, incorrectement alimentée ou positionnée, tube optique défectueux, sale ou incorrectement aligné (site et azimut), film mal positionné devant le lecteur sonore, cellule sale ou mal positionnée, adaptation en impédance de la cellule incorrecte, caractéristiques incorrectes ou défectueuses des circuits électroniques, filtres correcteurs inappropriés.

✦ Valeurs spécifiées

	NOMINAL	TOLÉRANCE
Optique monophonique (film type 3)	ISO 7831 courbe X	± 2 dB
Optique stéréophonique (film type 3)	ISO 7831 courbe X	± 1 dB

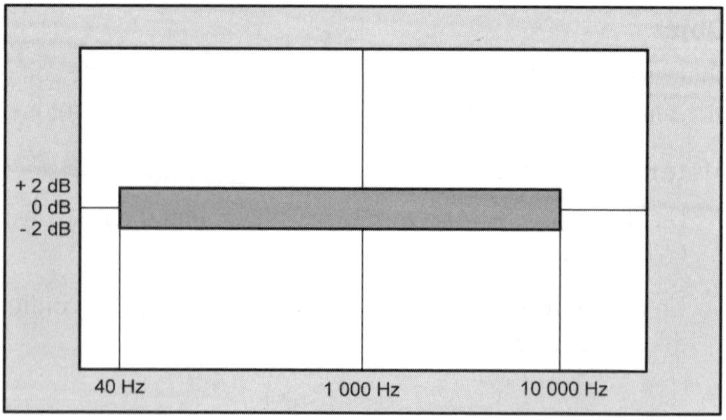

Figure 4.12 – Transfert électrique monophonique, film type 3.

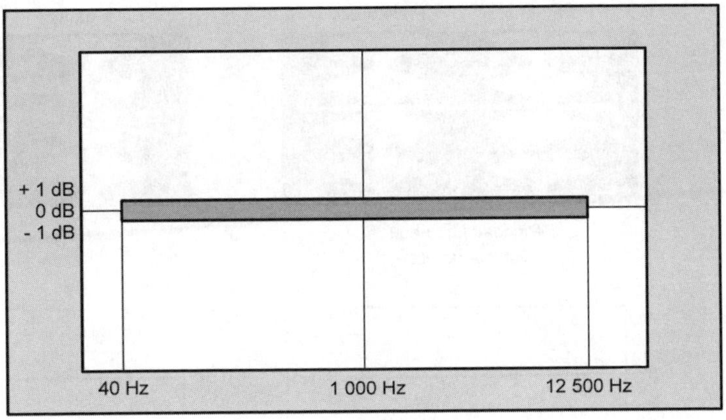

Figure 4.13 – Transfert électrique stéréophonique, film type 3.

✦ Observations complémentaires

Concernant le réglage du tube optique, les insuffisances peuvent provenir principalement d'un défaut de mise au point (fente floue) et/ou d'un défaut d'azimut.

Sur l'analyseur de fréquence en temps réel, le défaut de mise au point peut se traduire sur chaque piste par une atténuation marquée, avec une pente relativement douce, dans le registre des fréquences élevées.

Le défaut d'azimut (perpendicularité du pinceau lumineux par rapport au sens de défilement du film) pourra être aisément relevé soit en utilisant la fonction X/Y de l'oscilloscope, soit une fonction « différence » de l'analyseur de fréquence en temps réel. En effet, le défaut d'azimut génère un défaut de phase, plus sensible dans les aigus. Si l'on « soustrait » un signal à l'autre en affichage RTA, la « soustraction » sera moins complète dans les fréquences aiguës et on observera alors une remontée des aigus à l'affichage de la soustraction (voir *figures 4.14* et *4.15*).

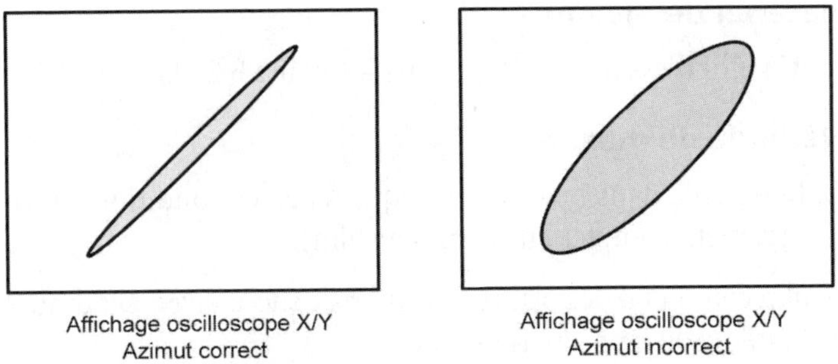

Figure 4.14 – Lecture de l'azimut du lecteur sonore sur un oscilloscope.

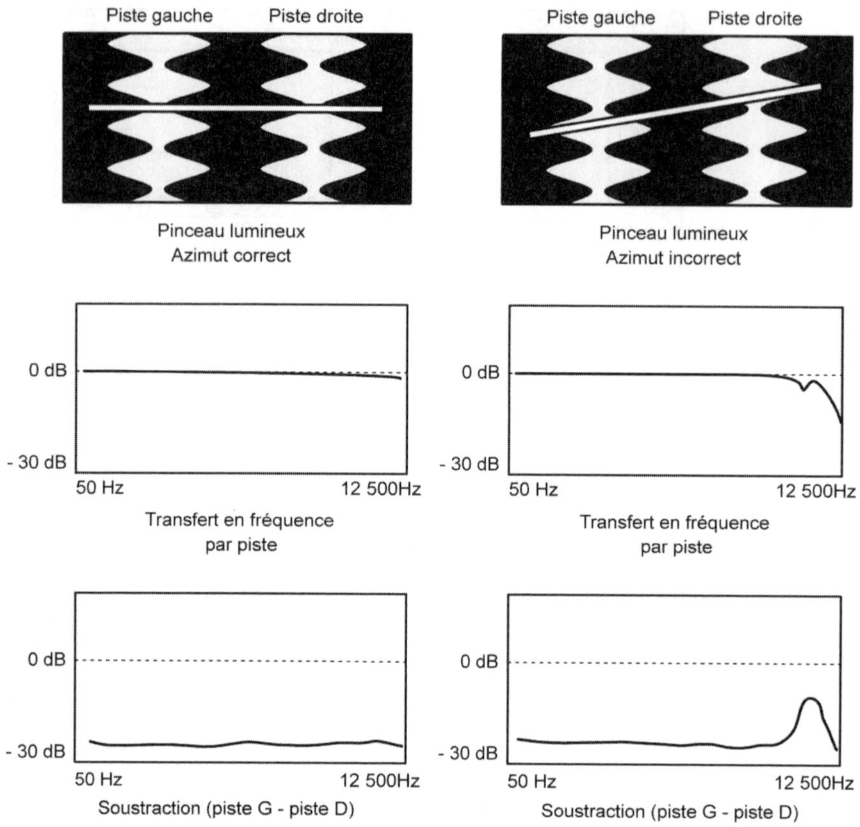

Figure 4.15 – Analyse de l'azimut sur affichage RTA.

4.4.8 *Répartition des canaux*

✦ Objet

L'affectation des canaux prévue lors du mixage doit être respectée.

✦ Matériel de mesure

- Un film d'essai CST – FT – S 01 – Chaîne B 2003.

✦ Méthode de mesure

Le film défile dans le lecteur optique dans les conditions normales de défilement (chargement complet du chemin de film).

Le film comprend des plages de bruit rose successivement diffusées sur chaque canal du système de reproduction sonore.

À tous les points de contrôle de la chaîne sonore, on valide que lorsque l'image indique le canal gauche, c'est bien le canal gauche qui est transmis, et ainsi de suite pour tous les canaux.

- **Causes de défaut**

Inversion des canaux à l'entrée optique du processeur (cette erreur est souvent constatée).

4.4.9 *Synchronisation son/image*

- **Objet**

Lors de la lecture sonore analogique, la synchronisation entre le son et l'image, enregistrés sur la pellicule, doit être conservée.

Par normalisation, le son est décalé de l'image en avance de 21 images sur la pellicule. Dans ces conditions, si le film est correctement chargé dans le projecteur, le son sera synchrone à l'image pour un spectateur placé à environ 15 m de l'écran. Pour mémoire, le son se déplaçant à la vitesse d'environ 340 m/s, la « durée » d'une image (soit 1/24 s), correspond environ au temps que met le son pour parcourir une distance d'environ 14 m. On trouvera au § 11.3 une recommandation CST sur le sujet, issue de la norme ISO.

- **Matériel de mesure**

  • Une amorce opérateur avec start son (disponible sur toutes les copies d'exploitation).

- **Méthode de mesure**

Le film est chargé en plaçant le repère start image au niveau de la fenêtre de projection. On vérifie alors que le start son est bien positionné devant le lecteur sonore.

- **Causes de défaut**

Mauvais chargement de la pellicule entre la fenêtre et le lecteur (boucle de sortie de débiteur de croix trop courte ou trop longue).

- **Valeurs spécifiées**

NOMINAL	TOLÉRANCE
± 1/2 image	De – 1 image à + 2 images

4.4.10 *Lecteurs sonores à diodes. Lecteurs sonores à filament. Pistes bleues, magenta et cyan*

Même si ce guide n'est pas un recueil technologique, il n'est pas inutile ici de faire un état des lieux sur les différents types de lecteurs sonores aujourd'hui disponibles.

✦ Types de lecteurs

Il subsiste aujourd'hui deux types de lecteurs sonores analogiques : lecteurs à fente projetée et lecteurs à piste projetée.

✧ Lecteur à fente projetée

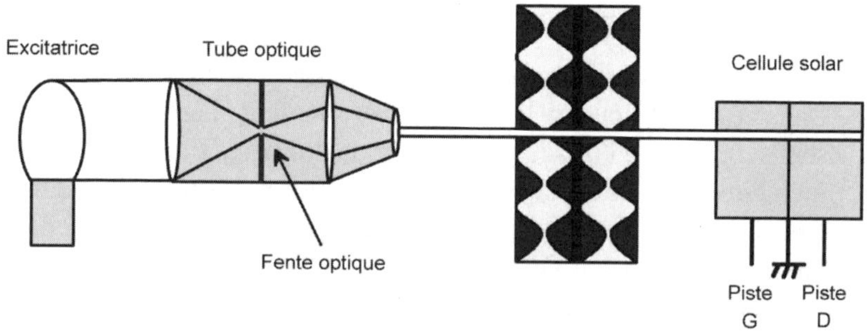

Figure 4.16 – Lecteur à fente projetée.

Dans ce type de lecteur, la source lumineuse émet un faisceau capté par la lentille d'entrée du tube optique, concentré vers une fente mécanique (quelques microns), dont l'image est projetée (d'où l'expression fente projetée) sur la piste sonore, puis captée en transparence de la piste sonore par une cellule photoélectrique (type cellule solaire) qui transforme en énergie électrique l'énergie lumineuse modulée par les élongations variables de la piste sonore.

Sur ce type de lecteur, les précautions suivantes sont à prendre :

- Nettoyer régulièrement les deux lentilles du tube optique.
- Nettoyer régulièrement la surface de la cellule. Cette opération est très délicate, car les connexions de la cellule vers les préamplificateurs sont très fragiles. Elle peut être réalisée avec un coton-tige, très délicatement, très méticuleusement.

✧ Lecteur à piste projetée

Dans ce type de lecteur, la source lumineuse émet un faisceau légèrement concentré sur la piste optique. L'ombre projetée de la piste optique est « mise au point » sur une fente mécanique dont l'image est captée par une cellule photoélectrique (type

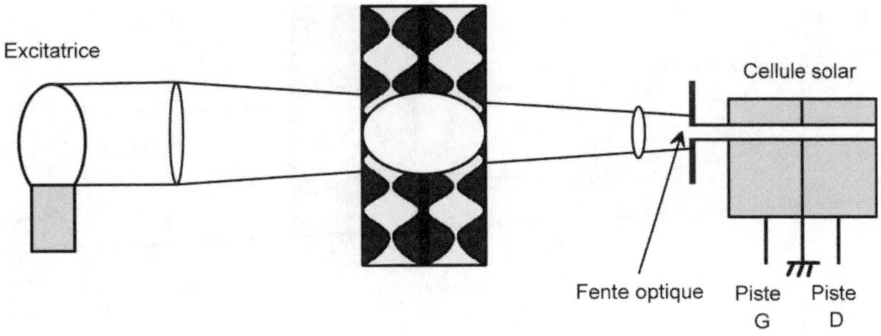

Figure 4.17 – Lecteur à piste projetée.

cellule solaire) qui transforme en énergie électrique l'énergie lumineuse modulée par les élongations variables de la piste sonore.

Ce type de lecteur est plus aisé à ajuster, car les éléments sont plus gros.

✦ Types de source lumineuse

Jusque vers 1995, les sources lumineuses de ces deux types de lecteurs étaient des lampes à incandescence à filament de tungstène, dont le spectre lumineux d'émission est assez large en longueur d'onde.

Dans les années 1990, afin notamment d'augmenter la durée de vie des sources lumineuses, ainsi que la qualité de la lecture analogique, qui se trouvait alors confrontée aux nouvelles sources numériques, de nouvelles sources ont été développées, appliquées uniquement sur les lecteurs à piste projetée.

La lampe à filament a été remplacée par une barrette de diodes électroluminescentes, beaucoup plus stables dans le temps. Selon les fournisseurs, les barrettes de diodes peuvent compter jusqu'à 27 diodes, ce qui augmente encore leur durée de vie.

Les premières sources à diodes étaient en lumière invisible, avec un assez bon résultat, mais mal perçues par les projectionnistes, inquiets de ne pas visualiser le bon fonctionnement de la source.

Les suivantes étaient dans les longueurs d'onde vertes, valeurs qui ne sont pas optimisées pour la lecture des pistes « bleues » (pistes empâtées traditionnelles).

Vers 1997, les sources se sont stabilisées sur une source de longueur d'onde 600 nm (rouge). Un des problèmes était que l'énergie dégagée par une source à une seule longueur d'onde est inférieure à celle dégagée par une source à spectre large. Le signal électrique résultant aux bornes de la cellule était donc plus faible. Il faut donc installer directement en sortie de cellule un premier préamplificateur, élevant le signal électrique au niveau de celui issu d'un lecteur à lampe à filament, pour l'injecter dans les préamplificateurs d'entrée des processeurs audio.

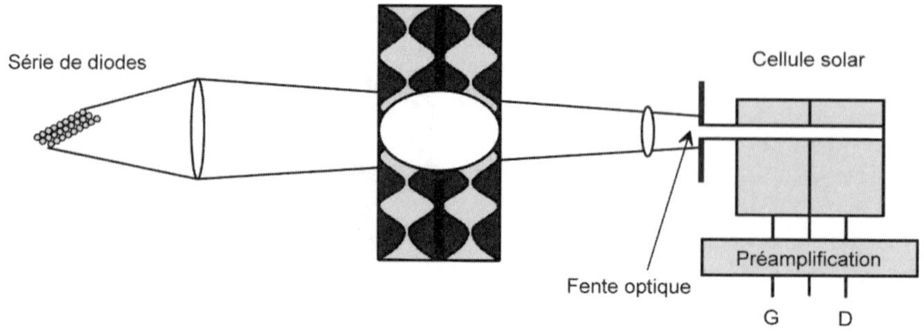

Figure 4.18 – Lecteur à fente projetée.

Certains fabricants ont également développé des sources à base de diodes laser.

✦ Types de pistes sonores

On trouvera ci-dessous un extrait de la communication de la CST en date du 26 mars 2001, rédigée par Michel Baptiste, et annonçant l'accord portant sur le tirage en France des pistes sonores de type magenta à partir du 15 avril 2001. Le texte complet de cette communication est disponible sur le site de la CST.

> « **La piste argentique**
>
> Dans les copies couleur, tout l'argent métal qui se trouvait dans la couche d'émulsion du film vierge est éliminé au cours du traitement en laboratoire, sauf à l'emplacement de la piste sonore. En effet, pour que la piste sonore puisse être reproduite par les lecteurs blancs, cet argent métal doit être conservé dans la couche d'émulsion avec les colorants. Le maintien de cet argent métal dans la couche photosensible résulte d'un redéveloppement de la seule zone de la piste sonore au moyen d'un révélateur en pâte, opération connue sous le nom d'empâtage.
>
> **Les contraintes écologiques**
>
> L'utilisation de copies de films à piste argentique a aujourd'hui deux conséquences.
>
> Le révélateur en pâte utilisé pour le redéveloppement contient une forte concentration en hydroquinone, produit polluant dont les effluents doivent être retraités par les laboratoires avant rejet.
>
> Les copies contenant de l'argent métal (celui contenu dans la piste sonore argentique) ne pourront plus, à terme, être détruites par incinération en raison des rejets de métaux lourds dans l'atmosphère.
>
> Pour répondre à ces contraintes internationales qui se mettent en place, il va donc devenir nécessaire de passer, à moyen terme, à l'établissement de copies ne comportant plus d'argent métal dans la couche photosensible. Cela est techniquement tout à fait possible, mais ne permet plus la reproduction des pistes sonores avec les

lecteurs blancs actuels. Seuls les lecteurs rouges, à diodes électroluminescentes, peuvent reproduire ces pistes sonores de colorants, ne contenant plus d'argent métal.

La compatibilité des lecteurs blancs et rouges

Si les lecteurs inversés permettent une amélioration sensible de la reproduction sonore par rapport aux lecteurs blancs, il s'avère qu'une piste argentique équilibrée pour être reproduite sur un lecteur blanc peut également être reproduite sur un lecteur rouge, mais avec une augmentation sensible de la distorsion de cross-modulation et généralement remontée aux fréquences aiguës. Il est tout à fait possible d'établir des pistes argentiques donnant une cross-modulation minimale avec des lecteurs rouges, mais il apparaîtra alors une cross-modulation sensible lors de la reproduction avec les lecteurs blancs.

Il n'a pas été possible de dégager de compromis qui conduise à une reproduction optimale d'une piste argentique avec les deux types de lecteurs.

Une solution provisoire : la piste magenta

Il est possible, en modifiant la colorimétrie des pistes argentiques, d'enregistrer une piste analogique donnant une même qualité de reproduction sonore optimale avec les deux types de lecteurs. Cette piste, en raison de sa couleur mauve, est appelée piste magenta. Elle reste du type argentique, ce qui ne résout donc pas les problèmes écologiques, mais fait disparaître le manque de compatibilité des deux types de lecteurs avec la piste argentique stéréo (bleue) que nous connaissons actuellement. Cette solution de la piste magenta ne peut donc être que provisoire, le temps aux exploitants d'équiper leurs projecteurs de lecteurs analogiques à Led, permettant la lecture des pistes de colorants (sans argent).

Une piste sans argent : la piste cyan

Le but à atteindre à moyen terme est d'établir des copies d'exploitation dont la piste ne contient plus aucune particule d'argent, afin de faire disparaître la nécessité de l'empâtage et de régler le problème écologique de la destruction des copies lié à la piste argentique.

Une telle piste, sans argent, est de couleur turquoise, d'où le nom de piste cyan qui lui a été donné. Des copies avec ce type de piste ne pourront être tirées industriellement que lorsque tout le parc de projecteurs 35 mm sera équipé de lecteurs à diodes électroluminescentes (Led), ce qui semble envisageable à terme de l'ordre de deux ans en France. Aux USA, un projet d'exploitation, dans des groupements de salles, avec des copies à piste cyan est envisagé pour début 2002.

Aujourd'hui, la piste cyan apparaît la seule solution qui, à terme, est susceptible de satisfaire aux contraintes écologiques et industrielles. Il est donc important que les entreprises françaises, tant pour le tirage des copies que pour leur exploitation, ne prennent aucun retard pour s'équiper, d'autant plus que, dans les salles d'exploitation, ces lecteurs équipés de diodes électroluminescentes resteront compatibles avec la reproduction des pistes argentiques actuelles et les pistes magenta.

REPRODUCTIONS DE FILMS MONOPHONIQUES OU ANCIENS

Compatibilité des lecteurs rouges avec les pistes monophoniques

Il n'y a aucune incompatibilité de reproduction par des lecteurs rouges des pistes argentiques monophoniques des films, qu'elles soient en noir et blanc ou en couleur (pistes bleues). Le taux de cross-modulation sera sensiblement plus élevé que celui obtenu avec un lecteur blanc, mais cette augmentation restera, dans la plupart des cas, inaudible pour des oreilles non exercées.

Dans certains cas, copies usagées ou détériorées, en raison du meilleur rendu aux fréquences élevées des lecteurs rouges, la présence de poussières ou d'abrasions de la piste sonore pourra devenir un peu plus audible.

Il restera donc toujours indispensable, pour la reproduction de tels films, de bien sélectionner la position « mono » des chaînes de reproduction sonore stéréophonique (01 sur les équipements Dolby), qui incluent un filtre spécifique limitant le bruit de fond.

Compatibilité avec les pistes à densité variable

Les lecteurs rouges permettent la reproduction normale des pistes en noir et blanc, y compris des pistes à densité variable (films en Technicolor). La cross-modulation doit théoriquement être sensiblement supérieure mais sa valeur est, en général, suffisamment élevée avec un lecteur blanc pour qu'il n'apparaisse pas de différence audible avec un lecteur rouge. »

Depuis le 1er juillet 2005, tous les laboratoires français, ainsi que les principaux laboratoires européens et américains, tirent les copies d'exploitation avec des pistes cyan. Les lecteurs à diodes rouges sont donc aujourd'hui obligatoires pour assurer une bonne reproduction des pistes sonores analogiques.

4.4.11 *Les processeurs*

Le cinéma sonore avec une piste enregistrée sur la pellicule date des années 1920 (*The Jazz Singer*). Les premiers essais de multiphonie datent des années 1940 (*Fantasia*), puis furent développés dans les années 1950-1960 avec le 70 mm et le 35 mm à 4 pistes magnétiques.

Mais c'est dans les années 1970 que la société Dolby développa la mise en place des technologies encore utilisées aujourd'hui pour un son analogique multicanal complété d'une réduction de bruit de fond. Il développa d'abord le Dolby A, système de réduction de bruit de fond utilisant le principe de la compression (à l'enregistrement) et de l'expansion (à la lecture), sur 4 bandes de fréquences, avec des taux de compression différents par bande. Dolby y adjoignit le système de matriçage de 4 canaux en deux, dérivé des systèmes de quadriphonie développés notamment en hi-fi par Sansui au début des années 1970. Parmi les premiers films, on peut citer *Apocalypse Now*, pour lequel notamment la version originale ne comportait pas de signal sur la piste ambiance.

En 1986-1987, Dolby commercialisa le système de réduction de bruit de fond type SR (*Spectral Recording*), utilisant également le principe de la compression/expansion, complété par un système de filtre de masque (un signal utile de fréquence F masque le bruit de fond à cette fréquence, il n'y a donc pas besoin de traiter cette fréquence à ce moment-là).

Les processeurs utilisés en exploitation furent :

- Dolby CP 100 : Dolby A, stéréo ;
- Dolby CP 50 : Dolby A, stéréo ;
- Dolby CP 200 : Dolby A, stéréo, 35, 70 ;
- Dolby CP 55 : Dolby A, stéréo ;
- Dolby SR/A 5 : complément au CP 55 pour la reproduction du SR ;
- Dolby CP 65 : Dolby A, Dolby SR ;
- Dolby DA 10 : processeur numérique première génération, connecté au CP 65 ;
- Dolby DA 20 : processeur numérique deuxième génération, connecté au CP 65 ;
- Dolby CP 500 : analogique A et SR, numérique, 35, 70 ;
- Dolby SA 10 (EX) : processeur de décodage de l'ambiance, 3 voies en lecture numérique ;
- Dolby CP 650 : analogique A et SR, numérique, vidéo, AES ;
- Dolby DMA 8 : interface de connexion pour liaison à partir de sources audio externes (cinéma numérique par exemple).

Dès les années 1980, d'autres marques développèrent des processeurs basés sur les mêmes principes et permettant de reproduire les pistes sonores analogiques A puis SR dans des conditions correctes.

Mais c'est surtout dans les années 1990, avec SDDS puis DTS, que sont apparus des processeurs complets permettant de reproduire des pistes encodées et matricées. Pour DTS, les pistes analogiques sont encodées un peu différemment, mais la compatibilité est assurée.

Les deux marques commercialisent des processeurs traitant uniquement leur piste numérique, ainsi que des processeurs traitant les pistes analogique et numérique :

- DTS 6D : piste numérique DTS ;
- DTS 6AD : pistes analogiques encodées A et SR, pistes numériques DTS ;
- SDDS DFP 2000 : pistes numériques SDDS ;
- SDDS DFP 3000 : pistes analogiques encodées A et SR, pistes numériques SDDS.

Il existe enfin sur le marché un certain nombre de processeurs traitant uniquement les pistes analogiques.

4.5 Reproduction sonore numérique

Cette section traite de l'ensemble des caractéristiques de la chaîne A de reproduction sonore numérique.

4.5.1 *Observations diverses sur le numérique*

Tordons d'abord le cou à une idée reçue solidement ancrée dans l'esprit populaire : le mot « numérique » serait un mot magique qui signifie, du moins le croit-on, « qualité ». Le son numérique n'est ni nécessairement meilleur, ni forcément moins bon. Il s'agit simplement d'une technologie de traitement du signal qui présente beaucoup d'avantages par rapport à l'analogique, mais aussi quelques inconvénients.

✦ Qu'est-ce qu'un signal numérique ?

C'est une représentation numérique, en base binaire (suite de 0 et de 1), d'un signal analogique. On analyse donc le signal suivant deux opérations :

- **L'échantillonnage :** on relève le plus souvent possible la valeur instantanée du signal. Aujourd'hui, l'échantillonnage courant est à 48 kHz (48 000 échantillons par seconde). On se dirige rapidement vers des solutions à 96 kHz (96 000 échantillons par seconde).
- **La quantification :** pour chacun de ces échantillons, on évalue par rapport à une échelle graduée la valeur de quantification la plus proche de la valeur réelle. Plus les échelons sont nombreux, plus on est précis dans l'évaluation. Aujourd'hui, la quantification courante s'effectue sur 16 bits (soit $2^{16} = 65\,536$ échelons). On se dirige rapidement vers des solutions à 24 bits (soit $2^{24} = 16\,777\,216$ échelons). Ces niveaux sont exprimés sous forme de nombre binaire (suite de 16 valeurs à 0 ou à 1 en quantification 16 bits).

À partir de ces valeurs purement mathématiques, on peut effectuer tous les types d'opérations, correspondant à du traitement de signal (mixage, filtrage, etc.) *a priori* sans altération, l'ordinateur ne devant pas se tromper. On observe cependant que des perturbations peuvent parfois être audibles, car le calcul simple n'intègre pas systématiquement les problèmes de phase, de réponse impulsionnelle, etc. Il nécessite également un temps de traitement parfois non négligeable. Et la restitution ensuite sur les systèmes d'écoute, nécessairement analogiques (haut-parleurs), passe par des filtrages qui lissent les approximations de la conversion analogique/numérique, générant notamment ce que l'on nomme bruit de quantification. En effet, un signal numérique converti analogique est une suite de valeurs fixes sur la durée de chaque échantillon, alors qu'un signal analogique est une suite continue de valeurs évolutives.

Quant aux compressions de débit, qu'elles soient temporelles ou fréquentielles, elles impliquent nécessairement une certaine perte d'information qui n'est pas toujours innocente, comme l'ont démontré de nombreuses écoutes comparatives par rapport à des sources non compressées.

✦ Les types de compression

Pour information, on se rappellera les divers types de compression possibles :

✧ Compression temporelle

Elle est utilisée par Dolby et DTS, avec cependant des algorithmes (méthodologie de calcul de la compression) différents. Le principe en est, grossièrement, de ne prendre en compte que les changements entre deux échantillons successifs et de ne pas remémoriser dans le second échantillon toutes les données inchangées par rapport à l'échantillon précédent. Avec l'algorithme utilisé par DTS, le taux est fixe et a pour valeur 4. Avec l'algorithme utilisé par Dolby, le taux de compression est variable de 4 à 14, en fonction des caractéristiques du signal. Mais ces deux valeurs ne sont pas directement comparables, car les algorithmes ne sont pas équivalents.

✧ Compression fréquentielle

Elle est utilisée par SDDS et consiste à comparer les évolutions du spectre de fréquences entre deux échantillons successifs, et à ne conserver que les modifications de spectre. Le taux de compression est de 4 (il ne faut pas comparer avec DTS ou Dolby, cela n'aurait pas de sens mathématique).

✦ Avantages et inconvénients du numérique

Dans les avantages, nous pourrons citer :

- réponse en fréquence étendue ;
- rapport signal/bruit étendu ;
- distorsion harmonique réduite ;
- fluctuations de vitesse pas audibles ;
- qualité constante sur la durée de vie de la piste ;
- multicanal avec pistes discrètes, sans matriçage.

Dans les inconvénients, on notera :

- qualité des convertisseurs de sortie (numérique vers analogique), et notamment des filtres ;
- artefacts sonores liés aux différents taux de compression appliqués ;
- fonctionnement en tout ou rien : il y a du son ou il n'y en a pas ;
- détérioration rapide des pistes numériques photographiques.

Pour mémoire, on trouvera ci-dessous un extrait du dossier technique CST, paru en 1998, et disponible sur le site de la CST (www.cst.fr).

« **4 A - Les caractéristiques**

La qualité du son peut être définie par trois critères de base : la bande passante, la dynamique (rapport du son le plus fort au son le plus faible), la distorsion harmonique (déformation du signal). Pour intégrer les caractéristiques des supports d'enregistrement, on ajoutera le rapport signal/bruit (rapport entre le signal maximal enregistré et le bruit de fond propre au système), ainsi que la fluctuation de vitesse (génération d'un « vibrato » parasite dû à l'instabilité mécanique du lecteur). Pour les systèmes multicanaux, on jugera également la séparation entre les canaux. Pour les sources numériques, on jugera également de l'influence des algorithmes de compression. [Voir 1er *tableau*, ci-contre.]

Le tableau suivant décrit les caractéristiques qualitatives des différents systèmes d'enregistrement des bandes sonores cinématographiques. On parle ici des possibilités des systèmes utilisés, en dehors de toute considération artistique ou économique.

La distorsion harmonique est jugée négligeable en lecture numérique. Cependant, des écoutes comparatives ont montré que des détériorations dues à la compression de données étaient audibles.

On trouvera ci-dessous les possibilités de diffusion multicanale des différentes sources. » [Voir 2e *tableau*, ci-contre.]

4.5.2 *La dynamique*

La *figure 4.19* rappelle également les possibilités en dynamique des différents systèmes, et la comparaison par rapport au « potentiel de dynamique » d'une salle, pour un signal type sinus établi. On se ferait encore plus peur en analysant les réponses impulsionnelles.

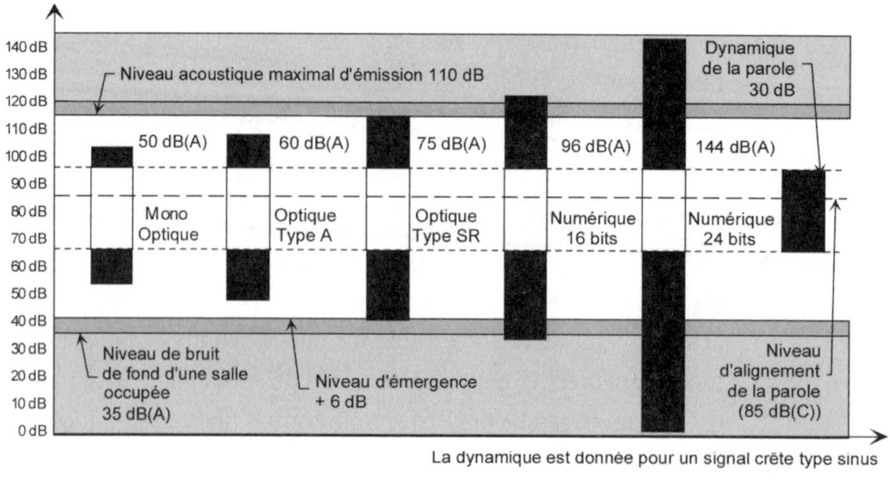

Figure 4.19 – Dynamique et rapport signal/bruit.

Item	Optique mono	Optique type A	Optique type SR	Dolby SR-D	DTS	SDDS
Bande passante	50-8 000 Hz	50-10 000 Hz	80-12 500 Hz	20-20 000 Hz	20-20 000 Hz	20-20 000 Hz
Rapport signal/bruit	50 dB(A)	60 dB(A)	75 dB(A)	96 dB(A) *	96 dB(A) *	96 dB(A) *
Distorsion harmonique	2 % **	2 % **	2 % **	< 0,01 %	< 0,01 %	< 0,01 %
Fluctuations de vitesse	0,10 %	0,10 %	0,10 %	Négligeable	Négligeable	Négligeable
Support	Film	Film	Film	Film	CD-Rom	Film
Diaphonie	–	20 dB(A)	20 dB(A)	96 dB(A)	96 dB(A)	96 dB(A)
Canaux	1	4.1	4.1	5.1	5.1	7.1
Type de compression	–	–	–	Dolby AC-3	APTX	Dolby AC-2
Taux				4 à 14	4	4

* Dynamique disponible en échantillonnage 16 bits. ** Distorsion due à l'enregistrement photographique.

Type de source	G	IG	C	ID	D	Ambiance mono	Ambiance stéréo G-D	Ambiance 3 voies G-A-D	Sub bass
Monophonique	–	–	X	–	–	–	–	–	–
Stéréo optique (avec NR A ou SR)	X	–	X	–	X	X	–	–	X déduit*
Dolby Digital	X	–	X	–	X	X	X	–	X
DTS Digital	X	–	X	–	X	X	X	–	X
SDDS	X	X	X	X	X	X	X	–	X
Dolby Digital EX	X	–	X	–	X	X	X	X	X
DTS ES	X	–	X	–	X	X	X	X	X

* Le canal renfort de basses des sources analogiques optiques est une partie (bande de fréquence en dessous de 125Hz ou 80 Hz) du signal des voies d'écran. En numérique, il s'agit d'un canal discret indépendant.

4.5.3 *Historique*

Bien que ces technologies aient à peine 18 ans dans le cinéma, il n'est pas inutile d'établir un rapide historique de la reproduction sonore numérique en salle.

✦ Kodak – Orc

Apparue en 1989, cette technologie comportait une piste numérique enregistrée sous forme numérique (pavés noirs ou blancs) à la place de la piste analogique. Outre les difficultés d'enregistrement des pavés de petites tailles sur la pellicule, le gros point faible du système était qu'il n'y avait pas de secours en cas de panne, la piste analogique étant supprimée. Quelques films américains ont été exploités. Ce format a disparu rapidement.

✦ LC-Concept

Développée en France par Pascal Chédeville pour la partie logicielle et Élisabeth Lochen pour la commercialisation (le L et le C de LC-Concept), cette technique associe la copie 35 mm traditionnelle à un support externe de type disque magnéto-optique. La synchronisation est assurée entre les deux par un time code, sous forme de code-barres, enregistré sur la manchette de la pellicule. Plusieurs films français (*L'Amant*, *Cyrano de Bergerac*, etc.) ont été exploités avec ce procédé, qui a disparu en 1993.

✦ Dolby Digital

D'abord appelée SR-D, la première démonstration de cette technologie a eu lieu à Londres en juillet 1991. Le principe est d'enregistrer photographiquement la piste numérique entre les perforations. Le capteur de lecture est de type CCD. Le son est lu en avance (environ 26 images) afin d'assurer le traitement du son (captation, validation, stockage, traitement, conversion). La compression de données, de type AC-3, a un taux qui varie (environ de 4 à 14).

✦ DTS

Commercialisé vers 1993, ce procédé reprend le même principe que celui développé par LC-Concept, à savoir la synchronisation *via* un time code d'un lecteur externe de type CD-Rom. Le code temporel est enregistré sous la forme d'une piste optique analogique insérée entre la piste sonore analogique et l'image. Ce code temporel est en synchro physique avec le son analogique sur la pellicule. Le processeur peut ensuite compenser des décalages d'environ 75 images, ceci afin de régler la synchro suivant le positionnement du lecteur de time code. La compression de données est de type temporel APTX, avec un taux de compression fixe de 4.

✦ SDDS

Commercialisé vers 1995, ce procédé consiste en l'enregistrement de deux pistes numériques photographiques, une sur chaque manchette de la pellicule. La lecture se fait *via* une caméra vidéo. L'éclairement de la piste est intermittent, au moyen de sources pulsées dont l'intensité est modulée par le défilement du film. Le son est capté environ 60 images avant la diffusion, afin de réaliser toutes les opérations de traitement du signal. Ce procédé propose également une piste de secours légèrement décalée par rapport à la piste principale. La compression de données est de type fréquentiel AC-2.

4.5.4 *Le son du cinéma numérique*

Les définitions des sources et pistes audio associées au cinéma numérique ont été définies dans les recommandations DCI en juillet 2005. Certains éléments sont repris dans la norme Afnor NF S 27-100.

Les grandes lignes en sont :

- 16 canaux disponibles ;
- son non compressé ;
- fréquences d'échantillonnage à 96 kHz ;
- quantification sur 24 bits ;
- liaison des sources cinéma numérique vers processeur audio sous AES 3 – 1997.

L'affectation des pistes déjà référencées se fait selon le code du *tableau 4.2.*

Tableau 4.2

Affectation Paire AES	N° canal	Dénomination	Localisation
1/1	1	L/gauche	Canal gauche écran
1/2	2	R/droit	Canal droit écran
2/1	3	C/centre	Canal centre écran
2/2	4	LFE/écran	Canal renfort de basse d'écran
3/1	5	Ls/ambiance gauche	Canal latéral gauche
3/2	6	Rs/ambiance droite	Canal latéral droit
4/1	7	Lc/centre gauche écran	Canal intermédiaire gauche (en 7.1)
4/2	8	Rc/centre droit écran	Canal intermédiaire droit (en 7.1)
5/1	9	Cs/ambiance centre	Canal ambiance sur mur arrière
5/2	10	Ambiance de plafond	Canal ambiance situé au plafond

Les autres pistes disponibles, au moins 6, peuvent être affectées notamment à des versions multilingues, à la description audiovision pour les malvoyants, etc.

4.5.5 *Contrôle qualité*

Concernant les réglages, il doit être bien clair que toute intervention de maintenance ou de réglage sur ces systèmes ne peut être réalisée que par des techniciens formés et disposant des équipements adéquats. En effet, tous ces systèmes se règlent et se contrôlent *via* des logiciels informatiques.

Afin de pouvoir effectuer des tests rapides de bon fonctionnement des systèmes, et ainsi communiquer convenablement avec les installateurs, la CST met à disposition des exploitants un film de contrôle (réf. CST – FT – S 01 – Chaîne B 2003).

On trouvera ci-dessous la notice d'utilisation de ce film test (rédaction Michel Baptiste) :

> « Ce film test, édité par la Commission Supérieure Technique de l'Image et du Son, avec l'aimable autorisation de Dolby Laboratories, DTS et SDDS, est destiné à vérifier le bon fonctionnement de l'ensemble de la chaîne de reproduction sonore, numérique ou analogique des salles de cinéma.
>
> Ce film n'est, en aucun cas, destiné au réglage (niveau, réponse en fréquence...) de la chaîne de reproduction sonore numérique ou analogique à partir de films cinématographiques 35 mm.
>
> Ce film est constitué de quatre séries de plages successives de bruit rose large spectre.
>
> Les trois premières séries de plages sont successivement reproduites sur les canaux gauche (L), centre (C), droit (R), ambiance latérale droite (Rs), ambiance arrière droite (Rbs) et gauche (Lbs), ambiance latérale gauche (Ls) et renfort de basses ou *sub woofer* (Lfe).
>
> Pour les installations ne comportant pas la reproduction des ambiances arrière (Dolby EX ou DTS ES), la reproduction du canal d'ambiance arrière (Rbs + Lbs) est diffusée uniformément sur les canaux d'ambiance latéraux gauche (Ls) et droit (Rs).
>
> Pour les installations comportant un canal de diffusion d'ambiance arrière, la reproduction des programmes pour lesquels ce canal n'est pas enregistré se fait sur les canaux d'ambiance latéraux et la moitié correspondante du canal arrière, soit ambiance latérale gauche (Ls) + ambiance arrière gauche (Lbs) pour l'ambiance gauche et ambiance latérale droite (Rs) + ambiance arrière droite (Rbs) pour l'ambiance droite.
>
> Pour contrôler la diffusion sans le canal d'ambiance arrière, il est nécessaire de mettre manuellement hors service la reproduction de ce canal (ambiance arrière) sur processeur numérique Dolby ou DTS. La diffusion du film test doit alors se faire comme mentionné ci-dessus.
>
> La quatrième série est reproduite sur les six mêmes canaux (5.1), auxquels il y a lieu d'ajouter les canaux inter-droit (Re) et inter-gauche (Re) de part et d'autre du canal central, soit huit canaux au total (7.1).

Pour les installations Dolby ou DTS ne comportant pas de canaux inter-gauche (Le) et inter-droit (Re), la reproduction de ces canaux se fait respectivement sur les canaux gauche (L) et droit (R).

Lors de la reproduction de ce film, le son restitué doit être comparable sur chacun des canaux, en niveau (voisin de 80 dBC), et en spectre, à l'exception du canal de renfort de basses ou *sub woofer* (Lfe) dont le spectre est limité en fréquences à moins de 200 Hz. »

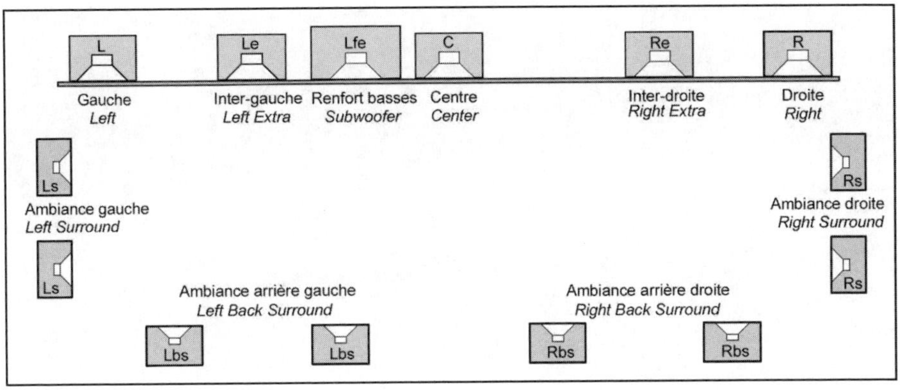

Chapitre 5

Reproduction sonore

5.1 La chaîne B

Ce chapitre traite de l'ensemble des caractéristiques de la chaîne B de reproduction sonore, telle qu'elle est définie dans la norme ISO 2969. Ces données englobent les caractéristiques de transfert électroacoustique, ainsi que toutes les données concernant les caractéristiques acoustiques de la salle.

La chaîne B désigne l'ensemble des équipements techniques permettant d'assurer la diffusion en salle des pistes sonores décodées et dématricées.

Les équipements de la chaîne B comprennent :

- le potentiomètre de niveau global en salle ;
- les amplificateurs de puissance ;
- les filtres actifs ou passifs ;
- les enceintes acoustiques ;
- le traitement acoustique de la salle.

Dans les équipements actuels, la disposition de ces équipements est très variable. En effet, les égaliseurs ou les filtres peuvent être intégrés au processeur, ou bien extérieurs.

Nous donnons ci-dessous un synoptique global de la chaîne sonore, sans tenir compte de l'endroit physique où se trouvent les éléments.

Par ailleurs, les installations de chaîne B doivent être aujourd'hui capables de diffuser sans altération les pistes sonores issues indifféremment d'enregistrements analogiques ou numériques. En effet, renouveler aujourd'hui une chaîne B sans intégrer la possibilité dans un avenir proche de diffuser des sources de type numérique serait inadapté aux besoins du marché. Le taux d'installations numériques est en constante augmentation (plus de 50 % des salles en 2002, tous systèmes confondus), alors que le taux de films avec pistes numériques approche les 100 %. Par ailleurs, les pistes sonores associées à la projection numérique seront elles aussi de qualité numérique, et nécessiteront donc des systèmes de diffusion très performants.

On a vu dans le chapitre précédent le descriptif de tous les canaux aujourd'hui disponibles selon les sources.

Comme toujours dans ce guide, il ne s'agit pas de proposer un descriptif des technologies. Un ouvrage est en cours de préparation sur ce sujet. On peut par ailleurs se reporter aux diverses documentations fournies par les constructeurs. Nous décrirons simplement les synoptiques généraux d'installation de ces équipements dans les salles.

5.1.1 *Postulat*

Tous les spectateurs de la salle ont droit au même spectacle. Les caractéristiques dimensionnelles (voir le chapitre 1) ont défini la zone d'implantation des fauteuils. Pour toutes les places de cette zone, on doit faire en sorte que la reproduction des sources sonores soit la plus homogène possible sur au moins les trois critères suivants :

- niveau sonore constant sur la zone ;
- caractéristique de transfert en fréquences constante sur la zone ;
- localisation des sources respectée quelle que soit la place.

5.1.2 *Observations sur la gestion sonore des salles*

L'utilisation de sources sonores numériques nécessite des caractéristiques de chaîne capables de reproduire sans altération tous les niveaux sonores inscrits sur les pistes sonores (dans la limite du supportable), car la qualité intrinsèque des sources numériques ne tolère pas d'approximation dans la diffusion, sous peine de déceptions importantes.

Afin de bien comprendre les nouvelles difficultés qu'apportent les sources numériques, on se rappellera les éléments publiés dans le *Dossier technique* n° 7 de la CST, en 1998, et illustrant les rapports de dynamique sonore des sources numériques en regard des rapports signal sur bruit acoustique que peuvent proposer les salles.

On a vu dans le chapitre 3, *figure 3.1*, la comparaison entre les dynamiques possibles des systèmes de reproduction sonore et la « dynamique » acoustique des salles de

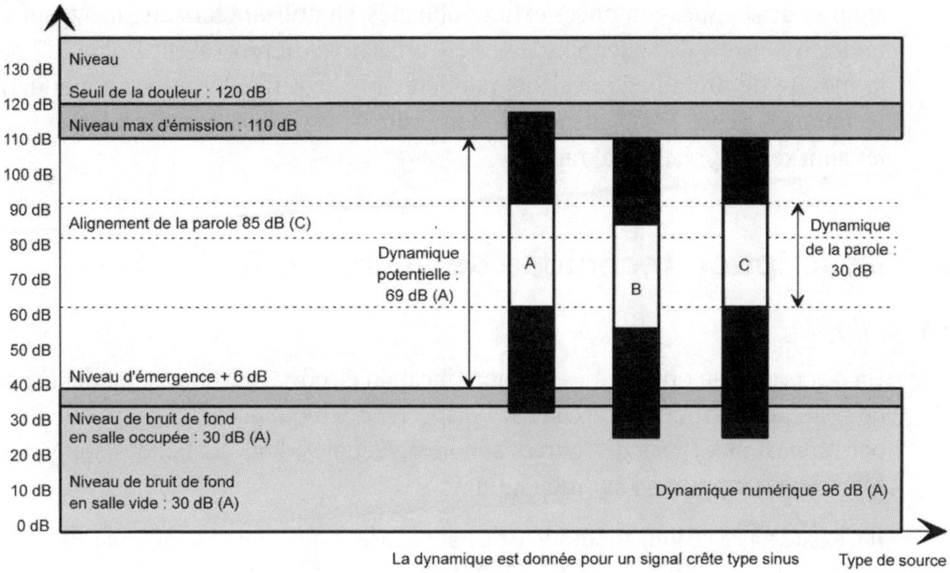

Figure 5.1 – Dynamique et rapports signal/bruit.

cinéma. On y constate que les systèmes numériques ont des possibilités qui vont bien au-delà de ce qui est nécessaire, en bande passante mais surtout en dynamique. On voit qu'en numérique, il y a risque soit de saturation des niveaux, soit de perte des niveaux dans le bruit de fond. Cette notion doit être comprise dès le mixage, bien sûr par les mixeurs (qui doivent protéger leurs oreilles) mais également par les « décideurs ». On a vu trop souvent des films pour lesquels les niveaux des effets étaient excessifs, nécessitant de diminuer le niveau général de diffusion, et ainsi de descendre le niveau du dialogue dans des zones inaudibles.

Dans la *figure 5.1*, la position A correspond à une gestion habituelle de la chaîne sonore, autant en mixage qu'en reproduction sonore en salle. Le potentiomètre positionné sur 7 risque de générer des niveaux trop élevés.

La position B correspond à ce qui se passe lorsque l'opérateur baisse le niveau pour faire rentrer les niveaux forts dans les limites supportables : les niveaux des voix sont affaiblis, les niveaux faibles sont renvoyés dans le bruit de fond.

La solution C du schéma indique en fait la gestion normale de la dynamique en mixage afin d'être sûr que le niveau maximum en salle ne soit pas dépassé lorsque le potentiomètre est positionné sur 7. Le niveau maximum est à 110 dB(C), la parole est mixée au niveau nominal de 85 dB(C), et le mixeur a géré ses niveaux faibles pour ne pas descendre dans le bruit de fond de la salle.

Des études ont été menées afin de limiter les niveaux sonores lors du mixage. Ils ont abouti à la rédaction d'une recommandation CST sur la limitation des niveaux sonores des bandes-annonces et des publicités, en utilisant lors du mixage un système de contrôle de l'énergie spectrale – utilisation du processeur Dolby 737 pour la mesure de niveaux équivalents pondérés m (Leq(m)). Cette recommandation technique CST RT S 003, disponible sur le site de la CST, se trouve également dans les annexes du présent ouvrage.

5.2 Description technique de la chaîne B

5.2.1 *Filtrage*

Un des principaux problèmes de l'amplification électroacoustique, c'est de disposer de systèmes permettant de couvrir un spectre de fréquences suffisamment étendu par rapport aux types de sources sonores présentes dans les bandes sonores des films, et par rapport à l'audition humaine.

Il n'existe pas à ce jour un modèle de haut-parleur qui couvre à lui seul cette bande de fréquences (*a minima* 50-12 500 Hz). On est donc obligé d'utiliser plusieurs haut-parleurs, que l'on insère dans une enceinte acoustique.

Au point de vue énergie, cela ne pose pas de problème d'insérer un signal de fréquence élevée dans un haut-parleur prévu pour la diffusion des fréquences basses. En effet, cette énergie est faible en rapport de la masse à déplacer. En fait, au-delà d'une certaine fréquence, il n'y a même plus de signal audible.

A contrario, il faut beaucoup d'énergie pour mettre en mouvement un haut-parleur de basses. Si on envoie cette énergie dans un haut-parleur d'aigu, beaucoup plus léger et fragile, on le détériorera systématiquement.

Pour cette raison, et pour quelques autres secondaires, il est nécessaire de filtrer le spectre de fréquences issu de la source sonore, afin d'envoyer sur chaque haut-parleur la bande de fréquences qui lui est destinée.

Plusieurs solutions sont utilisables. On retiendra le filtrage passif et le filtrage actif.

✦ Filtrage passif

C'est un filtrage qui ne fonctionne qu'en atténuation. Le spectre est en général séparé en 2 bandes de fréquences par filtres passe-bas et passe-haut. Il n'y a pas de réglage de gain. Sur certains filtres, un réglage du niveau d'atténuation des aigus est disponible, afin d'adapter les niveaux de restitution des deux bandes, notamment en fonction du rendement des amplificateurs ou des haut-parleurs.

La fréquence de coupure est en général située entre 500 et 1 000 Hz, selon les modèles de haut-parleurs. Cette fréquence de coupure est estimée lorsque le signal est à – 3 dB du niveau d'entrée du filtre.

La pente du filtre donne le niveau d'atténuation par bande d'octave. Une bande d'octave est le spectre de fréquences compris entre une fréquence et son double (2 000 est la fréquence à l'octave de 1 000 Hz). Pour les filtres passifs, cette pente varie de 6 dB/oct pour les moins bons, à 18 dB/oct pour les meilleurs.

La fréquence de coupure sera émise par les deux haut-parleurs à – 3 dB du niveau d'entrée. La somme des deux signaux acoustiques résultants permettra d'aligner le niveau de cette fréquence sur le reste du spectre.

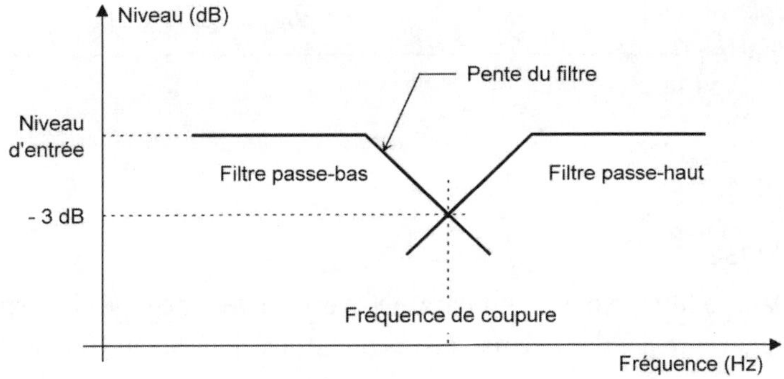

Figure 5.2 – Filtrage passif.

✦ Filtrage actif

Ce filtrage regroupe plusieurs fonctions :

- séparation en deux (ou plusieurs) bandes de fréquences ;
- réglage de gain et d'atténuation sur chacune des bandes filtrées ;
- réglage et compensation interne des déphasages dus au filtrage (voir § 5.2.2) ;
- réglage de la pente du filtre.

Avec toutes ces possibilités et la précision de réglage qui en découle, ce type de filtrage est beaucoup plus performant.

Ce type de filtrage est utilisé dans les chaînes bi-amplifiées (voir ci-dessous), mais on peut aussi l'utiliser sur des chaînes tri ou quadri-amplifiées (voir § 5.2.3).

Ce type de filtrage est très fortement conseillé dans les salles reproduisant des pistes sonores numériques.

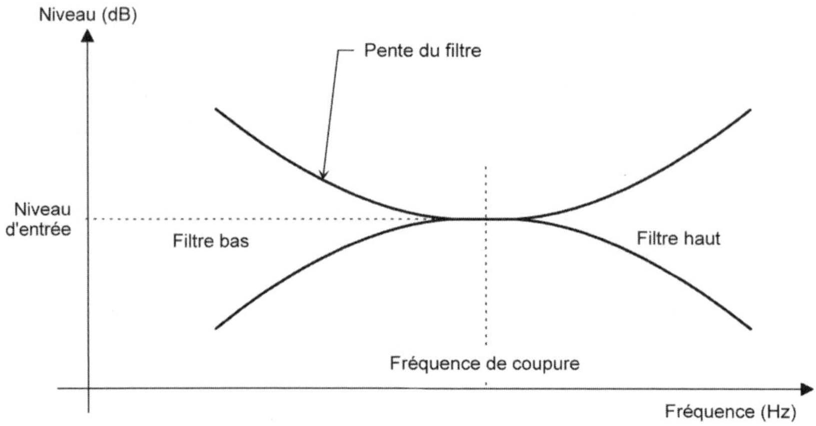

Figure 5.3 - Filtrage actif.

5.2.2 *Phase*

Dans le filtrage passif, un paramètre est souvent négligé : le respect de la phase du signal entre les deux signaux issus du filtrage. Le principe même du filtrage implique une dérive de cette phase entre le signal d'entrée et le signal de sortie. De plus, le déphasage ne sera pas le même en fonction de la fréquence, donc pas le même pour le filtre passe-bas et pour le filtre passe-haut (si ce n'est en valeur, du moins en signe).

Dans la *figure 5.4*, le signal de sortie A est en phase avec le signal d'entrée. La somme des deux signaux donnera un signal de valeur double.

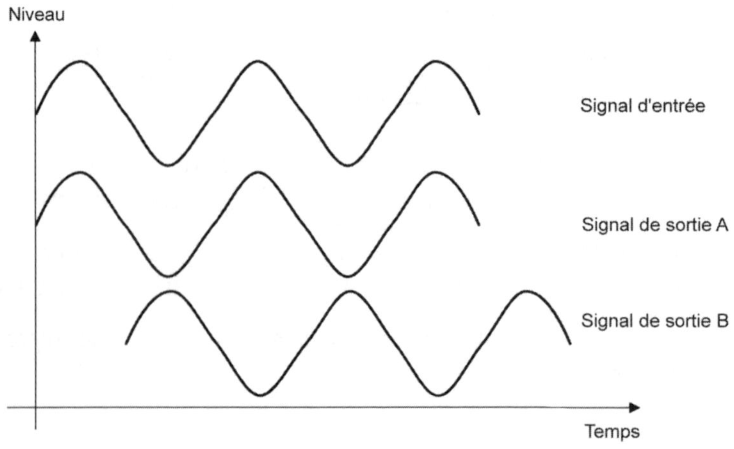

Figure 5.4 - Phase.

Par contre, le signal B est en opposition de phase avec le signal A. La somme des deux signaux donnera un signal quasi nul.

Il est donc important de s'assurer de la bonne mise en phase du système. C'est un travail qui incombe principalement aux installateurs d'équipements. Ils devront s'assurer de trois paramètres de mise en phase, décrits ci-dessous.

✧ Mise en phase électrique

Deux fils par canal sortent du filtre, un pour le point chaud, l'autre pour le point froid (masse). Le sens de déplacement de la membrane du haut-parleur est fonction du sens du signal (sur la *figure 21*, le signal est montant au début, le haut-parleur ira dans un sens prédéfini ; lorsque le signal devient descendant, cela inverse le sens de déplacement du haut-parleur). Si l'on branche correctement un des haut-parleurs et que l'on inverse l'autre, les deux haut-parleurs se déplaceront dans des sens contraires, et le signal résultant sera quasi nul.

✧ Dérive de phase des filtres

Comme il a été dit plus haut, le signal se déphase en fonction de la fréquence. Il est important de s'assurer de l'importance de cette valeur de décalage et de la compenser, soit par l'insertion d'une ligne à retard sur une des voies, pour la recaler avec l'autre, soit par positionnement d'un haut-parleur par rapport à l'autre (phase acoustique, voir ci-dessous).

✧ Phase acoustique

Si deux haut-parleurs sont placés dans le même plan, et qu'on leur envoie le même signal au même moment, les deux ondes acoustiques émises seront synchrones pour un observateur placé devant. Si un des haut-parleurs est reculé par rapport à l'autre, le signal qu'il émettra sera en retard par rapport à l'autre, donc décalé dans le temps, donc déphasé. Il est important de s'assurer que le positionnement des haut-parleurs permet un parfait synchronisme des deux haut-parleurs.

✦ Méthode de mesure

Comme décrit ci-dessus, seul un installateur ou un acousticien équipé d'appareils de mesures idoines pourra contrôler convenablement la mise en phase. La pratique la plus courante est d'émettre une impulsion très brève, et de relever *via* un logiciel adéquat, notamment équipé de filtrages précis, l'évolution de la phase en fonction de la fréquence.

Le contrôle de la phase doit être réalisé entre les deux haut-parleurs d'une même enceinte acoustique, mais également entre les haut-parleurs de même spectre des différentes enceintes acoustiques (centre par rapport à gauche et à droite notamment).

5.2.3 *Mono et multiamplification*

✦ Chaîne B mono-amplifiée analogique

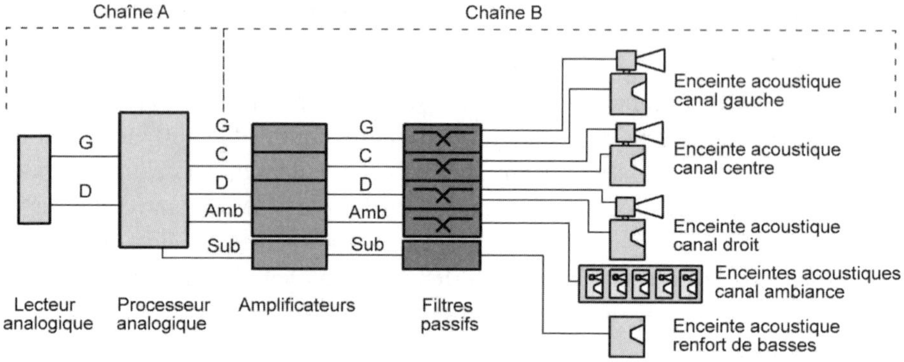

Figure 5.5 – Chaîne B mono-amplifiée analogique.

Dans ce type de chaîne sonore, on retient les critères suivants :

- 3 voies d'écran.
- 1 canal d'ambiance monophonique : un ou plusieurs amplificateurs répartissent le signal ambiance mono sur l'ensemble de la salle. L'impédance de charge des amplificateurs doit être respectée. Le niveau acoustique sur la salle doit être homogène.
- Le canal renfort de basses diffuse les fréquences inférieures à 80 Hz.
- Les filtres passifs sont intégrés aux enceintes acoustiques, y compris pour le canal d'ambiance.

✦ Chaîne B bi-amplifiée tous formats

Dans ce type de chaîne sonore, on retient les critères suivants :

- 3 voies d'écran bi-amplifiées (filtre actif deux voies, un amplificateur pour les fréquences basses, un pour les aigus).
- Un canal d'ambiance trois canaux : utilisant le principe du matriçage EX (Dolby©) ou ES (DTS©), il permet de reproduire trois canaux d'ambiance distincts à partir des deux canaux de l'ambiance stéréo numérique.
- Le canal renfort de basses diffuse les fréquences inférieures à 80 Hz.
- Les filtres actifs insérés entre le processeur et les amplificateurs des voies d'écran.

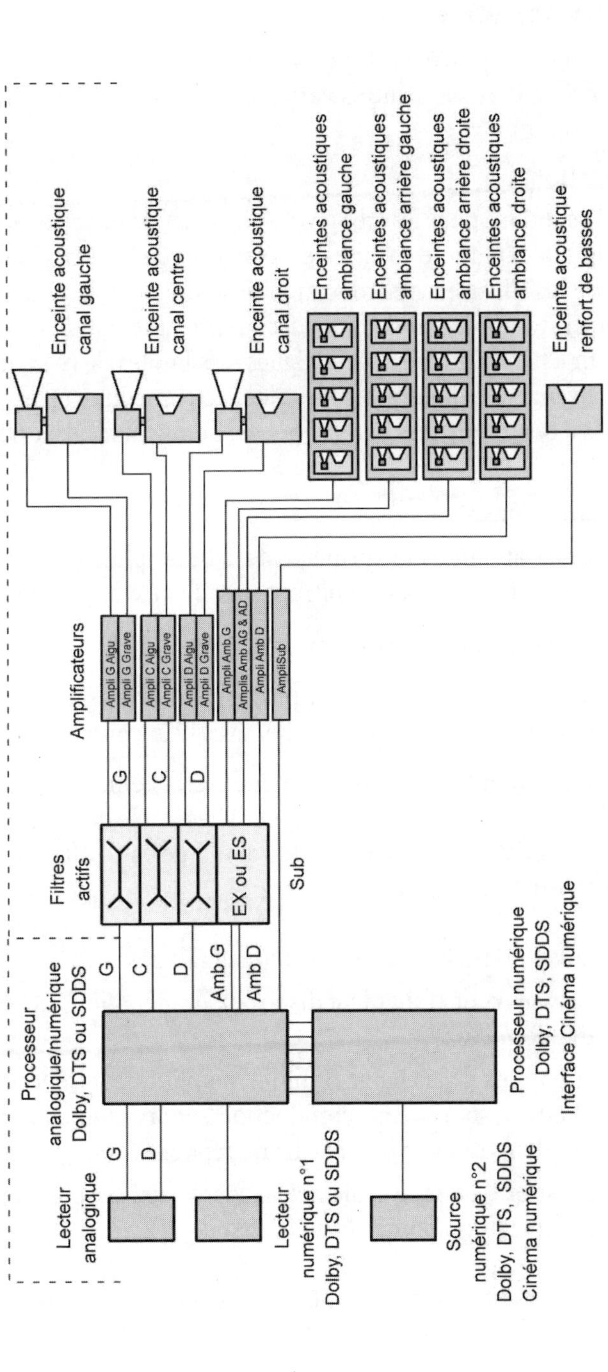

Figure 5.6 – Chaîne B bi-amplifiée analogique/numérique avec ambiance trois canaux.

✦ Chaîne B tri-amplifiée

Les deux solutions proposées ci-dessus sont les deux implantations les plus fréquemment rencontrées. Il existe d'autres variantes que l'on peut décrire succinctement. On trouvera notamment :

✧ Tri-amplification

Ce dispositif est utilisé pour les très grosses installations nécessitant de la puissance sonore. Il s'agit de séparer le spectre de fréquences en trois bandes, judicieusement choisies, et de les diffuser *via* trois amplificateurs et trois haut-parleurs. Le plus souvent, on utilisera une bande basse fréquence, une bande médium large (150-2 500 Hz) et une bande de fréquences aiguës. Les limites de ce système sont qu'il est délicat de trouver un bon haut-parleur sur le spectre médium et que les haut-parleurs d'aigu limités à ces fréquences ont une portée limitée, sauf à saturer les spectateurs du premier rang.

✧ Tri-amplification passive

Certains systèmes appliquent le principe de la bi-amplification active entre basses et médium/aigu, complétée par un filtrage passif entre médium et aigu.

5.2.4 *Égalisation électroacoustique*

Ce point est assez délicat. En effet, la plupart des processeurs cinéma disposent d'égaliseurs internes. Cet outil est à manier avec beaucoup de précaution.

En premier lieu, il faut bien comprendre que ces systèmes d'égalisation ne sont là qu'en complément, pour compléter et affiner l'ensemble des réglages. Ils ne doivent en aucun cas être considérés comme les outils de la qualité sonore. Une bonne chaîne de reproduction sonore doit intégrer :

- des sources et des lecteurs correctement alignés ;
- des processeurs de traitement disposant des fonctions nécessaires au traitement des données ;
- des composants de la chaîne B (filtres, amplificateurs, enceintes acoustiques) adaptés aux besoins de la reproduction sonore cinématographique (bande passante, dynamique, niveau de bruit, réponse impulsionnelle, etc.) ;
- une acoustique de salle également adaptée aux besoins de la reproduction sonore cinématographique (voir le chapitre 3).

Une fois que ces conditions sont remplies, il peut être admis d'utiliser les égaliseurs afin de compenser les éventuelles insuffisances résiduelles.

En tout état de cause, l'opérateur de réglage doit systématiquement s'interroger sur la qualité de base de la chaîne de reproduction s'il est obligé de surutiliser les réglages de l'égaliseur.

REMARQUE

Les haut-parleurs, c'est de la mécanique. Les membranes se déforment, les suspensions mollissent. Il est primordial de réaliser régulièrement une révision des réglages d'égalisation électroacoustique (au moins une fois par an), et de procéder sans retard au remplacement des haut-parleurs à la moindre défectuosité.

5.2.5 *Amplificateurs*

Les chaînes de reproduction sonore numérique comprennent un minimum de trois canaux d'écran et d'un canal d'ambiance (systèmes 4.1) et un maximum de quatre canaux d'écran et de trois canaux d'ambiance (systèmes 7.1 voies).

Les canaux de base sont :

- voie d'écran gauche ;
- voie d'écran centre ;
- voie d'écran droite ;
- voie d'ambiance.

Ils peuvent être complétés par :

- voie d'écran de renfort de basses ;
- ambiance stéréo ;
- ambiance trois canaux.

Enfin, certains systèmes, reprenant les principes de la reproduction sonore 70 mm sur grands écrans, peuvent utiliser des canaux inter-gauche et inter-droit, situés entre les enceintes acoustiques des canaux gauche et droit et l'enceinte acoustique du canal centre. Ce système permet notamment d'éliminer les « vides sonores » entre les sources latérales et la source centrale, notamment lors d'effets de panoramique. Ce système ne sera utilisable que pour des films dont le mixage de la bande sonore a été réalisé avec ce type d'écoute. À ce jour, seuls les films mixés en 70 mm, ainsi que certains films SDDS© disposent de ce type de mixage. Dolby© est en cours de développement d'une solution pour les films 35 mm. Ces canaux sont disponibles sur les systèmes de cinéma numérique.

Concernant les voies d'écran, il y a lieu de prévoir un amplificateur indépendant par canal (mono-amplification) ou deux amplificateurs (ou un amplificateur double) en cas de bi-amplification.

Pour le canal ambiance, il est aujourd'hui nécessaire de prévoir un amplificateur (au moins) par canal d'ambiance, ils sont attribués comme suit :

- un amplificateur (au moins) pour les ambiances gauche ;
- un amplificateur (au moins) pour les ambiances arrière gauche ;
- un amplificateur (au moins) pour les ambiances arrière droite ;
- un amplificateur (au moins) pour les ambiances droites.

Le nombre exact d'amplificateurs sera déterminé en fonction du nombre de haut-parleurs à alimenter. On doit tenir compte du volume de la salle à sonoriser, du rendement des haut-parleurs et des amplificateurs. Il faut également respecter les critères d'impédance de charge des amplificateurs en connectant les enceintes acoustiques *via* des liaisons série-parallèle.

Enfin, pour le canal renfort de basse, le nombre d'amplificateurs, comme le nombre de haut-parleurs, sera déterminé en fonction du volume de la salle.

Distorsions et bruit de fond doivent être proscrits pour ces équipements.

Il est souhaitable d'utiliser le même type d'amplificateur sur les deux voies de chaque canal, et plus généralement sur l'ensemble des voies d'écran. Les puissances électriques sont fonction des rendements des haut-parleurs et des volumes de salle à sonoriser. Elles ne doivent cependant pas être inférieures à 100 W.

Enfin, les puissances des amplificateurs ainsi que les rendements des enceintes acoustiques devront être sélectionnés de façon à retransmettre sans distorsion ni amputation l'ensemble du message sonore, notamment en réponse en fréquence et en dynamique. Concernant la dynamique, il est cependant conseillé de ne pas surévaluer les puissances disponibles : abondance de bien nuit à la pérennité des tympans !

5.2.6 *Les enceintes acoustiques*

Concernant les modèles d'écran, ils seront au minimum de type 2 voies.

Pour les fréquences basses, il y aura lieu de prendre des haut-parleurs de dimensions adaptées aux volumes des salles et aux niveaux sonores à obtenir. Il ne faudra pas hésiter, si nécessaire, à doubler les haut-parleurs pour les très grandes salles, en veillant bien au respect de la mise en phase entre les haut-parleurs. De même, la réponse impulsionnelle des systèmes devra permettre de rendre convenablement les effets sonores des bandes sons.

Concernant les fréquences aiguës, la principale difficulté consiste à essayer de diffuser loin sans distorsion harmonique. Plusieurs techniques de haut-parleurs sont disponibles.

- **La chambre de compression** : elle a l'avantage de la robustesse mais présente de légères insuffisances, en matière de distorsion harmonique notamment. Les résultats sont cependant globalement satisfaisants.
- **Le tweeter** : il apporte une meilleure finesse dans la définition sonore, mais présente l'inconvénient d'une certaine fragilité, ainsi que des insuffisances de diffusion aux grandes distances.
- **Le tweeter à ruban** : encore plus fin et plus précis que le tweeter à dôme, il présente le même inconvénient pour l'instant de ne pouvoir être utilisé à grande distance (supérieure à 15-20 m).

Il existe enfin de nouvelles technologies pour la diffusion du son : le principe du Line Array. Ce principe utilise des systèmes multi-haut-parleurs, dont le montage spécifique permet une gestion plus cohérente de la propagation des ondes, notamment avec une gestion très précise de la directivité. Ce système, qui est aujourd'hui (2006) de plus en plus utilisé en sonorisation de concert ou en système Public Adress, est peu connu des professionnels du cinéma. Il est cependant promis à un bel avenir, car il est particulièrement adapté à la diffusion cinéma : bonne directivité et bonne homogénéité de couverture. Nous l'avons utilisé dans certaines projections de plein air mais aussi dans certaines salles de festival : Annecy (théâtre et plein air), La Villette (plein air), etc.

Concernant les rendements, la diffusion d'un signal modulé à 80 % du signal de fréquence 1 000 Hz maximal enregistrable sur le support doit permettre d'obtenir en salle un niveau acoustique pour chaque canal de 100 dB(C) sur toute la zone d'implantation des fauteuils.

Enfin, concernant le positionnement des enceintes acoustiques, il y a plusieurs principes à respecter :

✦ Voies d'écran

Les enceintes acoustiques devront être placées le plus près possible de la toile d'écran. Des essais récents réalisés à la CST ont montré que ce positionnement offrait les meilleurs résultats en termes de réponse en fréquence, de réponse impulsionnelle, de directivité et de réponse en phase.

Les supports doivent être amortis mécaniquement, afin de limiter toute transmission mécanique des vibrations (mise en résonance, fuite acoustique vers d'autres salles, etc.).

En hauteur, les enceintes acoustiques seront le plus souvent placées de telle sorte que l'axe acoustique du haut-parleur d'aigu soit placé entre le centre de l'image et le tiers supérieur de l'image. Les trois enceintes seront impérativement placées à la même hauteur.

Le haut-parleur d'aigu sera orienté en inclinaison verticale de telle sorte que son axe acoustique vise le tiers arrière de la zone d'implantation des fauteuils.

✦ Renforts de basses

Placés derrière l'écran, leur positionnement n'est pas *a priori* un gros problème. Toutefois, certains principes doivent être suivis, comme :

- le respect de la phase acoustique avec les haut-parleurs de basses des voies d'écran ;
- le regroupement dans le cas d'utilisation de plusieurs haut-parleurs ;
- l'isolation mécanique des supports.

✦ Ambiance

Ce canal est au départ un canal d'ambiance. Au fur et à mesure des évolutions technologiques, et notamment avec l'apparition du numérique, il devient autant un canal d'ambiance qu'un canal d'effets.

Toutefois, un principe fondamental reste valable : il ne doit pas être possible pour le spectateur de localiser un haut-parleur. Il ne doit pouvoir percevoir (pour l'instant !!!) qu'une zone d'émission, pas un point précis.

Il est donc nécessaire de prévoir un nombre suffisant d'enceintes acoustiques (espacement maximum entre enceintes : 3 m). Il n'est pas nécessaire d'en placer trop à l'avant de la zone d'implantation des fauteuils, afin que, pour l'ensemble des spectateurs, il y ait une réelle séparation entre ce qui vient de l'écran et ce qui vient du canal ambiance. Enfin, elles seront placées en hauteur de façon à ce que le niveau acoustique émis par chaque canal d'ambiance soit le plus homogène possible sur l'ensemble de la salle. Un positionnement aux deux tiers de la hauteur du mur, avec un minimum de 2,50 m, est une solution généralement satisfaisante.

Il peut être admis, pour les salles avec orchestre sous cabine ou sous balcon, que des modèles d'enceintes acoustiques moins puissantes (avec réglage de niveau et amplificateur séparés) soient installés sur cette zone.

5.2.7 *Transfert électroacoustique*

✦ Objet

La reproduction sonore en salle doit être dépourvue de coloration spécifique de la bande sonore. Celle-ci doit être restituée dans son intégralité.

✦ Matériel de mesure

- Un film d'essai de bruit rose type 3 (installations monophoniques).
- Un générateur de bruit rose (le plus souvent intégré au processeur audio).
- Un analyseur de fréquence en temps réel.

✦ Méthode de mesure

✧ Reproduction monophonique

Le film est lu dans le lecteur sonore dans les conditions normales de défilement du film. Le niveau acoustique minimal restitué en salle doit atteindre 85 dB(C), sans avoir atteint le seuil de distorsion de la chaîne sonore (A + B).

✧ Reproduction stéréophonique

Le générateur extérieur est inséré à l'endroit adéquat dans le préamplificateur, ou le générateur interne du processeur est actionné. Le niveau acoustique minimal restitué pour les voies d'écran doit être de 85 dB(C), sans avoir atteint le seuil de distorsion de la chaîne sonore. Les niveaux acoustiques des canaux doivent être équilibrés selon les prescriptions des différents concepteurs de processeurs multiphoniques. La règle habituelle prévoit que les trois voies d'écran soient à des niveaux acoustiques équivalents, la voie d'ambiance mono 3 dB au-dessus, et le canal renfort de basse 5 dB en dessous du canal centre. Une normalisation globale à tous les systèmes est en ligne sur le site de la CST et au chapitre 11 du présent document (CST RT 007-S-2001).

✦ Causes de défaut

Mauvais réglage des correcteurs électroniques disponibles, amplificateurs défectueux, haut-parleurs et enceintes acoustiques défectueux, positionnement des enceintes acoustiques incorrect, acoustique de salle incorrecte, mise en phase acoustique incorrecte entre les haut-parleurs.

Il est fortement déconseillé d'utiliser plusieurs enceintes acoustiques pour la diffusion d'un des canaux d'écran, des problèmes de mise en phase entre les haut-parleurs induisant invariablement des irrégularités, voire des atténuations importantes à certaines fréquences. Si plusieurs enceintes acoustiques sont utilisées pour la diffusion d'un seul canal, il est impératif qu'elles soient placées les unes contre les autres (distance entre enceintes négligeable par rapport à la distance au spectateur le plus proche).

✦ Valeurs spécifiées

	NOMINAL	TOLÉRANCE
Optique monophonique (film type 3)	ISO 7831 A+B type 3	Voir *figure 5.7* ± 3 dB
Optique stéréophonique et numérique	ISO 2969 courbe X	Voir *figure 5.8* ± 3 dB

De plus, le niveau acoustique global ne doit pas varier dans des proportions de plus de 2 dB pour toute la zone d'implantation des fauteuils, y compris entre l'orchestre et le balcon.

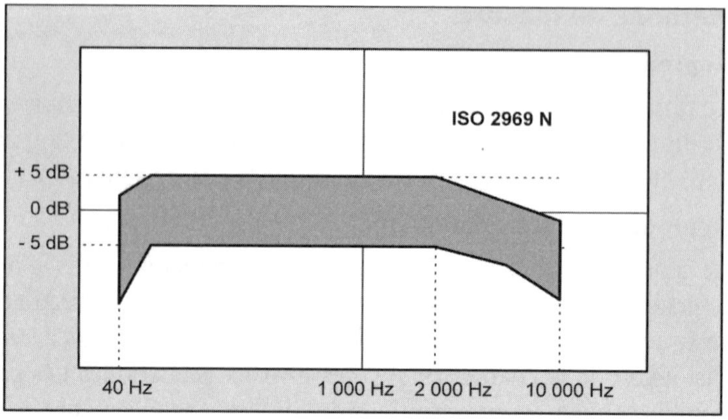

Figure 5.7 – Transfert électroacoustique monophonique, film type 3.

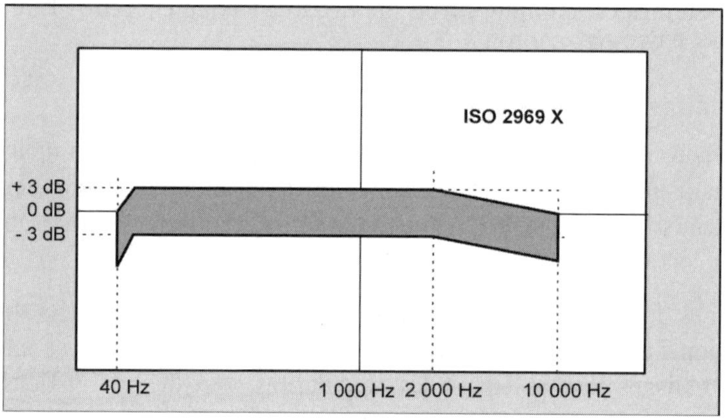

Figure 5.8 – Transfert électroacoustique stéréophonique et numérique.

5.2.8 *Recommandations d'installation*

Un certain nombre de critères d'installation des équipements de reproduction sonore doivent être respectés afin de garantir un rendement optimal des matériels et des systèmes de traitement du signal, ainsi que le rendu des effets sonores créés par les réalisateurs et les ingénieurs du son.

✦ Chaîne A

Les processeurs doivent être placés le plus près possible des projecteurs, la liaison entre la cellule et le préamplificateur devant être la plus courte possible (niveau électrique faible).

Le rack recevant les processeurs devra être correctement ventilé afin d'éviter des échauffements excessifs pouvant occasionner des pannes.

Les alimentations électriques seront correctement isolées. Les circuits de masse seront spécialement étudiés afin d'éliminer tout risque de boucle de masse.

Les systèmes radio-émetteurs (portables, micros HF) seront éloignés des processeurs.

✦ Chaîne B

✧ Amplificateur

Le rack recevant les amplificateurs devra être correctement ventilé.

La puissance électrique des amplificateurs devra être adaptée :

- aux rendements des enceintes acoustiques ;
- au volume de la salle ;
- au traitement acoustique de la salle.

Pour les amplificateurs analogiques, il n'est pas souhaitable d'utiliser des puissances surévaluées, l'amplificateur ne fonctionnant plus dans sa gamme linéaire. Des puissances sous-évaluées entraîneront des phénomènes de distorsion du signal.

Pour les amplificateurs numériques, il est important de faire attention à la réponse impulsionnelle.

En aucun cas, il ne peut être admis en reproduction sonore cinématographique d'utiliser des limiteurs de niveau. En effet, la dynamique générale fait partie intégrale de la création artistique. Il ne peut donc être toléré de la réduire par de quelconques artifices techniques.

✧ Enceintes acoustiques d'écran

Pour les salles possédant un balcon, un doublement du transducteur d'aigu devra être envisagé.

✧ Enceintes acoustiques d'ambiance

Les câbles de raccordement des enceintes d'ambiance devront être ramenés séparément en cabine afin de faciliter le câblage et la mise en impédance des amplificateurs.

Chapitre 6

Projection électronique

Ce guide n'a pas pour objet d'expliquer les technologies.

Il est conseillé au lecteur de se reporter aux nombreux ouvrages rappelant les principes de base de la vidéo, ainsi que ses évolutions, depuis la télévision noir et blanc 819 lignes jusqu'à la télé HD d'aujourd'hui, et aux standards encore à venir (2K, 4K, etc.). C'est un monde en constante évolution, et il serait vain aujourd'hui de vouloir figer ce progrès incessant.

Une chose est certaine : depuis les premières projections vidéo dans les grandes salles (dans les années 1960 pour certaines retransmissions directes notamment), que l'on peut considérer comme la préhistoire de la projection électronique, l'évolution technologique, et en conséquence qualitative, est indéniable. Longtemps parent pauvre de la projection en salle, l'électronique a aujourd'hui rattrapé son retard et propose des résultats techniquement et qualitativement comparables au 35 mm.

Mais proposer de nouvelles solutions techniques, de nouveaux équipements, de nouvelles méthodes de travail ne doit pas faire oublier la gestion au quotidien des équipements.

Lorsque le travail de normalisation sera terminé, un énorme travail de formation sera à entreprendre, notamment pour les projectionnistes, mais aussi pour les techniciens de maintenance.

6.1 Historique

Tout le monde le sait, la pellicule est historiquement le support d'images qui a permis la diffusion et la popularisation du cinéma à travers le monde entier. Pour mémoire, il est intéressant de rappeler que le format 35 mm, à quelques centièmes près, a été proposé bien avant que les frères Lumière n'opèrent leurs premiers tours de manivelle.

Mais une des constantes de nos civilisations occidentales est de toujours avancer, de toujours évoluer, de toujours proposer de nouveaux moyens et de nouvelles solutions.

Après l'argentique, les supports électroniques proposent dès les années 1930, après le développement de la TSF, des solutions pour stocker et transmettre les images.

Des comptes rendus de réunions de 1946 ont été retrouvés dans les archives de la CST. On y évoque déjà l'opportunité de trouver des solutions techniques pour diffuser des œuvres dans les salles de cinéma en utilisant ces nouvelles technologies.

Plus tard, en 1969-1970, on assiste à la fin de la période dorée du cinéma : les grandes salles ferment, le 70 mm n'est plus rentable et la télévision devient un vrai relais pour la diffusion des films. Des réflexions sont alors de nouveau lancées lors de réunions de la CST, notamment à la demande de Jean-Charles Edeline, sur la possibilité d'installer un réseau de salles en vidéo-projection, notamment en utilisant les solutions techniques récemment développées (Eidophore, Général Electric). Lourdeur des équipements, coûts élevés, qualité très insuffisante, support d'enregistrement inexistant, le 35 mm conservait toujours de nombreuses longueurs d'avance sur ces nouvelles technologies.

En 1977, une première tentative de mise en place d'un réseau de salle est proposée, en utilisant des solutions de transmissions par satellite. Mais la qualité n'est toujours pas là et les distributeurs ne suivent pas.

En 1982, une nouvelle proposition (VTS), basée sur le même type de solution technique (satellite et vidéo-projecteur), est concrètement mise en place. Plusieurs dizaines de salles sont équipées de vidéo-projecteurs et d'antennes. Toutefois, les distributeurs de films ne suivent pas (qualité technique insuffisante, risque de piratage des œuvres). Mais le réseau fonctionne quand même, en diffusant dans des zones rurales notamment du spectacle vivant (sport, théâtre, concerts). Ce réseau sera repris quelques années plus tard pour devenir VTHR, qui axera sa programmation sur le spectacle vivant, produisant elle-même les captations. Au milieu des années 1990, VTHR produira ses captations en vidéo haute résolution, première solution de vidéo HD (procédé Thomson 1250). Ce réseau a été repris au début des années 2000 et fonctionne encore en 2006 sous le nom Ciel Écran. Une expérience intéressante a été accumulée sur ces vingt années, permettant notamment d'évaluer les domaines d'application de la vidéo-projection, les limites et les minima qualitatifs à respecter pour que le public adhère, les types de programmes, les difficultés techniques de la diffusion satellite vers sites, la protection contre le piratage, etc.

En 1986, lors de débats avec le ministère de la Culture et le Centre national de la cinématographie, Claude Soulé, alors directeur général de la CST, avait rédigé un rapport à l'intention du ministre précisant que le niveau qualitatif de la vidéo-projection était encore trop insuffisant par rapport au 35 mm pour envisager un remplacement technologique, mais que dans l'état des connaissances, on pouvait estimer que des solutions techniques pertinentes seraient probablement proposées dans la seconde moitié des années 1990 (ce courrier existe encore dans les archives de la CST).

C'est effectivement vers cette époque que Texas Instrument© propose les premières réflexions de mises en application sur l'utilisation du système DMD (*Digital Mirror Device*) et le DLP (*Digital Light Processing*).

À l'été 1999, Alain Rémond, alors directeur France de la société Barco, présente à la CST, dans les usines Barco en Belgique, les premiers prototypes de projecteurs développés autour de cette nouvelle technologie. Il demande alors à la CST d'aider les fournisseurs à définir les conditions techniques et économiques de mise en place de ces solutions dans les salles de cinéma. Tout le monde est alors conscient qu'un vrai pas significatif a été franchi, et qu'enfin une technologie électronique crédible vient proposer une alternative intéressante à la pellicule.

Cependant, le niveau qualitatif reste encore insuffisant (1 280 pixels, contraste encore faible, traitement colorimétrique incomplet) et ne tient pas la comparaison face à la copie d'exploitation 35 mm. Sans parler du prix des équipements, pour des machines qui ne sont que des prototypes.

Alain Rémond suggère donc que la CST crée un groupe de travail qui aurait, entre autres, pour mission de définir quel serait le niveau qualitatif minimal de cette solution technique pour que la profession puisse envisager une transition. Ce groupe est créé à l'automne 1999, lors du Satis, à Paris.

Les critères de réflexion sont simples :

- Il n'y a pas de besoin vital pour l'exploitation d'abandonner le 35 mm pour le numérique. La distribution et l'exploitation proposent des copies et des conditions techniques de spectacle dont le niveau qualitatif est connu et normalisé, avec des points forts et des points faibles, et dont les coûts de fonctionnement sont connus et maîtrisés.
- Il y a un intérêt économique très clair et tout à fait naturel pour les fournisseurs de technologies nouvelles à développer des marchés nouveaux autour de leurs produits.
- Le marché de l'exploitation, même au niveau mondial, est industriellement un tout petit marché (environ 160 000 salles). Par contre, les technologies développées peuvent également être utilisables pour les téléviseurs à écran plat, dont le marché est très conséquent (3 milliards de téléviseurs environ). L'équipement de salles de cinéma peut ainsi être, entre autres, considéré comme un outil de promotion, ce qui en soi est tout à fait respectable dans un monde économique libéral.

Au-delà de ces aspects économiques, la profession pose lors des réunions de ce groupe de travail les bases minimales qui doivent être prises en compte lors de la définition des critères de la projection numérique :

- Au-delà de la technique, la salle de cinéma est d'abord un lieu de spectacle où l'on présente des créations artistiques qui ne doivent en rien être dénaturées ou modifiées par l'outil de diffusion.
- L'outil de transport ou de diffusion n'est qu'un moyen, pas une fin en soi.
- L'ensemble des partenaires de la chaîne de production, de postproduction et de diffusion demande que toute nouvelle technologie propose des solutions techniques dont le niveau de qualité soit au moins équivalent à la copie d'exploitation 35 mm, et si possible meilleurs, notamment sur les points faibles du 35 mm.

Dès le départ de ce groupe de travail, les participants ont été conscients que l'évolution était en marche et que la technique électronique avait trouvé l'alternative au 35 mm. Mais une forte opposition s'est créée autour de deux conceptions de la transition :

- Certains préconisaient qu'il était nécessaire et utile de proposer le plus vite possible des solutions de diffusion des films en salle, même si le résultat qualitatif n'était pas encore là. Des arguments portant notamment sur la possibilité de diffuser des œuvres dont les moyens de production ne permettent pas de tirer plusieurs copies 35 mm ont été mis en avant.

- D'autres demandaient que l'on prenne le temps de bien définir les critères minima à respecter, et de demander aux industriels de faire évoluer leurs solutions techniques pour qu'elles atteignent ces minima. À partir de là, les solutions économiques pourraient être recherchées avant une mise en place d'une technologie qui aurait alors apporté un vrai plus à l'exploitation, à la distribution, et donc au cinéma en général.

De nombreuses crispations intellectuelles ont perturbé et ralenti le débat, le ramenant parfois au simple niveau des Anciens et des Modernes. Or, le problème n'était pas d'ordre technologique, mais artistique. On ne fait pas de la technique dans une salle de cinéma, mais du spectacle. Donc, peu importe le support, pourvu que ce que l'on offre au spectateur soit ce que l'on sait faire de mieux. Jusqu'en 2005, le 35 mm était en avance. Depuis 2005, la technologie numérique est tout à fait capable de proposer aussi bien, sinon mieux. Et plus personne ne doute que, dans un avenir proche, elle n'atteigne la qualité du 70 mm (nous en reparlerons plus loin).

Une autre difficulté du débat a été d'intégrer que la réflexion ne pouvait être la même pour la France et pour les autres pays. La France dispose :

- d'un tissu de salles pénétrant profondément le pays, autant citadin que rural ;
- de la plus puissante industrie cinématographique en Europe, produisant de très nombreux films de toutes catégories ;
- d'un réseau dense et diversifié de distributeurs ;
- d'une organisation administrative centrée autour du Centre national de la cinématographie, qui gère notamment les autorisations d'exercice des salles ainsi que le fond de soutien à l'industrie cinématographique, puissant levier économique qui assure un refinancement important de l'ensemble des métiers ;
- d'un organisme technique, la CST, support technique du CNC, qui définit des recommandations techniques et qui participe à l'élaboration de normes.

Cet ensemble de structures participe au fait que la projection des films en France est considérée comme étant globalement la meilleure au monde au niveau qualitatif. D'autres pays n'ont pas la même problématique, et donc pas nécessairement la même demande par rapport à une alternative au 35 mm. La Suède souhaite pouvoir alimenter facilement ses salles du Grand Nord en hiver. La Chine désire profiter de son décollage économique pour passer directement de salles très archaïques à des salles en numérique, en zappant l'étape de mise à niveau 35 mm réalisée dans les pays occidentaux durant les années 1990, avec les multiplexes. L'Angleterre souhaite pouvoir diversifier sa programmation et recréer un tissu de salles ailleurs que dans les grands centres urbains.

À Noël 1999, GBVI (merci Christophe Lacroix) et Gaumont, en liaison avec Texas Instrument© et Barco, installent dans la grande salle du Gaumont Aquaboulevard à Paris un projecteur numérique de première génération pour la projection de *Toy Story.*

La création du groupe de travail CST et cette projection à l'Aquaboulevard sont les deux éléments fondateurs de la réflexion française sur la projection numérique.

Les grandes étapes, notamment pour la France, seront les suivantes :

- **Novembre 1999 – mai 2001** : débats, essais, consultation des développements à l'étranger, notamment en liaison avec la SMPTE aux USA.
- **Septembre 2000** : projection comparative 35 mm/numérique, organisée par la CST lors du congrès de la Fédération nationale des cinémas français, à Poitiers.
- **Mai 2001** : publication lors du festival de Cannes 2001 des recommandations techniques CST 1re version (RT 004), aujourd'hui dénommées « Projection électronique hors cinéma numérique », basées sur la résolution 1 280 pixels. Cette recommandation a été rédigée non pas pour définir directement la qualité cinéma numérique, mais pour indiquer les buts à atteindre, tout en permettant des premières expérimentations en vraie grandeur en exploitation commerciale, avec les équipements alors disponibles sur le marché.
- **Septembre 2001** : création par le Centre national de la cinématographie d'un groupe de travail portant sur les aspects politiques et économiques de l'arrivée des solutions numériques en distribution et en exploitation.
- **Mai 2002** : lors du festival de Cannes, premières projections avec support numérique de trois films, avec une tête de projecteur Barco D Ciné Première Mark 7 (technologie 1280, dite 1,3K), sur console Kinoton avec un brûleur de 7 000 W :
  Star Wars 2 : fichier fourni sur support LTO, transféré sur serveur EVS Ciné-store solo au format MPEG2-MP@HL. Image CinémaScope de 14,10 m de base, luminance à 35 cd/m^2.
  Spirit : transport et projection à partir de serveurs QuVis, avec compression propriétaire QuVis. Pour l'anecdote, un orchestre était installé sur la scène sous l'écran, pour la diffusion des chansons du film, avec Robbie Williams.
  Russian Arc : transport et projection à partir d'un magnétoscope Sony HDCam. Ce film, constitué d'un plan unique avec mise en scène dans le

musée de l'Ermitage à Saint-Pétersbourg, a été projeté en numérique afin que le plan unique ne soit pas perturbé par les enchaînements de bobines.

- **Mai 2003** : lors du festival de Cannes, projections avec support numérique de deux films, avec une tête de projecteur Barco DP 50 (technologie 1280, dite 1,3K), sur console Kinoton avec un brûleur de 7 000 W :
  Les Temps modernes, après restauration : transport et projection à partir d'un magnétoscope Panasonic D5. Lors des répétitions, une projection comparative montre les quelques petites insuffisances subsistant sur le numérique : grain, profondeur de champ notamment.
  Ghost of the Abyss : projection en relief, sur une image de 18 m de base, à partir de deux projecteurs Barco R18 technologie 1,3K et de serveurs Dorémi Domino.
- **Décembre 2003** : publication d'une mise à jour de la recommandation de 2001 (recommandation CST RT 002), intégrant l'arrivée sur le marché de projecteurs utilisant des matrices de résolution 1 920 pixels.
- **Mai 2004** : lors du festival de Cannes, projection avec support numérique de *Shreck 2*, avec un projecteur Barco 2K, un fichier sur serveur Avica et un lecteur Panasonic D5 en secours. Pour information, jusqu'en 2006, les projections numériques de Cannes ont été assurées avec une copie 35 mm défilant en aveugle, décalée d'environ 1 minute.
- **Juin 2004** : création du groupe de normalisation Afnor ayant pour objet de définir une norme française portant sur les équipements techniques de projection dans les salles de cinéma, et portant sur la définition du terme « cinéma numérique ».
- **Juillet 2005** : publication par le DCI, organisme regroupant les principales majors américaines, de spécifications techniques très complètes sur les critères de préparation et de diffusion des œuvres sur support numérique, avec appellation cinéma numérique. Ces spécifications définissent notamment le niveau qualitatif minimum de l'image et du son, mais aussi toutes les procédures liées au transport des films, et notamment leur protection contre le piratage.
- **Septembre 2005** : validation par le groupe de travail Afnor, dirigé par la CST, du projet de normalisation Afnor sur la projection numérique.
- **Juin 2006** : publication au *Journal officiel* de la norme Afnor NF S 27-100 « Salle de projection électronique de type cinéma numérique ».
- **Septembre 2006** : publication du rapport Goudineau, qui liste l'avancement des travaux autour des solutions numériques, et qui propose des solutions d'encadrement technique et juridique.

Aujourd'hui, la recommandation initiale de 2001 est conservée en référence pour des programmations de type événementiel ou spectacle.

La norme Afnor NF S 27-100 a pour vocation d'être le texte de référence pour les avis techniques que la CST délivrera au CNC dans le cadre des quitus techniques nécessaires à l'obtention de l'autorisation d'exercice de l'exploitation. Elle est également le texte de référence concernant les avis techniques que la CST émet vers le CNC sur les dossiers d'aides sélectives et de fond de soutien.

Ce chapitre traite de l'ensemble des caractéristiques qui régissent la projection des films à partir de supports électroniques et au moyen de technologie électronique de restitution de l'image.

Tout comme pour la projection 35 mm, nous n'évoquerons pas ici le descriptif des technologies utilisées et utilisables, mais seulement les résultats à obtenir et les moyens de contrôle et de réglage à mettre en œuvre.

6.2 Rappels sur la qualité

On trouvera ici un rappel des définitions sur la qualité, extrait d'une note technique CST (« CST – P – NT 001 – 2002 - Définitions portant sur la qualité de la projection des images - 20 décembre 2002 »), rédigée dans le cadre du groupe de travail du Centre national de la cinématographie sur le cinéma numérique. Cette note est disponible sur le site de la CST.

6.2.1 *Objectifs techniques*

La qualité première d'un système de projection est d'être le plus neutre possible.

Ainsi, pour les projecteurs 35 mm :

- Ils doivent permettre la projection sans altération d'une copie tirée, dans les meilleures conditions et sur le meilleur support physique, d'un négatif original.
- Pour des raisons évidentes d'optique, on sait que, dans ces conditions, les copies 35 mm de moindre qualité (tirées d'un inter-négatif par exemple) seront intégralement respectées.

Pour les projections électroniques de type cinéma numérique :

- Ils doivent permettre la projection sans altération d'une copie numérique tirée, dans les meilleures conditions, d'un DCDM (*Digital Cinema Distribution Master*).

- Les précautions nécessaires seront prises pour que les fichiers de moindre qualité sur l'un des six critères décrits ci-dessous puissent être lus et diffusés sans altération (notamment algorithme d'adaptation des résolutions natives des sources à celle de la matrice de diffusion).

6.2.2 *Critères de base*

On doit au minimum utiliser les six critères suivants pour définir la qualité technique d'une image projetée :

✦ Luminance des images

Elle correspond à un rapport de la puissance de la source lumineuse (intégrant le rendement de l'ensemble du système) et de la surface d'image à éclairer. On trouvera en annexe un tableau de référence de correspondance. Elle est complétée par des notions d'uniformité d'éclairement de toute la surface d'image.

✦ Résolution des images

Elle définit la finesse des détails qui peuvent être projetés. Elle dépend entre autres du niveau de luminance et du niveau de contraste. En projection 35 mm, elle s'exprime en paires de traits par mm (sur la pellicule) en vertical et en horizontal, lisibles sur l'écran. En projection électronique, elle s'exprime en nombre de lignes (sens vertical) et en nombre de pixels par ligne (sens horizontal).

✦ Surface utilisée sur la matrice

Pour la projection numérique, il est nécessaire que la surface de matrice utilisée en fonction de chaque format d'image corresponde au moins à la surface nécessaire à la reproduction de 2 048 × 1 080 pixels. Pour les matrices 1920, on utilisera toute la surface de matrice, en plaçant un anamorphoseur devant l'objectif pour obtenir le rapport d'image voulu, le fichier étant lui-même compressé en conséquence. Pour les matrices de résolution supérieure, on utilisera au moins la surface correspondant à 2 048 × 1 080 pixels.

✦ Contraste

C'est le rapport entre le noir et le blanc du système de projection. Plus ce rapport est important, plus la gamme des nuances de lumière peut être précise.

✦ Colorimétrie

C'est la faculté du système de projection de respecter la gamme des couleurs définie lors de la validation en projection de l'étalonnage (les équipements de projection des salles de validation d'étalonnage doivent également répondre aux critères de la prescription CST sur le cinéma numérique). Une méthode simplifiée de mesure consiste à évaluer la température de couleur du système de projection en valeur globale.

✦ Étalonnage

Le type de fichier de transmission, équivalent au PAD de la télévision, est primordial pour la définition de la qualité finale en projection électronique. Dans tous les cas, les images doivent être étalonnées pour une projection sur écran (dans une salle noire). Pour les films récents, cet étalonnage devra être validé par la production du film.

6.3 Normes et recommandations

6.3.1 *Définitions de la « salle de cinéma numérique »*

Les informations données ci-dessous sont extraites de la norme Afnor NF S 27-100. Cette norme constitue en effet une synthèse complète des réflexions de l'ensemble de la profession, nationale, européenne et internationale. Sa compatibilité avec les recommandations DCI, qui devraient aboutir à une normalisation internationale, est complète.

Cette norme est en fait une commande de la part du Centre national de la cinématographie, qui avait besoin d'un tel texte de référence, notamment dans le cadre des autorisations d'exercice. Elle est la prolongation juridique des recommandations techniques éditées par la CST.

Le groupe de travail de l'Afnor a volontairement limité son travail à la définition technique et qualitative des équipements de projection (serveur et projecteur). On trouvera donc ci-dessous les valeurs minima qui devront être respectées par les équipements des salles de cinéma équipées en matériel de projection électronique afin de répondre à l'appellation « **cinéma numérique** ».

Le groupe n'a pas traité des fichiers, ni du transport de ces fichiers. Ce domaine relève de la compétence des ayants droit des œuvres, qui sont les seuls habilités à décider du niveau de qualité dans lequel elles doivent être fournies aux salles pour projection, et ne peut être défini qu'au niveau international, afin de garantir l'interopérabilité nécessaire au développement du numérique, atout majeur de la copie 35 mm.

L'exploitant doit donc offrir un « tuyau » de qualité « cinéma », équivalente au moins à celle du 35 mm, mais le distributeur peut lui fournir n'importe quel niveau de qualité. Aujourd'hui, en 2006, la majorité des distributeurs, notamment les plus puissants, se positionnent sur le niveau « 2K », mais il n'y a pas d'obligation pour eux.

Les deux définitions suivantes, extraites de la norme, précisent la différence faite dans la norme entre le niveau « cinéma numérique », au moins égal, voire supérieur au support argentique 35 mm, et les autres solutions de projection électronique, n'atteignant pas ce niveau sur un ou plusieurs critères.

Enfin, la norme indique le niveau d'entrée à la qualité « cinéma numérique », et reste ouverte pour toutes les évolutions futures dont le résultat serait supérieur à celui qu'elle définit :

> « **Projection électronique**
>
> Projection d'un flux d'images à partir d'un signal électrique ou optique, analogique ou numérique.
>
> *NOTE : le terme « optique » s'entend au sens transmission par fibre optique.*
>
> **Projection cinéma numérique**
>
> Projection électronique d'un signal de type numérique, et répondant aux critères minima de qualité définis dans le présent document. »

Les objets et les méthodologies tiennent compte des quelques évolutions déjà observées sur les possibilités techniques depuis que la norme a été rédigée. On trouvera par ailleurs dans le texte intégral des informations importantes qui permettent de bien comprendre les objectifs de cette norme.

6.3.2 *Luminance des images*

✦ Objet

Afin de restituer l'ensemble des nuances d'éclairement recherchées par les directeurs de la photographie (brillance, contraste, densité des couleurs, etc.) et restituées sur la pellicule par les étalonneurs, il convient de respecter à la projection un flux lumineux de référence dont tiennent également compte tous les intervenants antérieurs à la projection : réalisateurs, directeurs de la photographie, laboratoires, etc.

✦ Méthode de mesure

Une mire d'un blanc à 100 % est utilisée sur toute la surface des images. Le relevé s'effectue au moyen d'un luminancemètre ayant un angle de mesure de 1° (référence ISO/CIE 10527). L'observateur se place au tiers arrière de la zone d'implantation des fauteuils, dans l'axe de l'écran. Dans le cas de l'utilisation d'écrans directifs, la mesure sera renouvelée de part et d'autre de l'axe de l'écran, à une distance équivalente au tiers de la largeur du rang.

L'observation est réalisée au centre de l'image.

✦ Valeur normalisée

NOMINAL	TOLÉRANCE
48 cd/m^2	25 à 60 cd/m^2

6.3.3 *Écart de luminance*

✦ Objet

Les équipements utilisés ne doivent induire ni concentration excessive de l'énergie lumineuse en un point, ni manque de luminance en un point particulier. L'écart entre le point le plus lumineux et le moins lumineux ne doit pas excéder une certaine valeur.

✦ Matériel de mesure

- Un luminancemètre étalonné, avec champ angulaire de 2° maximum et une sensibilité spectrale conforme à celle de l'observateur de référence défini par la Commission internationale de l'éclairage en 1924.

✦ Méthode de mesure

Une zone dont les dimensions représentent 90 % des dimensions de l'image est définie. Dans cette zone, les valeurs de luminance minima et maxima sont relevées.

$$\text{Écart (\%)} = 100 - \left(\frac{L_{\text{min}}}{L_{\text{max}}} \times 100\right)$$

✦ Valeur normalisée

NOMINAL	TOLÉRANCE
≤ 25 %	Maximum

6.3.4 *Résolution des images*

✦ Objet

Il s'agit de définir quelle sera la résolution optimisée que le projecteur pourra fournir et qui doit être au moins équivalente à celle proposée par les copies 35 mm.

✦ Méthode de mesure

La méthodologie reste encore à préciser à ce jour (septembre 2006). La solution sera de faire évaluer par un observateur humain une mire, qui reste encore à définir.

✦ Valeur normalisée

DESCRIPTIF	NOMINAL
Nombre minimal de pixels par ligne du projecteur à matrices	⩾ 2 048 pixels par ligne, appelé 2K
Nombre minimal de lignes de la matrice	⩾ 1 080 lignes
Projection sur l'écran	La résolution minimale définie ci-dessus doit être reproduite sur l'écran, avec une tolérance d'amputation de 2 % par bord, mesurée au centre

PROJECTION DES DIFFÉRENTS FORMATS D'IMAGE

Lorsque le format d'image est supérieur au rapport de la matrice, toute la matrice est utilisée et un objectif anamorphique adapté est positionné devant l'objectif primaire.

Lorsque le format d'image est inférieur au rapport de la matrice, toute la hauteur de la matrice est utilisée et seule la largeur correspondante est utilisée.

Le format d'image décrit dans les deux alinéas ci-dessus est défini à la postproduction. Les dispositions prises lors de la finalisation du master doivent être respectées (voir *figure 6.1*, page suivante).

6.3.5 *Rapport de contraste*

✦ Objet

Il s'agit de calculer le ratio entre la luminance d'une image totalement noire (0 % sur toute la surface) et la luminance d'une image totalement blanche (100 % sur toute la surface).

✦ Méthode de mesure

La mesure est effectuée en lumière réfléchie, donc en luminance, au moyen d'un luminancemètre suffisamment sensible (référence CIE S002). La mesure est effectuée au centre de l'image en alimentant successivement le projecteur avec une image uniformément noire (0 % de modulation), puis blanche (100 % de modulation).

✦ Valeur normalisée

NOMINAL	TOLÉRANCE
⩾ 2 000	⩾ 1 200

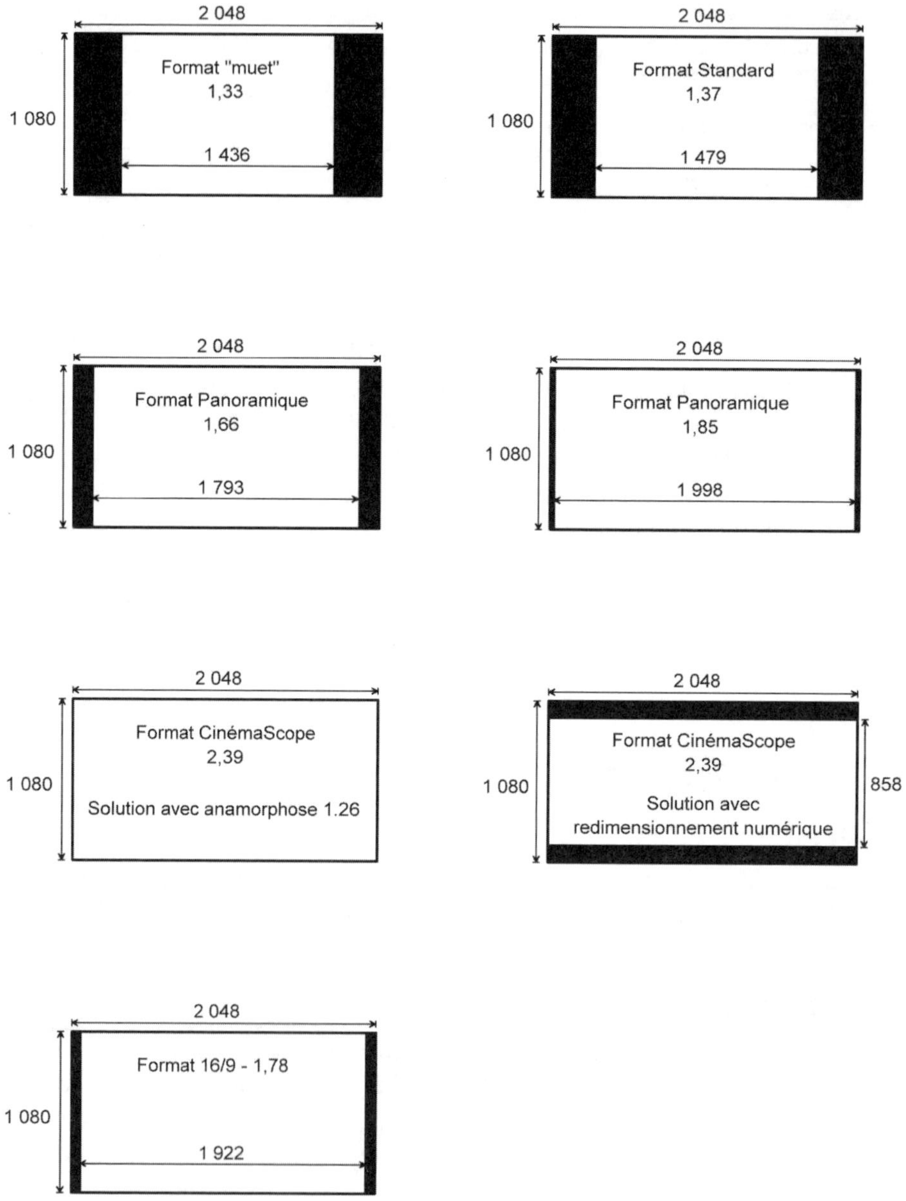

Figure 6.1 – Utilisation des matrices en fonction du format d'image.

6.3.6 *Taux de lumière parasite résiduelle*

✦ Objet

Il s'agit d'évaluer le niveau de lumière parasite émis par les sources « annexes » de lumière : réflexions sur les parois, balisage, lumières extérieures, etc.

✦ Méthode de mesure

Lors de la projection d'une mire de blanc 100 %, on insère dans le faisceau de projection une surface totalement opaque. Cet objet est inséré de telle sorte que l'ombre portée de cet objet provoque au centre de l'écran une surface non éclairée correspondant à 10 % de la surface de l'image considérée. La brillance de cette surface est alors relevée avec un luminancemètre de précision (référence CIE S002) au centre de cette surface. Puis elle est comparée à la luminance du blanc 100 % au même point.

✦ Valeur normalisée

NOMINAL	TOLÉRANCE
< 1 %	Maximum

6.3.7 *Référence du point blanc*

✦ Objet

Il s'agit de donner les coordonnées du point blanc dans l'espace colorimétrique.

✦ Méthode de mesure

La mesure s'effectue en projetant une mire de blanc 100 % sur toute la surface de l'image. La mesure sera réalisée dans tous les rapports d'image prévus, au centre de l'image. On utilisera pour cela un spectrophotomètre adapté à la mesure sur des images de type électronique.

✦ Valeur normalisée

NOMINAL	TOLÉRANCE
X = 0,314 Y = 0,351	± 1 % ± 1 %

6.3.8 *Espace colorimétrique*

✦ Objet

Il s'agit de valider les coordonnées des trois couleurs de référence, et ainsi de définir l'espace colorimétrique dans lequel les images seront traitées.

✦ Méthode de mesure

La mesure s'effectue en projetant trois mires de référence, dans chacune des couleurs de base R (1,0,0), V (0, 1, 0) et B (0, 0, 1) (valeurs 3 794, 3 960 et 3 890 dans l'espace XYZ). On utilisera pour cela un spectrophotomètre adapté à la mesure sur des images de type électronique.

✦ Valeur normalisée

Couleur	Valeur x	Valeur y
Rouge (1, 0, 0)	0,680	0,320
Vert (0, 1, 0)	0,265	0,690
Bleu (0, 0, 1)	0,150	0,060

6.3.9 *Lecteurs sources*

✦ Objet

La cabine de projection devra disposer d'au moins un appareil de stockage et de restitution des œuvres fournies au standard 2K. La présence de ce serveur n'empêche pas la présence d'autres sources vidéo, mais elle est nécessaire à la qualification de « cinéma numérique ».

✦ Spécifications

- Résolution minimale : 2 048 × 1 080 pixels.
- Cadencement : le système devra au moins pouvoir reproduire les cadencements 24p et 48p.
- Profondeur d'analyse colorimétrique : 12 bits, 4:4:4 RVB ou X′Y′Z′.
  Cela signifie que chaque pixel est analysé dans les 3 couleurs (4:4:4), avec une profondeur de quantification de 12 bits (2^{12}, soit 4 096 niveaux par couleur, soit 68 719 476 736 nuances), et dans l'espace colorimétrique le plus grand.
- La compression des fichiers numériques, utilisée pour le transport, ne devra pas générer de détérioration visible. Cela signifie que l'image animée reconstruite après décompression ne présentera pas de différences perceptibles par rapport à son original, lorsqu'elle est observée par un spectateur dans les conditions habituelles de projection.

6.3.10 *Reproduction sonore*

L'ensemble des dispositions présentées dans le chapitre 5 sur la reproduction sonore s'applique à la reproduction des pistes sonores associées aux images numériques.

6.3.11 *Fichiers audio*

Le son est de type non compressé, échantillonné à 48 ou 96 kHz, et quantifié en 24 bits.

La répartition des canaux respectera le *tableau 6.1* (source SMPTE).

Tableau 6.1

Affectation Paire AES	N° canal	Dénomination	Localisation
1/1	1	L/gauche	Canal gauche écran
1/2	2	R/droit	Canal droit écran
2/1	3	C/centre	Canal centre écran
2/2	4	LFE/écran	Canal renfort de basse d'écran
3/1	5	Ls/ambiance gauche	Canal latéral gauche
3/2	6	Rs/ambiance droite	Canal latéral droit
4/1	7	Lc/centre gauche écran	Canal intermédiaire gauche (en 7.1)
4/2	8	Rc/centre droit écran	Canal intermédiaire droit (en 7.1)
5/1	9	Cs/ambiance centre	Canal ambiance sur mur arrière
5/2	10	Ambiance de plafond	Canal ambiance situé au plafond

6.3.12 *Glossaire*

Le glossaire ci-dessous est issu d'une note d'information distribuée par la CST notamment lors du congrès de la Fédération nationale des cinémas français en septembre 2006 à Lyon.

2K : format d'image (2 048 pixels sur 1 080 lignes).

4K : format d'image (4 096 pixels sur 2 160 lignes).

8 bits, 10 bits, 12 bits, 14 bits : profondeur d'analyse de chaque couleur primaire de chaque pixel, qui peut prendre une valeur parmi un choix de respectivement 256, 1 024, 4 096 et 16 384 nuances possibles.

Clé primaire : clé de cryptage associée au DCP, permettant de gérer le cryptage de ce fichier.

DCDM (***Digital Cinema Distribution Master***) : original de distribution contenant toutes les données pour une projection (image, son, sous-titres). Peut être assimilé à l'inter-négatif 35 mm.

DCP (***Digital Cinema Package***) : cette copie numérique d'exploitation est un fichier compressé et crypté envoyé aux salles.

JPEG 2000 : algorithme de compression de données, issu de la photographie et permettant une compression sans perte visible d'informations. Cela signifie que l'image animée reconstruite après décompression ne présente pas de différences perceptibles par rapport à son original, lorsqu'elle est observée par un spectateur dans les conditions habituelles de projection.

KDM (***Key Delivery Message***) : clé définissant les possibilités d'utilisation d'un DCP dans une salle donnée et pour une période donnée.

Logs : fichier chronologique d'enregistrement du fonctionnement des équipements, intégrant les éventuelles atteintes à la sécurité.

XYZ : primaires de l'espace colorimétrique capable de représenter l'ensemble des couleurs visibles.

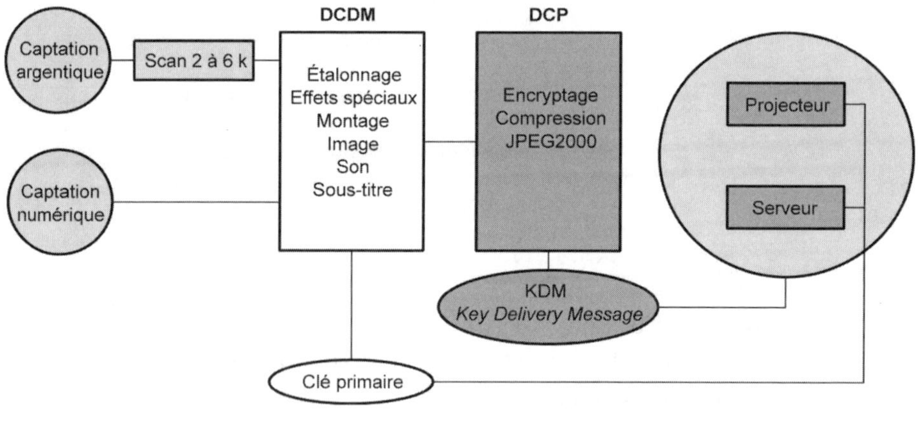

Figure 6.2 – Chaîne du cinéma numérique.

Partie C

Usages techniques de la salle de cinéma

Chapitre 7

Synoptiques

7.1 Composition de base d'une cabine de projection

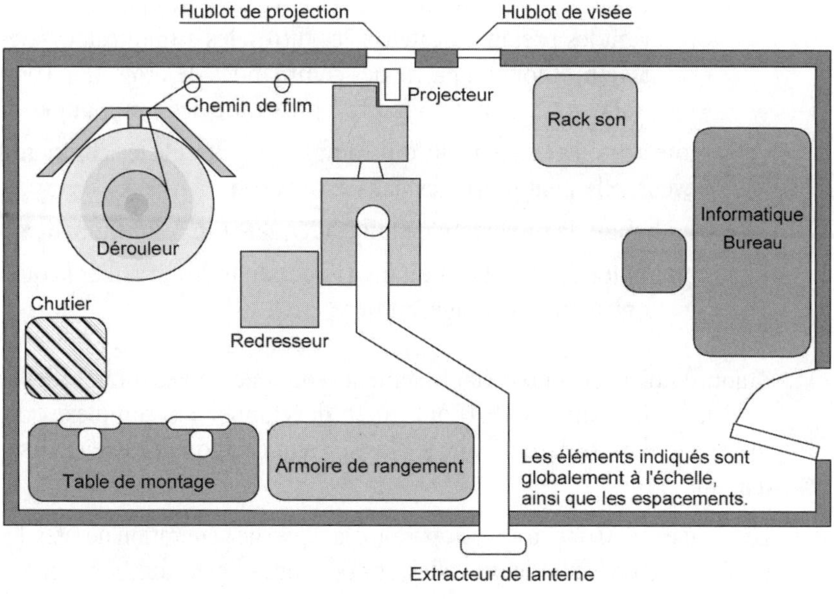

Figure 7.1 – Composition de base d'une cabine de projection mono-salle.

Pour pouvoir être utilisée dans des conditions optimales, une cabine de projection doit répondre à différents critères de superficie, d'accès et d'équipements de base. Ces éléments de base sont :

- un projecteur 35 mm comprenant un chemin de film pour la projection des images et pour la lecture des sons, avec le mécanisme d'entraînement du film, et une lanterne de projection avec brûleur au xénon et miroir ;
- un redresseur de courant permettant d'alimenter le brûleur de lanterne ;
- un dérouleur grande capacité, soit horizontal, soit vertical, permettant de projeter des films long métrage sans interruption ;
- un chemin de film reliant le dérouleur au projecteur ;
- une table de montage pour la mise en place du film, ou le reconditionnement après exploitation ;
- une armoire de rangement recevant les pièces de rechange, les outils et matériels nécessaires à la maintenance, les objectifs non utilisés pour la projection en cours, les documentations techniques, etc. ;
- un bureau permettant au responsable de cabine de compléter un cahier de cabine décrivant l'ensemble des interventions techniques sur les équipements de projection : pannes, interventions, suivi des éléments « consommables », remplacements, projections ou événements particuliers, etc. ;
- un rack son, qui peut être dédoublé suivant l'importance de l'installation, recevant les préamplificateurs, les filtres, les amplificateurs, les borniers de connexion, et tout ou partie des commandes de projection (projection, éclairage salle, son). Ce rack son sera à proximité des commandes du projecteur ;
- une armoire de contrôle, qui complète ou double les commandes de cabine éventuellement présentes dans le rack son ;
- un hublot de projection de taille adéquate (au minimum 40 × 30 cm) ;
- un hublot de visée permettant à l'opérateur de surveiller la qualité de la projection (netteté, cadrage, lumière, etc.).

Aujourd'hui, beaucoup d'établissements sont encore des monosalles (environ 50 % des sites). Les années 1970 ont vu se développer les complexes de centre ville, imbriqués dans le tissu urbain, le plus souvent issus du découpage des grandes salles d'antan.

Les années 1990 ont vu alors apparaître la nouvelle génération de sites, les multiplexes, implantés en périphérie des villes, sur des zones libres, aux contraintes d'urbanisme limitées.

✦ Projection numérique

Lorsque l'évolution vers le numérique sera réalisée, le projecteur numérique aura remplacé le projecteur 35 mm, et le serveur aura remplacé le dérouleur. Les autres éléments seront équivalents, avec quelques adaptations.

Dans la période transitoire, les cabines devront être assez spacieuses pour héberger les deux projecteurs (*figures 7.2* et *7.3*, page suivante).

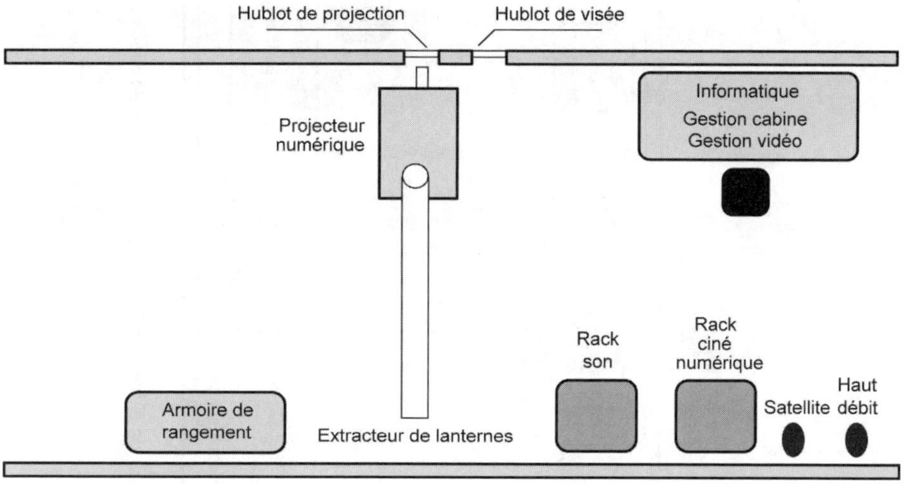

Figure 7.2 – Composition de base d'une cabine de projection numérique.

7.2 L'alimentation électrique

L'alimentation électrique des cabines doit répondre à un certain nombre de critères qui permettront un bon fonctionnement de l'ensemble des équipements.

7.2.1 *Puissance*

Il n'y a pas de règle spécifique pour définir la puissance nécessaire. Ce calcul doit être effectué une fois que le cahier des charges des équipements est complété.

Cependant, on peut prendre comme première base, pour une cabine 35 mm, la puissance électrique du brûleur de lanterne. Cette valeur donne beaucoup d'indications sur les dimensions de la salle, et donc sur les besoins en puissance électrique, avec la puissance de brûleur, on a une dimension moyenne d'écran, donc une dimension moyenne de salle).

Un calcul rapide donne que, si l'on prend *P* la puissance électrique du brûleur, la puissance globale d'alimentation de la cabine (hors éclairage de salle) vaudra

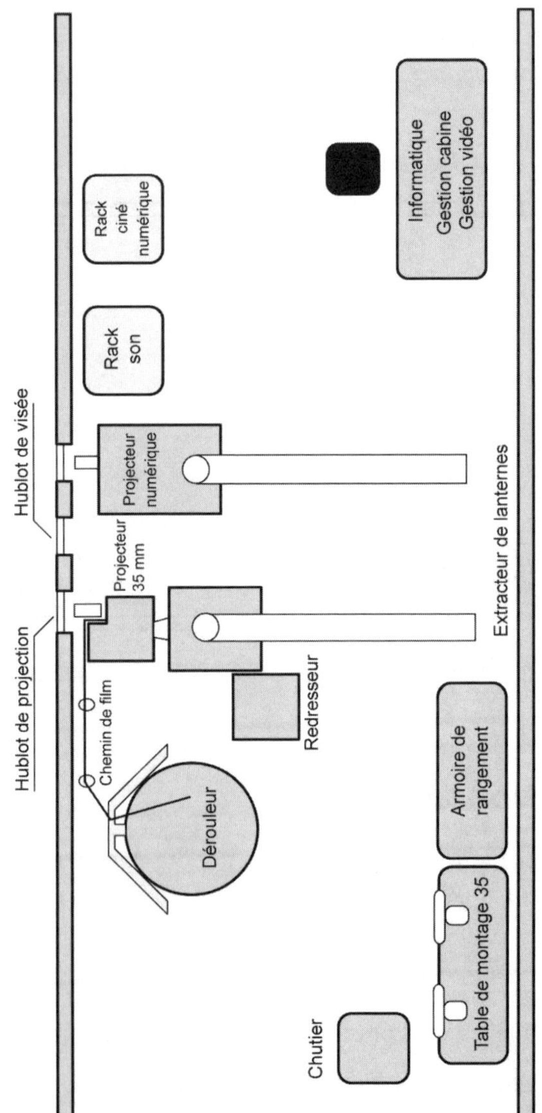

Figure 7.3 – Composition de base d'une cabine de projection 35 mm ou numérique en multiplexe.

globalement 2 à 2,5 fois *P*. Ceci n'est qu'une première approche, qui devra bien sûr être affinée.

7.2.2 *Répartition*

On trouvera en *figure 7.4* un schéma de base de la répartition d'alimentation électrique. Il est bien sûr important de respecter l'ensemble des règles techniques et légales en la matière (notamment l'installation sur chaque départ de différentiels appropriés).

Il sera également important de prévoir un départ spécifique et correctement isolé de l'alimentation de la chaîne son, afin d'éliminer toutes les possibilités de transmission de parasites électriques, la chaîne sonore y étant très sensible. Cette précaution est également à prendre vis-à-vis des alimentations des systèmes informatiques.

Concernant les équipements informatiques, et plus particulièrement les serveurs de la projection cinéma numérique, il est nécessaire de prévoir des onduleurs, qui permettront d'optimiser la stabilité d'alimentation électrique.

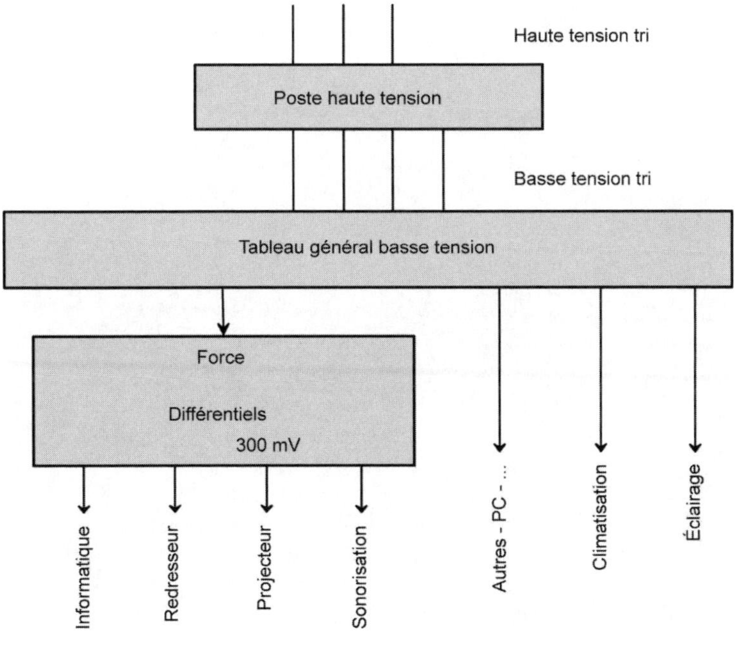

Figure 7.4 – L'alimentation électrique – Schéma de base.

Chapitre 8

Chaîne image

8.1 La chaîne image 35 mm

La chaîne « lumière » de la projection est composée des éléments suivants :

- **un brûleur** basse tension (de 20 à 45 V continu selon la puissance) à atmosphère de xénon ;
- **un filtre catathermique**, qui réfléchit les rayonnements infrarouges vers un radiateur thermique ;
- **un obturateur** permettant la succession d'images fixes (voir plus loin) ;
- **un couloir de projection** avec son presseur, guidant et positionnant le film devant le faisceau lumineux ;
- **une fenêtre de projection** délimitant la surface de pellicule à éclairer, en fonction du format d'image ;
- **un objectif de projection**, permettant d'agrandir les images aux dimensions de l'écran ;
- **un hublot** de projection ;
- **une toile d'écran** ;
- **un miroir elliptique** de type froid : plaçant le brûleur au 1er foyer du miroir elliptique, la lumière réfléchie par la surface du miroir est concentrée au second foyer du miroir elliptique. La surface du miroir est traitée de telle sorte qu'elle se laisse traverser par les rayonnements infrarouges dont les calories sont stockées au niveau d'un radiateur thermique. On réduit ainsi l'échauffement de la pellicule.

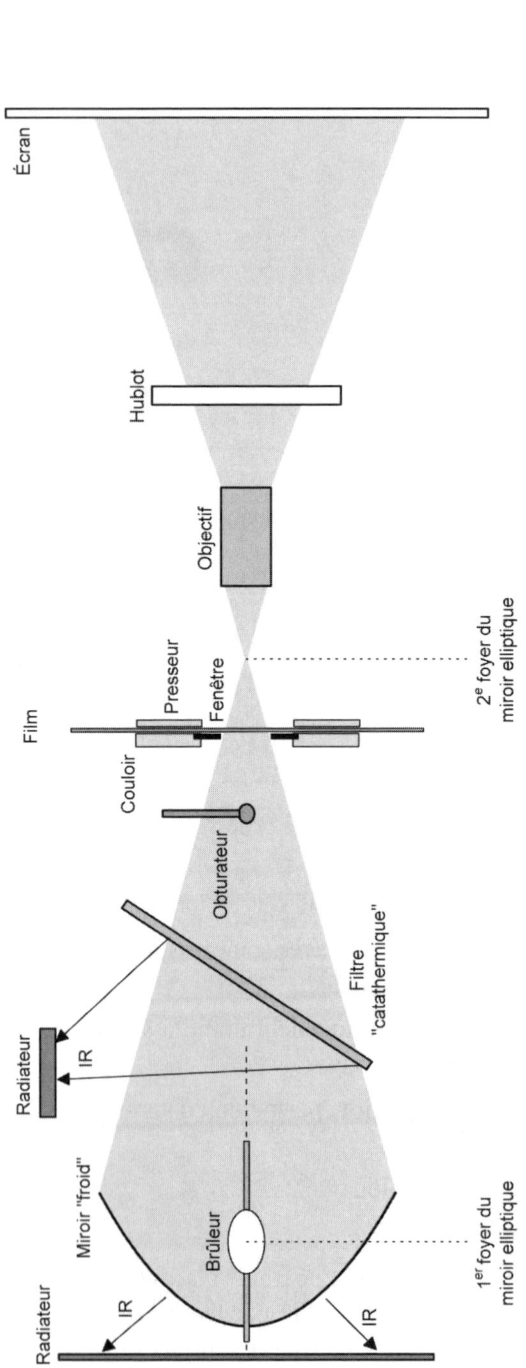

Figure 8.1 – Le chemin de lumière.

8.2 La toile d'écran

Il est conseillé au lecteur de se reporter au dossier technique n° 13 édité par la CST, disponible sur le site www.cst.fr.

On rappellera simplement ici les caractéristiques principales d'une toile d'écran :

- Le support est une toile PVC de 30/100 d'épaisseur.
- L'écran est perforé afin d'améliorer la transmission du son au travers de la toile. La surface des trous par rapport à la toile est d'environ 3,2 %. Il existe plusieurs formats de perforations :
- perforations « normales », soit généralement 1 trou de 1 mm de diamètre, placé tous les 5 mm ;
- microperforations : cette toile, apparue à la fin des années 1990, dispose de trous beaucoup plus fins, soit 0,5 mm de diamètre, placés tous les 2,5 mm.
- Le traitement appliqué à la toile lui confère un pouvoir de réflexion de la lumière, soit en intégrant une peinture dans le PVC, soit en déposant sur la surface une peinture intégrant des microbilles, afin d'en gérer le rendement et la directivité.

Les toiles microperforées sont totalement compatibles avec tous les types de projection électronique.

Une toile d'écran est FRAGILE et VIEILLIT rapidement (jaunissement). Dans des conditions « normales » d'exploitation, il est conseillé de la remplacer tous les 6 à 8 ans. Afin de tester rapidement l'état d'une toile d'écran, il suffit de placer une feuille de papier blanc devant la toile et d'évaluer à l'œil la différence. C'est fréquemment édifiant.

Une toile d'écran NE PEUT PAS être nettoyée. Tout juste peut-on envisager un léger dépoussiérage à sec, en prenant garde de ne pas incruster la poussière dans la toile.

Le rendement d'une toile d'écran correspond au taux de lumière réémis selon la direction angle d'incidence/angle de réflexion.

Tableau 8.1

Type de toile	Coefficient de réflexion dans l'axe	Avantages	Inconvénients
Blanc mat de base	75 %		Faible rendement (brûleurs plus puissants)
Blanc « cinéma » type Super Blanc	110 à 120 %	Rendement idéal Directivité adaptée aux besoins du cinéma et de la vidéo	
Nacrée	150 à 220 %	Rendement élevé dans l'axe (utile pour les grandes surfaces à éclairer)	Directivité refermée Blanc un peu « grisé » Non utilisable en projection numérique
Métallisée	> 250 %	Très fort rendement dans l'axe (nécessaire pour les projections en relief)	Très directif Blanc très gris Effets d'irisation Non utilisable en projection 35 mm ou numérique de base

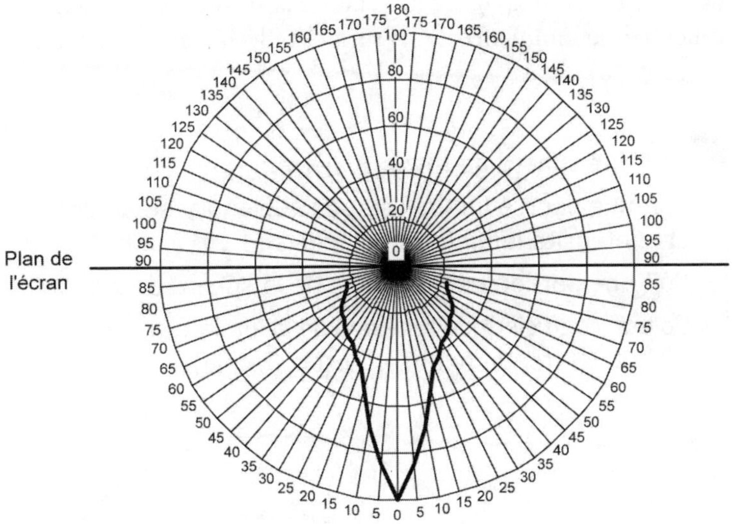

Figure 8.2 – Directivité d'une toile nacrée (rendement 210 %) pour un axe d'éclairement perpendiculaire au centre de la toile.

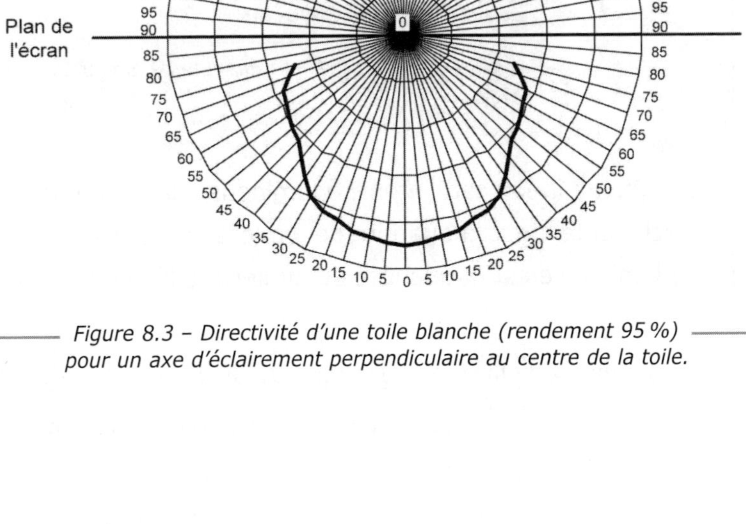

Figure 8.3 – Directivité d'une toile blanche (rendement 95 %) pour un axe d'éclairement perpendiculaire au centre de la toile.

8.3 Éclairement de l'écran

La *figure 8.4* accompagnée de l'énoncé ci-dessous décrit la méthodologie de calcul général de la luminance d'une surface réfléchissante éclairée par une source lumineuse.

Soit une sphère de rayon 1 mètre.

Soit une source lumineuse ponctuelle placée au centre de la sphère, et d'intensité lumineuse 1 candéla (1 cd).

Soit une portion de la surface de la sphère de 1 m^2.

Soit un coefficient de réflexion de la lumière sur cette portion de sphère de 100 % (toute la lumière est réfléchie).

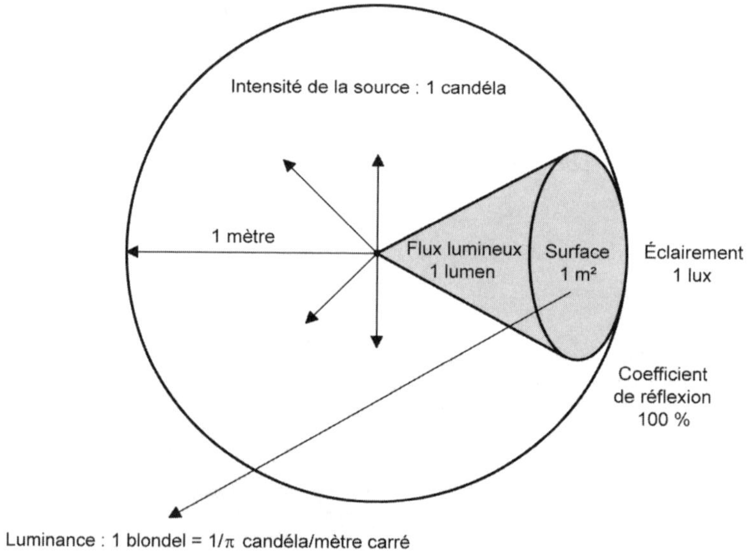

Figure 8.4 – La quantité de lumière.

Rappels :

Le flux lumineux est l'intensité lumineuse par unité de surface.

L'éclairement est la quantité de lumière incidente.

La luminance est la quantité de lumière réfléchie par une surface.

Le flux lumineux du faisceau éclairant cette surface est alors de 1 lumen (1 lm).

La luminance de cette surface est de 1 blondel, soit 0,318 cd/m^2.

8.4 Calcul des puissances de brûleur en projection 35 mm

Un grand problème est de trouver la puissance du brûleur à utiliser pour une surface d'image donnée. Il est ici rappelé que la puissance du brûleur à utiliser est uniquement liée à la surface des images à éclairer. La distance de projection n'intervient pas, sauf si l'on recalcule les surfaces d'image à partir des distances focales des objectifs utilisés (*sic*).

Il faut intégrer un premier paramètre : on observe qu'en fonctionnement nominal (par exemple l'intensité du courant traversant le brûleur est à la valeur nominale pour la puissance de brûleur considérée), la puissance électrique réelle consommée ne correspond pas à la puissance nominale. Par exemple, un brûleur de puissance nominale 1 600 W, alimenté par un courant d'intensité 63 ampères (valeur nominale) consommera une puissance électrique légèrement inférieure. L'évolution de l'impédance électrique de l'arc lumineux, en fonction de la chaleur et d'autres paramètres, est une des raisons de ce phénomène.

Ensuite, le rendement lumineux global d'une lanterne (intégrant le rendement du brûleur, la quantité de lumière non reconcentrée vers le film, le rendement du miroir et les absorptions d'éventuels filtres) est estimé à des valeurs comprises entre 5 et 8 % de l'énergie lumineuse initiale émise par le brûleur.

On y ajoutera l'absorption du verre du hublot de projection (5 à 20 % selon la qualité de verre) et le coefficient de réflexion de l'écran (voir le dossier technique édité par la CST sur les toiles d'écran).

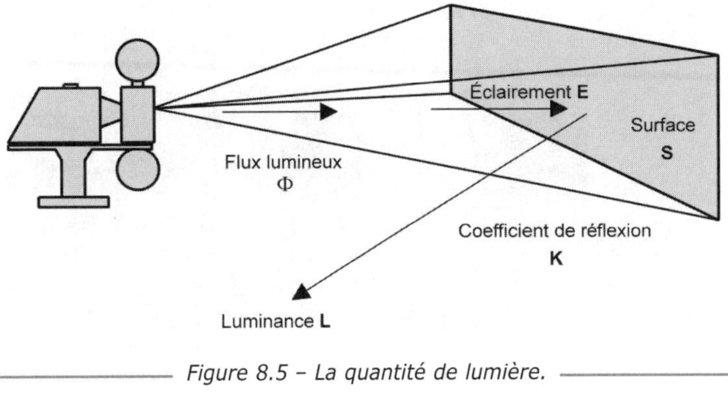

Figure 8.5 – La quantité de lumière.

Les formules suivantes s'appliquent :

$$\Phi = E \cdot S \ ; \qquad L = \frac{E \cdot K}{\pi} \ ;$$

$$L = a\frac{W \cdot K}{S} \ ; \qquad W = \frac{L \cdot S}{K \cdot a}$$

où a est une constante liée au rendement lumineux du brûleur (cd/W) et au rendement de la lanterne.

Pour un brûleur au xénon et une lanterne de qualité, a est équivalent à environ 0,66. On aura donc les équations suivantes :

$$W = 1{,}5\,\frac{L \cdot S}{K} \quad \text{et} \quad L = 0{,}589\,\frac{W \cdot K}{S}$$

W est la puissance électrique du brûleur à utiliser pour obtenir une luminance des images de L cd/m^2 sur un écran de surface S et de rendement K.

Si l'on étudie la puissance sur la base de l'image au format CinémaScope 2,39, la formule devient, pour une valeur nominale de luminance au centre de 40 cd/m^2 :

$$W = 25\,\frac{X^2}{K}$$

où X est la largeur de l'image au format CinémaScope.

On se rappellera que ces valeurs sont données pour des équipements neufs. Les calculs de puissance des brûleurs devront être faits en considérant un taux d'affaiblissement d'au moins 15 % lié à l'usure, pour garantir une conservation de la luminance des images sur la durée de vie nominale du brûleur.

On aura ainsi le *tableau 8.2*.

Tableau 8.2

Luminance nominale au centre	Coefficient de réflexion de l'écran	Largeur de l'image au format CinémaScope 2,39	Puissance du brûleur
40 cd/m^2	1	6 m	900 W
40 cd/m^2	1	8 m	1 600 W
40 cd/m^2	1	10 m	2 500 W
40 cd/m^2	1	12 m	3 600 W
40 cd/m^2	1	14 m	4 900 W
40 cd/m^2	1	16 m	6 400 W
40 cd/m^2	1	18 m	8 000 W

On voit bien avec le *tableau 8.2* que la largeur maximale « acceptable » en projection 35 mm est de 18 m de base au format CinémaScope. Au-delà, la luminance nominale des images ne peut être garantie.

En 2005 sont apparus de nouveaux brûleurs, à arc plus court. Cette concentration de l'arc permet d'optimiser le rendement lumineux de l'ensemble, d'environ 10 à 15 %, ce qui n'est pas négligeable. En septembre 2006, des essais sont toujours en cours sur la durée de vie de ces nouveaux modèles.

8.5 Vidéo : tailles d'images et flux lumineux (projection électronique)

On nous parle fréquemment du flux lumineux que peut émettre un projecteur électronique. Cette notion n'a de sens que si on exprime en parallèle la dimension des images que l'on peut projeter en respectant les valeurs nominales de luminance. Le tableau de la *figure 8.6* donne une correspondance des valeurs entre flux lumineux ANSI et dimensions des images.

La formule du calcul de la luminance en vidéo est la suivante :

$$B^2 = R \frac{\Phi \cdot k}{L \cdot \pi}$$

où : B est la base de l'image dans le format considéré ;
R est le rapport du format d'image ;
Φ est le flux lumineux nominal du vidéo-projecteur ;
k est le coefficient de réflexion de l'écran ;
L est la luminance des images que l'on souhaite obtenir.

8.6 L'alimentation électrique des brûleurs

Dans la majorité des cas, l'alimentation électrique des brûleurs est assurée par une chaîne comprenant :

- **une alimentation** électrique de puissance, en monophasé 220 V ou triphasé 380 V, fréquence 50 Hz ;
- **un redresseur** d'alimentation, ayant pour fonction de redresser le courant (passer d'un courant alternatif à un courant continu), en ajustant la tension aux critères des brûleurs (de 20 à 50 volts selon la puissance), avec un système de réglage de l'intensité du courant dans le brûleur (le plus souvent par noyau plongeur) ;
- **un bloc d'amorçage** permettant de générer la surpuissance nécessaire au déclenchement de l'arc électrique entre les électrodes du brûleur ;

Flux (Lumen ANSI)	Luminance nominale (cd/m²)	Luminance min (cd/m²)	Luminance max (cd/m²)	Coeff écran	Surface (m²)	Matrice 4/3			Matrice 16/9			Matrice 5/4 (sans anamorphose)		
						Largeur Nominale (m)	Largeur min (m)	Largeur max (m)	Largeur Nominale (m)	Largeur min (m)	Largeur max (m)	Largeur Nominale (m)	Largeur min (m)	Largeur max (m)
500	30	20	55	1	5,31	2,66	1,96	3,26	3,07	2,27	3,76	2,49	1,84	3,05
750	30	20	55	1	7,96	3,26	2,41	3,99	3,76	2,78	4,61	3,05	2,26	3,74
1 000	30	20	55	1	10,61	3,76	2,78	4,61	4,34	3,21	5,32	3,53	2,60	4,32
1 250	30	20	55	1	13,26	4,21	3,11	5,15	4,86	3,59	5,95	3,94	2,91	4,83
1 500	30	20	55	1	15,92	4,61	3,40	5,64	5,32	3,93	6,51	4,32	3,19	5,29
2 000	30	20	55	1	21,22	5,32	3,93	6,51	6,14	4,54	7,52	4,99	3,68	6,11
2 250	30	20	55	1	23,87	5,64	4,17	6,91	6,51	4,81	7,98	5,29	3,91	6,48
2 500	30	20	55	1	26,53	5,95	4,39	7,28	6,87	5,07	8,41	5,58	4,12	6,83
2 750	30	20	55	1	29,18	6,24	4,61	7,64	7,20	5,32	8,82	5,85	4,32	7,16
3 000	30	20	55	1	31,83	6,51	4,81	7,98	7,52	5,56	9,21	6,11	4,51	7,48
3 250	30	20	55	1	34,48	6,78	5,01	8,30	7,83	5,78	9,59	6,36	4,69	7,79
3 500	30	20	55	1	37,14	7,04	5,20	8,62	8,13	6,00	9,95	6,60	4,87	8,08
3 750	30	20	55	1	39,79	7,28	5,38	8,92	8,41	6,21	10,30	6,83	5,04	8,36
4 000	30	20	55	1	42,44	7,52	5,56	9,21	8,69	6,42	10,64	7,05	5,21	8,64
4 250	30	20	55	1	45,09	7,75	5,73	9,50	8,95	6,61	10,97	7,27	5,37	8,90
4 500	30	20	55	1	47,75	7,98	5,89	9,77	9,21	6,80	11,28	7,48	5,52	9,16
4 750	30	20	55	1	50,40	8,20	6,05	10,04	9,47	6,99	11,59	7,69	5,68	9,41
5 000	30	20	55	1	53,05	8,41	6,21	10,30	9,71	7,17	11,89	7,88	5,82	9,66
5 500	30	20	55	1	58,36	8,82	6,51	10,80	10,19	7,52	12,47	8,27	6,11	10,13
6 000	30	20	55	1	63,66	9,21	6,80	11,28	10,64	7,86	13,03	8,64	6,38	10,58
6 500	30	20	55	1	68,97	9,59	7,08	11,74	11,07	8,18	13,56	8,99	6,64	11,01
7 000	30	20	55	1	74,27	9,95	7,35	12,19	11,49	8,49	14,07	9,33	6,89	11,43
7 500	30	20	55	1	79,58	10,30	7,61	12,62	11,89	8,78	14,57	9,66	7,13	11,83
8 000	30	20	55	1	84,88	10,64	7,86	13,03	12,28	9,07	15,05	9,97	7,37	12,22
8 500	30	20	55	1	90,19	10,97	8,10	13,43	12,66	9,35	15,51	10,28	7,59	12,59
9 000	30	20	55	1	95,49	11,28	8,33	13,82	13,03	9,62	15,96	10,58	7,81	12,96
9 500	30	20	55	1	100,80	11,59	8,56	14,20	13,39	9,89	16,39	10,87	8,03	13,31
10 000	30	20	55	1	106,10	11,89	8,78	14,57	13,73	10,14	16,82	11,15	8,24	13,66
11 000	30	20	55	1	116,71	12,47	9,21	15,28	14,40	10,64	17,64	11,70	8,64	14,32
12 000	30	20	55	1	127,32	13,03	9,62	15,96	15,05	11,11	18,43	12,22	9,02	14,96

Figure 8.6 – Projection électronique à partir de matrices de format 4/3 (LCD, DLP). Bases d'image en fonction du flux lumineux nominal.

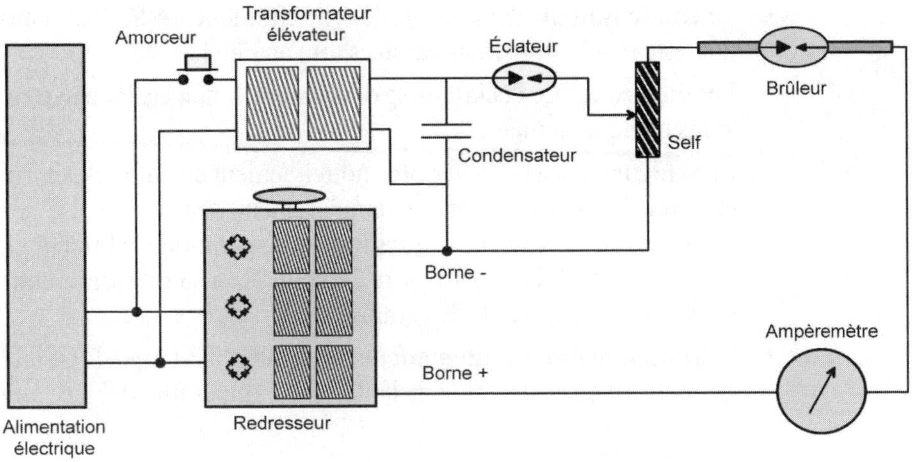

Figure 8.7 – L'alimentation du brûleur par redressement « analogique ».

- fréquemment, une **tension dite « additive »** est superposée aux bornes du brûleur au moment de l'amorçage.

Il existe aujourd'hui une autre technologie pour l'alimentation du brûleur. Il s'agit d'une alimentation dite « à découpage », dont la principale caractéristique est que la tension alternative d'entrée est « numérisée » (échantillonage et quantification). Les avantages sont entre autres :

- la suppression des transformateurs (gros, lourds, induction magnétique) ;
- une meilleure stabilisation du courant redressé (moins de résiduelle alternative).

En revanche, il est difficile de mettre au point de tels systèmes pour les fortes puissances.

Le principe de fonctionnement est exactement le même en projection numérique. Toutefois, dans ce cas, le redresseur sera nécessairement à découpage.

✦ Entretien

Ces systèmes s'usent. Il est impératif de procéder à un certain nombre d'opérations d'entretien et de remplacement :

- **Les diodes** du redresseur perdent progressivement leur valeur d'impédance. Le redressement peut devenir déséquilibré. Toutes les diodes doivent être remplacées, même si une seule est défectueuse, afin de garantir l'équilibre entre les phases, et ainsi la stabilité du courant aux bornes du brûleur.

- **Le condensateur** d'amorçage, de type chimique, sèche. Son remplacement doit être régulier (quelques années tout au plus).
- **Les électrodes de l'éclateur** se détériorent. Il doit également être remplacé après quelques années.
- **Le brûleur s'use** et se détériore : noircissement du bulbe et déformation des électrodes principalement. Le remplacement doit être réalisé tout au plus quelques dizaines d'heures après le délai de garantie. Un brûleur utilisé dans de bonnes conditions perd entre 20 et 50 % de sa puissance entre son état neuf et sa fin de période de garantie.
- **Pour un bon fonctionnement** de l'ensemble, il est rappelé qu'un bon fonctionnement de l'extraction de lanterne est impératif : débit régulier adapté à la puissance du brûleur et au volume de la lanterne (350 m^3/h pour un 1 600 W, 1 000 m^3/h pour un 7 000 W).

8.7 La pellicule

Il est conseillé au lecteur de se reporter au dossier technique n° 17, édité par la CST et disponible sur le site www.cst.fr.

Il existe par ailleurs de nombreux ouvrages traitant de ce sujet. Nous nous contenterons ici de rappeler ce que l'on trouve sur cette pellicule (*figure 8.8*).

8.8 L'image intermittente

8.8.1 *Projection argentique*

Le principe de la projection cinématographique utilise la caractéristique de rémanence de l'œil humain. Lorsque l'œil est illuminé par la lumière et que l'on stoppe l'émission de lumière, la transmission de l'information visuelle vers le cerveau ne décroît pas de façon instantanée, mais suivant une certaine pente. Il suffit donc de projeter une nouvelle image suffisamment tôt pour que l'œil et le cerveau aient une sensation de continuité dans l'éclairement.

On constate qu'il y aura une stabilité au niveau de la perception par le cerveau si certains critères sont respectés :

- Le temps écoulé entre deux éclairements est suffisamment court.
- Le niveau de décroissance dans l'intervalle entre deux éclairements n'est pas trop important.
- Le niveau d'éclairement n'est pas trop important.
- L'entraînement est intermittent.

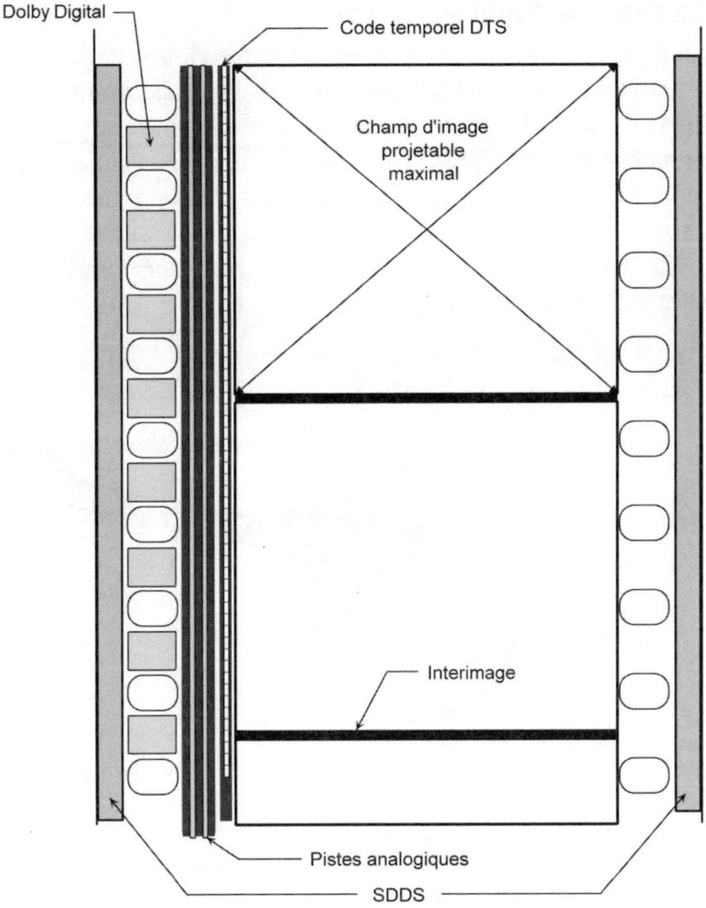

Figure 8.8 – Inscriptions sur la pellicule.

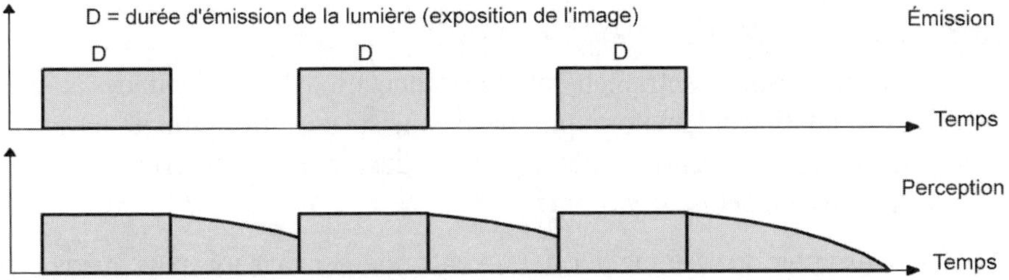

Courbe de sensation visuelle à l'éclairement, perçue par le cerveau et transmise par le système de captation visuelle (rétine, nerf optique).

Figure 8.9 – Perception de la lumière par l'œil.

8.8.2 *La croix de Malte mécanique*

Afin qu'elle soit perçue comme nette et stable, l'image ne peut être projetée que si elle est arrêtée devant la fenêtre de projection. Pour cela, un mécanisme d'entraînement intermittent doit être utilisé, comprenant une phase de déplacement et une phase immobile. Plusieurs mécanismes ont été inventés. Pour mémoire, on peut citer les mécanismes à batteur, à griffes, à air pulsé (70 mm projection hémisphérique), etc. Le plus utilisé en projection, notamment en 35 mm, est le mécanisme à croix de Malte, mais on voit apparaître depuis quelques années un système à « croix de Malte électronique » ou moteur pas à pas.

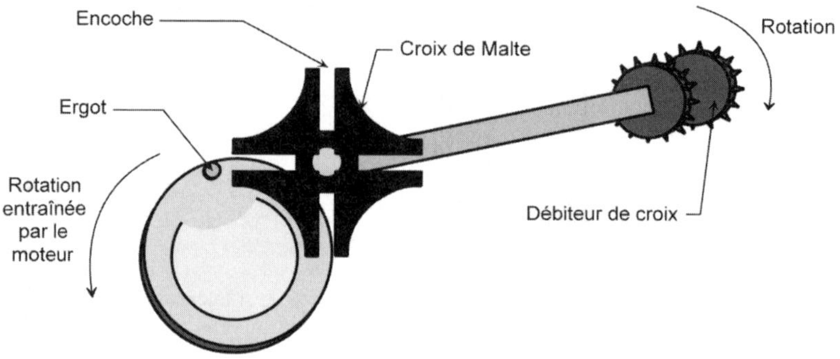

Figure 8.10 – La croix de Malte mécanique.

Lorsque le moteur tourne, il entraîne le disque sur lequel est situé l'ergot. Celui-ci vient, à chaque tour, s'encastrer dans une des encoches de la croix et entraîne ainsi la rotation d'un quart de tour de l'ensemble « croix-axe-débiteur », commandant ainsi l'avance d'une image (débiteur 16 dents, donc un quart de tour = 4 dents = 1 image en 35 mm).

8.8.3 *La croix de Malte électronique*

Ce mécanisme d'entraînement intermittent est apparu à la fin des années 1990 dans l'exploitation cinématographique. Il consiste en l'utilisation d'un moteur pas à pas, dont on peut très précisément commander la mise en mouvement, moteur relié par un axe à un débiteur 32 dents.

L'ensemble du système permet un entraînement à la fois plus précis et plus souple. On peut affiner au mieux la cadence de défilement des images, la programmer, la modifier en cours de route, aller en marche arrière. Le système assure également une bien meilleure stabilité du film dans toutes les phases de la projection. La traction sur la pellicule est plus souple, plus douce.

Avec ce système, on peut également raccourcir légèrement le temps de déplacement du film, et donc éventuellement augmenter le temps d'exposition (et donc la quantité de lumière transmise).

8.8.4 *L'obturation*

L'obturateur sert à masquer le faisceau lumineux pendant que le film se déplace dans le couloir. La pale de l'obturateur doit être suffisamment large, et sa synchronisation avec le système d'entraînement intermittent parfaite, afin de masquer le faisceau pendant tout le temps du déplacement du film. Si la lumière passe pendant le déplacement du film, on voit apparaître un filage, sorte de traînée verticale perceptible notamment sur les images contrastées.

Théoriquement, il suffit d'une obturation et d'un éclairement par image. Chaque image durant 1/24e de seconde, le temps d'exposition serait de 1/48e. Cette valeur est très limite pour permettre un bon fonctionnement de la persistance rétinienne. On perçoit alors une succession de flashs. Afin de s'affranchir de ce problème, on double le nombre de pales, ou on double la vitesse de rotation de l'obturateur. Ainsi, chaque phase, telle que décrite dans la *figure 8.11*, dure 1/96e de seconde.

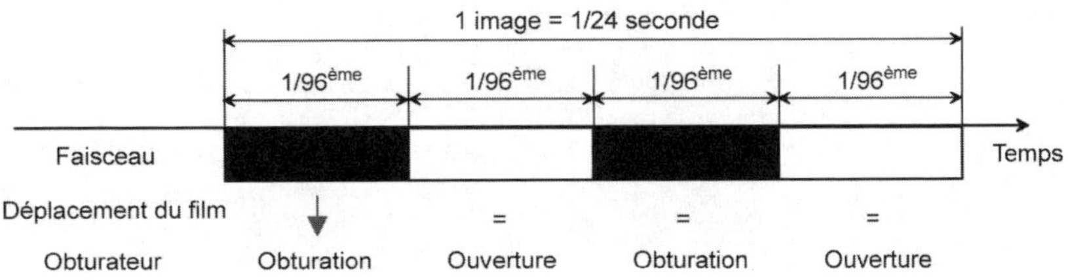

Figure 8.11 – L'obturation.

On notera par ailleurs que l'effet de scintillement est fonction entre autres de la quantité de lumière. Si l'obturation est à 1/48e de seconde, ce scintillement est perceptible dès 40 cd/m^2. Pour une obturation à 1/96e, il devient perceptible pour une luminance de 60 à 65 cd/m^2.

8.8.5 *La projection cinéma numérique*

Les procédés de projection cinéma numérique utilisent des systèmes de rafraîchissement de l'affichage sur la matrice, à une cadence très supérieure au 48 Hz du cinéma argentique. Cette caractéristique transforme la perception de la succession des 24 im/s, et réduit proportionnellement la perception du scintillement dû à la cadence de projection.

De ce fait, on peut considérer qu'il n'y a pas d'obturation du faisceau lumineux, et qu'en conséquence l'intensité lumineuse perçue est constante.

8.9 Les formats d'image

Le mot « format » a deux acceptions, ce qui sème parfois le trouble dans les conversations techniques :

La largeur de la pellicule, ou « format du film » : 16 mm, 35 mm, 70 mm.

Le rapport de dimension des images enregistrées sur la pellicule, ou « format d'image » : Standard 1,37, CinémaScope, Panoramiques 1,66 et 1,85, voire le 16/9 issu de la vidéo HD.

On trouvera au *tableau 8.3* un récapitulatif des formats d'image normalisés ou au moins régulièrement utilisés en projection (nous avons ajouté le 16 mm et le 70 mm pour information). Il faut savoir qu'il existe également des formats de production qui ne sont pas utilisés en projection (Super 16, Super 35).

Tableau 8.3

16 mm		35 mm		70 mm		Numérique	
Nom	**Ratio**	**Nom**	**Ratio**	**Nom**	**Ratio**	**Nom**	**Ratio**
Standard	1,37	Standard	1,37			Standard	1,37
		Panoramique	1,66			Panoramique	1,66
		Panoramique	1,85	Panoramique	1,85	Panoramique	1,85
		16/9	1,78	Todd-AO 5 perfos	2,2	16/9	1,78
CinémaScope	2,35	CinémaScope	2,39			CinémaScope	2,39
				70/8 perfos			

La BKSTS diffuse des *boarders charts* indiquant un historique complet des formats qui ont été utilisés au fil de l'histoire.

Concernant le numérique, il existe deux façons de reproduire le format CinémaScope :

- soit en utilisant toute la surface des matrices, dont le ratio est de 1,89, et en utilisant en sortie une lentille anamorphique de coefficient 1,26 ;
- soit en n'utilisant qu'une partie de la hauteur de la matrice, soit 856 lignes sur les 1 080 possibles.

La première solution donnera les meilleurs résultats qualitatifs. Le choix entre les deux relève d'une décision soit de la production, soit du distributeur.

8.10 Le chemin de film

La *figure 8.12* schématise le chemin d'image et de son dans une installation cinéma numérique.

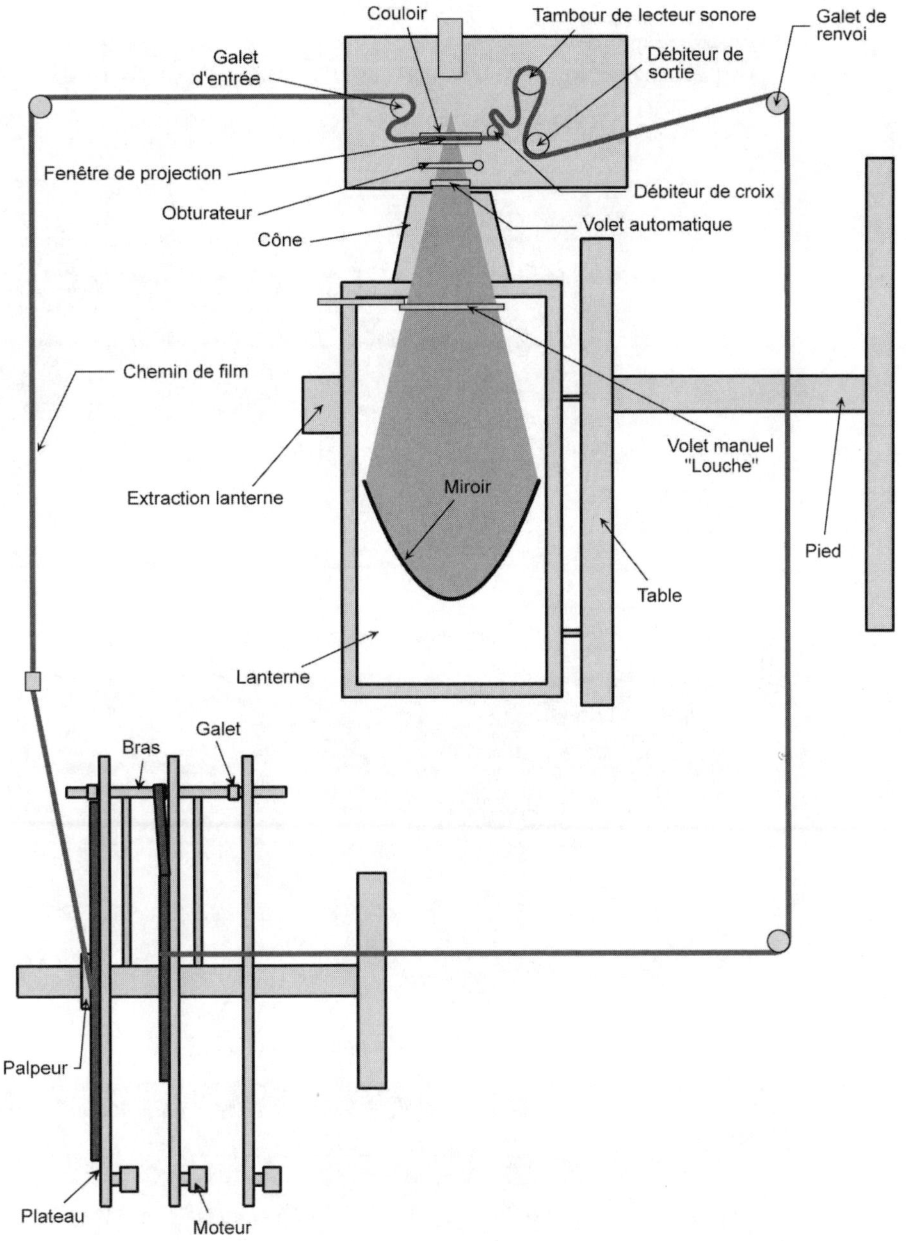

Figure 8.12 – Le chemin de film 35 mm.

8.11 Durée des films et autres grandeurs physiques

Les valeurs indiquées ci-dessous sont tirées de la brochure « Table de conversion temps-métrage » éditée par la CST en 1978.

Pas de l'image

Nombre d'images	8 mm	16 mm	35 mm	70 mm
1	4,235 mm	7,62 mm	19 mm	23,75 mm

Longueurs

	Projection à 24 images par seconde			Projection à 25 images par seconde	
	longueur en mètres			longueur en mètres	
Durée	16 mm	35 mm	70 mm	16 mm	35 mm
1 seconde	0,183	0,456	0,570	0,191	0,475
1 minute	10,973	27,960	34,200	11,430	28,500
1 heure	658,370	1 641,60	2 052,000	685,800	1 710,000

Durées sur support argentique

Longueur (en m)	Durée (24 im/s)			
	S 8	16 mm	35 mm	70 mm
1	9,833″	5,466″	2,2″	1,766″
30	4′55″	2′44″	1′06″	53″
120	19′41″	10′56″	4′23″	3′31″
600	1 h 38′23″	54′41″	21′56″	17′33″

Durées sur support numérique

Durée	Capacité de disque dur (valeurs indicatives pour un film couleur)	
	Non compressé	JPEG 2000 (ISO/IEC 15444-1) (ratio 2:1)
1 heure	˜ 800 Go	˜ 80 Go (variable selon type d'image)

Cet aspect doit être abordé de façon inverse. On considère la capacité de stockage d'un disque dur d'un serveur et on indique la durée du programme (la taille du fichier) que l'on peut stocker dessus en fonction du taux de compression appliqué.

Ces données sont variables selon le type de réduction de débit, ne générant pas de défaut perceptible (visuel et sonore). Le MPEG4 est un format de compression qui permet de transporter les fichiers issus de tous les autres formats de réduction de débit.

Conversions d'unités

Unités	Inches	Feet (pieds)	Mètres	Millimètres
1 inche (pouce)	1	0,083	0,0254	25,4
1 foot (pied)	12	1	0,3048	304,8
1 mètre	39,37	3,28	1	1 000
1 millimètre	0,0394	0,0033	0,001	1

Éclairement

Unités	0,0929 foot-candle	1 foot-candle	1 phot	1 milliphot
Lux	1	10,76	10 000	10

Luminance

Cd/m²	Nit	Foot-Lambert	Stilb	Blondel	Apostilb	Milli-Lambert
1	1	0,292	1	3,1416 (pi)	3,1416	0,314

Pour mémoire : 1 foot-Lambert = 3,426 cd/m².

Chapitre 9

Reproduction sonore

9.1 Les formats son

Les copies d'exploitation présentent aujourd'hui plusieurs types de pistes sonores, certaines analogiques, certaines numériques. On trouvera ci-dessous un tableau de synthèse : *tableau 9.1.*

Tableau 9.1

Type de source	G	IG	C	ID	D	Ambi mono	Ambi stéréo G-D	Ambi 3 voies G-A-D	Sub basses
35 mm									
Monophonique	–	–	X	–	–	–	–	–	–
Stéréo optique (avec NR A ou SR)	X	–	X	–	X	X	–	–	X déduit
Dolby Digital	X	–	X	–	X	X	X	–	X
DTS Digital	X	–	X	–	X	X	X	–	X
SDDS	X	X	X	X	X	X	X	–	–
Dolby Digital EX	X	–	X	–	X	X	X	X	X
DTS ES	X	–	X	–	X	X	X	X	X
70 mm									
70 Todd-AO 6 pistes	X	X	X	X	X	X			
DTS	X		X		X	X	X		X
Cinéma numérique	X	X	X	X	X	X	X	X	X

9.2 Les chaînes sonores

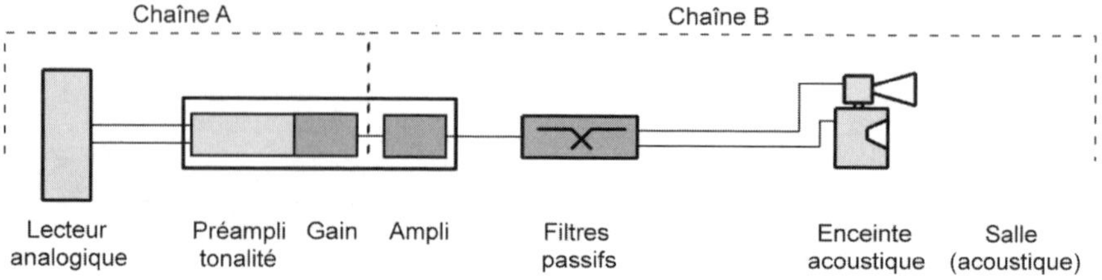

Figure 9.1 – La chaîne sonore monophonique.

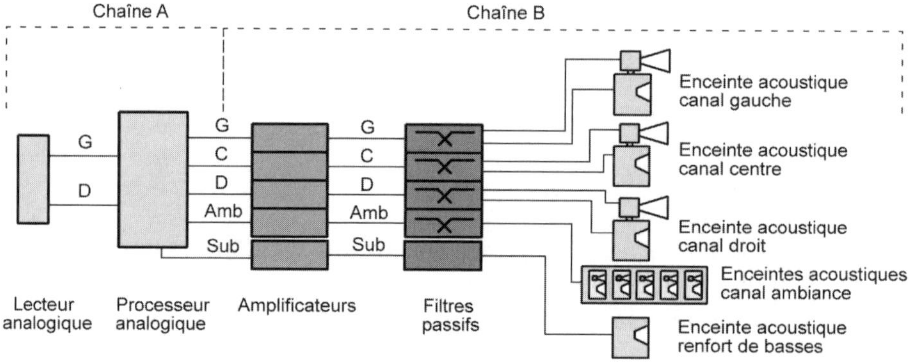

Figure 9.2 – La chaîne sonore analogique multicanal 4.1.

Dans la *figure 9.3*, le multicanal 5.1 correspond à une ambiance diffusée sur seulement 2 canaux.

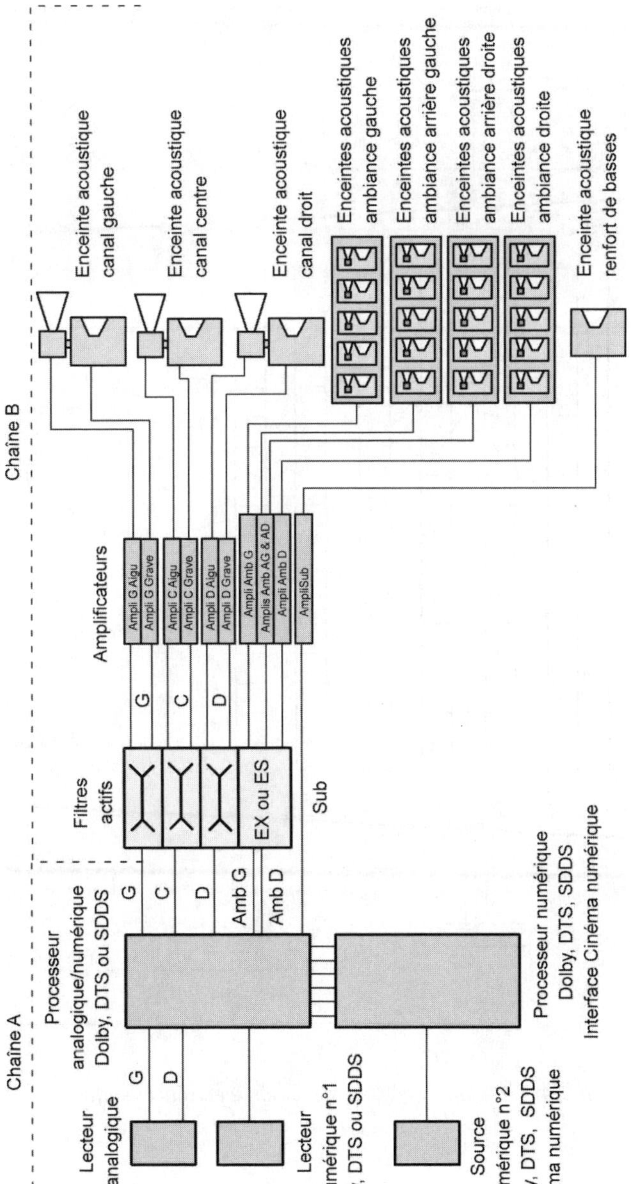

Figure 9.3 – La chaîne sonore analogique/numérique multicanal 7.1.

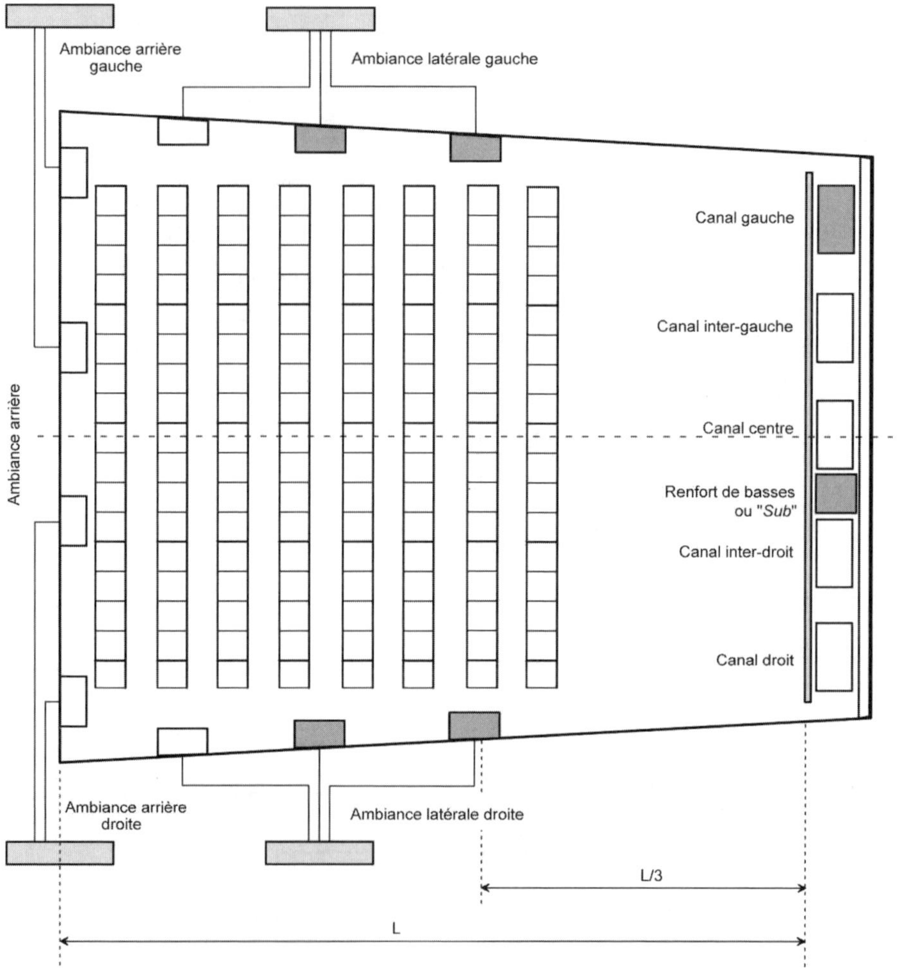

Figure 9.4 – Implantation des systèmes électroacoustiques.

9.2.1 *Enceintes d'écran*

Elles sont implantées le plus près possible de la toile d'écran, ce qui améliore leur réponse en fréquence, leur réponse impulsionnelle et leur directivité.

Le haut-parleur d'aigu est placé au-dessus du basse, l'axe du haut-parleur d'aigu est situé entre le centre et le tiers supérieur de l'écran, orienté vers le tiers arrière de la salle.

9.2.2 *Enceintes d'ambiance*

La première enceinte est placée environ à un tiers de la longueur de la salle (2e ou 3e rang environ) en partant de l'écran.

Les enceintes d'ambiance sont espacées de 3 m environ.

Elles sont placées en hauteur environ aux deux tiers de la hauteur du mur, à l'endroit de la pose, avec une hauteur minimale de 2,50 m.

Chaque liaison d'enceinte est ramenée sur un bornier en cabine (gestion plus aisée du câblage série-parallèle d'impédance).

✦ Affectation des enceintes d'ambiance

Il existe aujourd'hui trois types d'ambiance en reproduction sonore cinématographique (en en attendant d'autres !) :

✧ Ambiance monophonique

Utilisée en reproduction sonore analogique. Toutes les enceintes acoustiques diffusent le même signal. Il est important que le spectateur ne puisse localiser les sources (canal ambiance et non canal d'effets), d'où le besoin d'un nombre élevé de petites enceintes acoustiques.

L'ambiance monophonique a aussi été utilisée sur les premiers films numériques.

✧ Ambiance stéréophonique gauche-droite

L'ambiance gauche est composée des ambiances latérales gauche et arrière gauche (voir *figure 9.4*).

L'ambiance droite est composée des ambiances latérales droite et arrière droite (voir *figure 9.4*).

✧ Ambiance trois canaux type EX (Dolby©) ou ES (DTS©)

L'ambiance gauche est limitée au canal latéral gauche (voir *figure 9.4*).

L'ambiance droite est limitée au canal latéral droit (voir *figure 9.4*).

L'ambiance arrière est composée du canal arrière gauche et du canal arrière droit (voir *figure 9.4*).

Bien sûr, une installation type trois canaux doit pouvoir diffuser une ambiance stéréo ou une ambiance mono (format défini en postproduction). C'est pour cela que l'on est obligé de créer des canaux arrière gauche et arrière droit. La combinaison de ces canaux entre eux ou avec les latéraux permet de gérer les différents formats.

9.2.3 *Renfort de basses*

Il est en général placé derrière l'écran, le plus près possible de l'enceinte acoustique du canal centre. Si plusieurs enceintes acoustiques sont nécessaires (grandes salles), ces enceintes doivent être placées l'une contre l'autre (gestion de la phase acoustique entre les haut-parleurs).

9.2.4 *Précautions d'installation*

Toutes les enceintes acoustiques doivent être isolées mécaniquement des parois les supportant (transmission mécanique des vibrations vers les autres salles notamment).

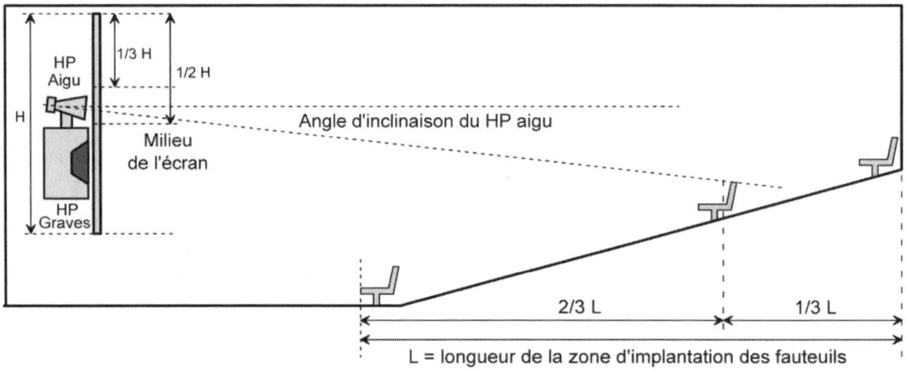

Figure 9.5 – Orientation du transducteur d'aigus.

9.3 Pistes son « noir et blanc », « magenta » et « cyan » (saga)

Les copies d'exploitation présentent aujourd'hui plusieurs types de pistes sonores, certaines analogiques, certaines numériques.

Concernant les pistes analogiques, rappelons que leur mode d'enregistrement est en cours de modification. On trouvera sur le site de la CST un dossier technique (n° 32, juin 2001), portant sur les motifs et les moyens de ces modifications.

On rappellera ici que pour différentes raisons (qualité, normalisation sur les rejets de produits à base d'argent au niveau des laboratoires), les pistes analogiques ne doivent plus être empâtées, c'est-à-dire retraitées au développement afin de conserver les sels d'argent améliorant la densité des noirs, et donc la dynamique de niveau sonore (amélioration notamment du bruit de fond).

9.3.1 *Empâtage*

Globalement, lors du développement de la pellicule, après le premier bain de développement, une mollette dépose sur l'emplacement de la piste sonore (environ 2 mm de large) une pâte spécifique qui permet de conserver sur cette seule zone les sels d'argent. Cette opération, globalement efficace, reste aléatoire et source de défauts : mauvais positionnement, non linéarité, éclaboussure sur la zone image. De plus, la pâte doit ensuite être éliminée et est très polluante.

Cette méthodologie est utilisée depuis l'origine du son analogique photographique.

9.3.2 *Piste magenta*

Cette piste est réalisée comme la piste classique, *via* un empâtage, donc il y a conservation des sels d'argent, mais seule la couche magenta des 3 couches couleurs de la pellicule est développée. La piste a donc une teinte magenta.

9.3.3 *Piste cyan*

Depuis juillet 2005, les pistes ne sont plus empâtées et sont développées uniquement sur la couche cyan de la pellicule. Il n'y a donc plus d'empâtage, ce qui assure une meilleure qualité et moins de pollution.

9.3.4 *Pourquoi la piste magenta ?*

On aurait pu passer directement de la piste noir et blanc à la piste cyan. Le problème est que la piste cyan ne peut être lue qu'au moyen d'un lecteur à diodes, dont le spectre de couleur est limité à la longueur d'onde 600 nm, complémentaire parfaite de la teinte cyan. La densité est donc maximale, et la dynamique sonore en conséquence. Si on lit une piste cyan avec une source à spectre large (lampe à filament classique), toutes les autres longueurs d'ondes traversent peu ou prou la couche cyan, générant un bruit de fond très élevé et réduisant le niveau maximal du signal sonore. La piste magenta est une étape transitoire qui donne les meilleurs compromis qualitatifs avec les deux types de lecteurs. On ne pourra passer à la piste cyan que lorsqu'une grande majorité de salles sera équipée de lecteur à diodes.

9.3.5 *Les compatibilités*

Compatibilités

Type de pistes sonores	Lecteur à excitatrices à filament	Lecteurs à diodes
Densité variable (anciens films)	Acceptable	Acceptable
Empâtées noir et blanc	Bonne	Acceptable
Empâtées magenta	Acceptable	Bonne
Cyan	Mauvaise	Bonne

9.4 Les copies magnétiques

On trouvera ci-dessous un rappel de l'implantation des pistes magnétiques sur les copies magnétiques 35 et 70 mm.

9.4.1 *Copie 35 mm d'exploitation – petites perforations*

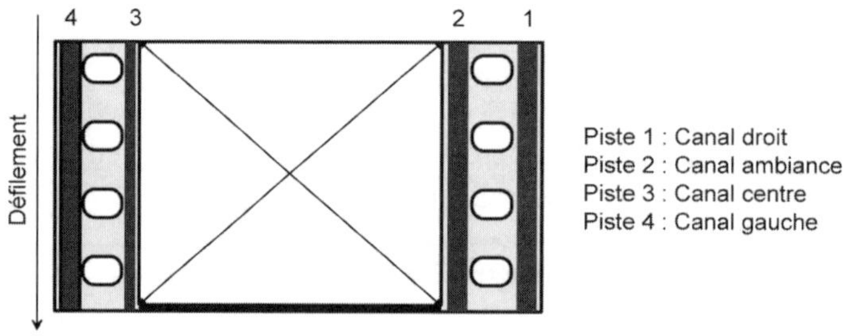

Figure 9.6 – Copie magnétique 35.

9.4.2 *Copie 70 mm d'exploitation 5 perforations*

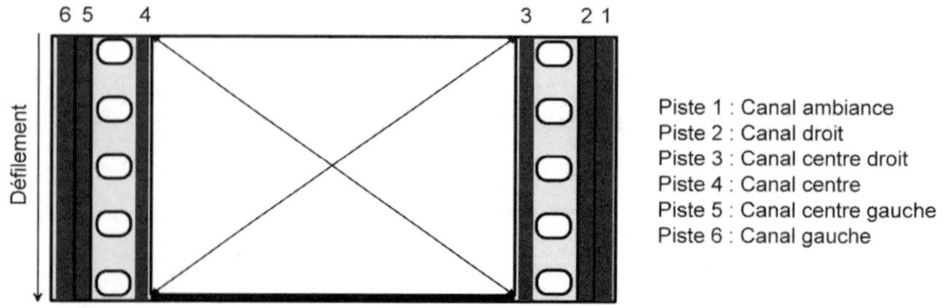

Figure 9.7 – Copie magnétique 70.

9.4.3 *Double bande 35 mm 3 pistes*

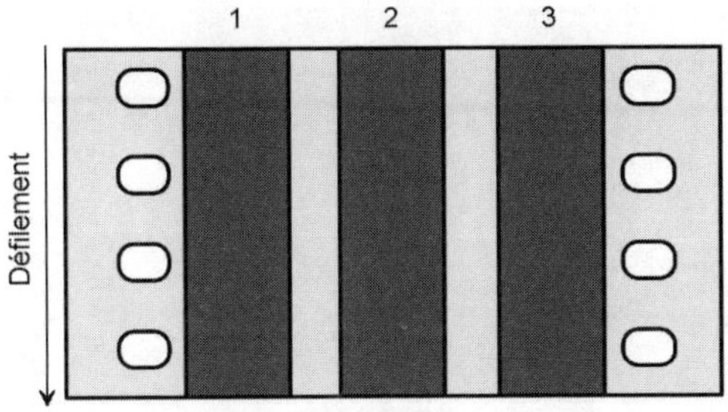

Enregistrement 3 pistes :
Piste 1 : Parole
Piste 2 : Musique
Piste 3 : Effets

Enregistrement stéréo :
Piste 1 : mix Gauche + Droite
Piste 2 : Canal Droit (Rt)
Piste 3 : Canal Gauche (Lt)

Figure 9.8 – Copie magnétique 35 double bande.

Chapitre 10

Suivis techniques

10.1 Observation des défauts

On trouvera ci-dessous un index des défauts sonores et optiques que l'exploitant ou son opérateur peuvent mettre en évidence lors de leur travail quotidien, avec indication des intervenants potentiels pour la remise à niveau.

Le descriptif des pannes apparaît en première colonne. Ce qui est visuellement ou auditivement apparent est décrit en seconde colonne. L'article du présent document traitant le sujet est rappelé en troisième colonne. En quatrième et cinquième colonnes, une croix indique si la panne peut être résolue par l'exploitant ou son opérateur (avec l'indication du paramètre à traiter) ou si elle nécessite une intervention externe.

Tableau 10.1 – Défauts image argentique.

Défauts image argentique	Perception	Intervenant interne	Intervenant externe
Manque de fixité des images	Tremblement latéral ou vertical	*	* Installateur
Filage	Traînée blanche en limite de zones contrastées	*	
Respect des dimensions des champs d'image	Amputation de visages, des objets dans le champ de l'image, projection hors écran, bords irréguliers		* Installateur
Décentrage du champ d'image projetée	En réf. à l'écran : le centre de l'image diffère du centre de l'écran En réf. à l'image : amputation d'un bord, projection de la piste son	* Projecteur	* Couloir
Distorsion de proportion	En CinémaScope, formes disproportionnées		* Installateur
Distorsion géométrique	Ligne droite incurvée		* Architecte
Commande de cadrage	Cadrage irréalisable	*	
Détérioration des copies	Rayures, perforations	* Entretien des équipements et précautions d'emploi	* Remise en état éventuelle des équipements
Luminance	Image blanche ou sombre	* Entretien et remplacement	* Alignement et matériel
Manque d'uniformité de luminance	Point lumineux ou zones sombres	*	*
Lumière parasite	Zone sombre éclaircie	* Colmatage des fuites lumineuses	* Conception des éclairements et des teintes des revêtements muraux

Défauts image argentique	Perception	Intervenant interne	Intervenant externe
Dominante de couleur dans les images	Image trop rouge ou trop bleue		* Installateur
Manque de densité des images	Noir délavé	* Entretien des optiques	* Remplacement
Manque de définition des images	Zone ou totalité floue	* Entretien et réglage	* Remplacement et alignement
Dédoublements optiques	Flou localisé		* Alignement
Scintillement des images	Sensation de flash rapide	* Excès de luminance	
Luminance aléatoire	« Pompage » de la lumière	* Instabilité de l'arc du brûleur, vérif. de la résiduelle alternative, de l'état du brûleur, de la ventilation de la lanterne	* Éventuels remplacements

Tableau 10.2 – Défauts image numérique.

Défauts image numérique	Perception	Intervenant interne	Intervenant externe
Saut d'image	Absence d'une ou de plusieurs images	*	* Installateur défaut du serveur ou de fichier
Pixellisation	Apparition de blocs de pixels, figés ou en mouvement, sur tout ou sur une partie de l'image	*	* Installateur défaut du serveur, de la liaison ou de fichier
Respect des dimensions des champs d'image	Amputation de visages, des objets dans le champ de l'image, projection hors écran, bords irréguliers	* Choix des macros du projecteur	
Décentrage du champ d'image projetée	En réf. à l'écran : le centre de l'image diffère du centre de l'écran	* Réglage du « shift »	
Distorsion de proportion	En CinémaScope, formes disproportionnées		* Installateur
Distorsion géométrique	Ligne droite incurvée		* Installateur
Luminance	Image sombre		* Brûleur usé ou LUT inadéquate
Manque d'uniformité de luminance	Point lumineux ou zones sombres	*	* Installateur
Lumière parasite	Zone sombre éclaircie	* Colmatage des fuites lumineuses	* Conception des éclairements et des teintes des revêtements muraux
Dominante de couleur dans les images	Image trop rouge ou trop bleue		* Installateur, LUT inadéquate
Manque de densité des images	Noir délavé	* Entretien des optiques	* Installateur, LUT inadéquate
Manque de définition des images	Zone ou totalité floue		* Installateur
Luminance aléatoire	« Pompage » de la lumière	* Instabilité de l'arc du brûleur, état du brûleur	* Éventuels remplacements

Tableau 10.3 – Défauts son.

Défauts son	Perception	Intervenant interne	Intervenant externe
Vitesse de défilement	Tonalité, musicalité		* Installateur
Fluctuations de vitesse	Son chevrotant	* Réglage et entretien	
Distorsion harmonique	Son très nasillard, agressif	* Entretien, réglage du niveau sonore	* Installateur
Dynamique	Son mou	* Nettoyage du lecteur, connectique	* État des éléments
Diaphonie	Dialogue en ambiance		* Installateur
Localisation	Bruits parasites irréguliers sur les haut-parleurs	* Réglage	
Transferts en fréquence	Son trop sourd, trop coloré, trop aigu		* Réglage et remplacement
Niveau de bruit de fond	Audition de bruits sans rapport avec la projection		* Conception et réglage
Temps de réverbération acoustique	Résonance prolongée, mauvaise intelligibilité		* Conception du traitement acoustique
Déséquilibre entre les canaux	Un canal plus fort ou moins fort, plus aigu ou moins aigu	* Test des sources (film CST)	* Révision et/ou remplacement

10.2 Équipements de maintenance

Il est recommandé de disposer des matériels et des équipements suivants afin d'assurer une maintenance rapide et efficace des équipements de projection, et ainsi de garantir la pérennité des séances de projection.

Tableau 10.4 – Support argentique.

Matériels d'entretien	Matériels d'essai	Matériels de rechange
Huile pour mécanisme d'entraînement Huile pour compensateur Chiffons en matériau non abrasif pour l'entretien global Lampe de poche (1 par cabine) Coton-tige : nettoyage du tube optique du lecteur sonore Pinceau souple : dépoussiérage du chemin de film projecteur Brosse à dents : nettoyage des débiteurs Alcool à 90° : dégraissage Jeux de clés 6 pans Jeu de clés plates Jeu de clés à tubes Jeu de tournevis Pinces	Film d'essai de réglage de niveau Film d'essai de diaphonie Film d'essai CST multicanal Mire de définition Mire de cadrage	Brûleur Lampe excitatrice Moteur Miroir de lanterne Jeu de courroies Débiteurs Galets Éléments de couloir de projection Fusibles

Tableau 10.5 – Support numérique.

Matériels d'entretien	Matériels d'essai	Matériels de rechange
Testeur de réseau	Fichier d'essai de réglage de niveau Film d'essai CST multicanal Mire de définition Mire de cadrage	Brûleur Câble réseau Fusibles

10.3 Maintenance des équipements

De manière générale, il ne faut pas oublier que la maintenance régulière et méticuleuse de chaque élément utilisé pour la projection est le seul garant contre les pannes occasionnant des annulations de séances, ou les pertes de qualité faisant fuir le spectateur !

Il est donc important de ne pas négliger les offres de contrats de maintenance, ou pour le moins de former une ou plusieurs personnes de l'entreprise aux opérations minimales de maintenance.

✦ Règle d'or

En tout lieu de la cabine, et à tout moment, l'état de propreté des équipements devra être assuré. Cela nécessite un travail au quotidien de l'opérateur, mais également une conception fonctionnelle du lieu de travail par les architectes et la fourniture par les exploitants des moyens nécessaires à la maintenance.

10.3.1 *La cabine*

✦ Cahier de cabine

Il est fortement recommandé aux opérateurs, chefs-opérateurs et chefs d'équipe d'assurer le suivi des équipements au moyen d'un cahier de cabine dans lequel seront notées toutes les interventions effectuées sur le matériel de projection, telles que :

- remplacement du brûleur ;
- remplacement des patins presseurs du couloir de projection ;
- vidange ;
- remplacement de la lampe excitatrice ;
- remplacement des courroies ;
- réglages de la lanterne ;
- réglages des niveaux Dolby ;
- nettoyages divers ;
- remplacement de l'écran ;
- interventions de l'installateur ;
- remplacement de galets et débiteurs ;
- caractéristiques des copies (support, format image, format son, détériorations) ;
- incidents en cours de projection ;
- gestion informatique ;
- etc.

✦ Heures d'entretien

Il est impératif de prévoir des heures spécifiques dévolues exclusivement à l'entretien des équipements de projection (liste ci-dessus). Ces heures devront nécessairement être retenues hors des séances de projection, afin que l'opérateur puisse correctement effectuer ces opérations de maintenance nécessaires au bon fonctionnement des équipements.

10.3.2 *Dérouleur*

Tous les systèmes de contrôle et de sécurité (palpeurs, ressorts de rappel, bras de commande, galets de guidage, etc.) de ces appareils doivent être régulièrement suivis et entretenus. Notamment, les systèmes de tension de la pellicule, par friction ou par bras de levier, doivent être rigoureusement réglés afin de ne pas occasionner de traction excessive sur la pellicule.

Les systèmes verticaux pouvant servir au rembobinage des copies ne doivent pas disposer de vitesse de rembobinage excessive, toujours pour limiter les contraintes mécaniques sur la pellicule.

10.3.3 *Table de montage*

Il y a lieu de veiller au positionnement et au blocage des bobines afin qu'elles n'échappent pas de leur support lors des opérations de bobinage.

Les vitesses de défilement doivent être réduites afin de limiter les tractions mécaniques sur la pellicule, ainsi que les risques d'accidents avec les bobines de montage. Les systèmes de démarrage et de freinage du bobinage doivent être progressifs, afin de diminuer le frottement des spires entre elles.

Lors des opérations de montage et de démontage, il est impératif qu'aucun contact mécanique ne s'appose sur la surface utile de la pellicule (champ d'image projetable et piste sonore), afin de ne provoquer aucune rayure ou détérioration spécifique. De plus, les parties de pellicules dévidées pour recherche de cadrage doivent être entreposées dans un chutier correctement entretenu.

Aucune opération de démontage ne doit s'effectuer directement sur le projecteur ou le dérouleur en cours de projection. En effet, cette pratique implique qu'une longueur importante de pellicule s'écoule sur le sol pendant le remplacement de la bobine réceptrice (frottements et poussières), et les frottements entre spires (encrassées de poussières) sont importants lors du chargement sur la nouvelle bobine réceptrice.

Rappelons ici que l'essentiel des détériorations des copies, notamment en début et en fin de bobine, se génère lors des opérations de montage et de démontage.

Enfin, il est impératif de restituer la copie telle que reçue, avec notamment les fiches de vérification, dûment complétées, et les amorces de bobines.

10.3.4 *Chemin de film*

Il est recommandé de limiter la longueur des chemins de film entre projecteur et dérouleur, ainsi qu'entre projecteurs de deux salles du même établissement. Sur ces distances, des tractions mécaniques peuvent s'opérer sur la pellicule et les dépôts de poussières sont d'autant plus importants que la distance est grande.

De même, il est important de choisir le cheminement et d'orienter les galets de guidage de telle sorte qu'aucune torsion importante ne s'exerce sur la pellicule. Lors des changements de directions notamment, il est important de prévoir une longueur suffisante sur la partie en torsion afin d'en limiter les effets mécaniques sur la pellicule.

Il sera utile de prévoir des galets sur axes mobiles aux endroits appropriés.

10.3.5 *Lanterne de projection*

✦ Entretien

Outre que toutes les liaisons électriques doivent être en parfait état, il est primordial qu'un entretien régulier des éléments optiques de la lanterne soit effectué. Ainsi, le miroir et le brûleur devront être régulièrement débarrassés de tout dépôt de poussière, de trace d'humidité ou d'huile, etc. Ce nettoyage sera effectué à sec autant que possible, et éventuellement avec de l'eau non calcaire si besoin. L'utilisation de solvant sera exceptionnelle, dans le cas de dépôt gras important.

✦ Ventilation

Une bonne ventilation de la lanterne est un point fondamental de la qualité de l'image, car elle assurera la pérennité des composants optiques : brûleur, miroir, filtre.

Les équipements en place devront permettre simultanément une circulation régulière et homogène de l'air autour des éléments optiques, un débit suffisant mais pas excessif, un bon équilibre de température dans le local cabine, une évacuation efficace des calories.

✧ Circulation homogène

Les arrivées d'air et les reprises d'air dans le volume lanterne doivent être judicieusement réparties afin que le flux d'air balaye régulièrement et sur toute leur surface les éléments optiques, notamment le brûleur. Il sera impératif de ne pas obstruer, même en partie, ces accès.

✧ Débit d'air

Le débit d'air à fournir est fonction de la puissance du brûleur et du volume de lanterne. Chaque type de matériel aura donc sa valeur de flux. Pour donner un ordre d'idée, le débit pour une lanterne équipée d'un brûleur de puissance 1 600 W sera de l'ordre de 350 m^3/h. Il est recommandé de ne pas utiliser un débit excessif, un refroidissement trop important d'une partie des éléments pouvant également générer des détériorations. Il est important de s'assurer régulièrement du bon fonctionnement des ventilateurs de soufflage et d'extraction.

✧ **Température de cabine**

Une bonne ventilation de la cabine est à assurer, afin que le refroidissement de la lanterne ne s'effectue pas avec un air déjà chaud.

✧ **Évacuation des calories**

Il est recommandé de prévoir une évacuation vers l'extérieur des calories ainsi récupérées, afin d'éviter un échauffement excessif de la cabine. Les liaisons seront réalisées avec des gaines hermétiquement reliées. Les coudes et les angles importants sont à éviter. Globalement, un coude équivaut à un mètre de gaine supplémentaire. Les sections des gaines seront au minimum constantes. En aucun cas, une gaine de section réduite ne doit succéder à une gaine plus large : l'impédance de charge devenant alors trop importante pour les ventilateurs, un bouchon peut alors se créer. La gaine évacuera l'air chaud vers l'extérieur du bâtiment, et non dans un autre local, même un comble. Un ventilateur extracteur sera impérativement placé en extrémité de gaine à l'extérieur du bâtiment. Le débit généré par cet extracteur sera supérieur à celui du ventilateur d'extraction de lanterne. Les liaisons de plusieurs gaines entre elles ne pourront se réaliser que si les orientations des flux d'air sont convergentes et si les adaptations en impédance sont effectuées. Si les flux ne sont pas correctement équilibrés, des phénomènes de refoulement peuvent se produire. Enfin, une surveillance du bon état des systèmes sera régulièrement effectuée : fonctionnement de tous les ventilateurs, libre circulation de l'air dans les gaines.

10.3.6 *Redresseur*

Il est conseillé d'installer les redresseurs à proximité immédiate des lanternes, afin d'éviter les longueurs de câbles occasionnant des pertes.

Les diodes et les condensateurs doivent être remplacés régulièrement.

La résiduelle alternative doit être limitée à celle tolérée par les brûleurs (environ 5 % de la tension continue nominale).

Il est important d'utiliser un redresseur adapté à la puissance électrique du brûleur. Tout système inadapté provoquera une usure accélérée du brûleur.

10.3.7 *Presse à coller*

Un entretien régulier des picots, des trous de percements et des ciseaux devra être effectué (bain de trichloréthylène, grattage). Des collures présentant des bavures, des surépaisseurs ou des irrégularités peuvent occasionner des ruptures de pellicule en défilement, des blocages dans les éléments resserrés du chemin de film, des dépôts collants amalgamant la poussière, etc.

Il est également impératif d'utiliser un ruban adhésif approprié à la collure de pellicule, afin d'assurer une propreté et une fiabilité des collures. L'utilisation d'un ruban adhésif de papeterie entraîne une fragilisation des collures, ainsi que des bavures de colles.

10.3.8 *La chaîne sonore*

✦ Rack son

Une bonne ventilation des composants électroniques doit être assurée, en température et en hygrométrie (de 10 à 30° et moins de 60 % d'humidité).

L'implantation des potentiomètres de niveau sonore doit être telle que les réglages soient effectuables rapidement et efficacement.

Les connexions doivent être efficacement blindées. Les liaisons cellule-préamplificateur doivent notamment être protégées et installées dans des gaines séparées des chemins de câbles d'alimentation.

La mise à la terre doit être de qualité.

✦ Chaîne son

Il est important d'effectuer un suivi méthodique et méticuleux de tous les éléments de la chaîne sonore, afin d'en assurer la pérennité. Ainsi, un contrôle régulier du fonctionnement des amplificateurs (fusibles, alimentation, signal en sortie, connexions) et des enceintes acoustiques (présence de signal sur tous les haut-parleurs de chaque enceinte) doit être régulièrement effectué.

Le réglage du niveau Dolby et l'équilibrage subjectif (au moyen d'un film test étalonné) entre canaux doivent être réalisés fréquemment (au moins une fois par mois), et en tout cas à chaque manipulation ou intervention sur le lecteur (tube optique, lampe excitatrice).

10.4 Distributeurs

Afin de projeter les films suivant les standards d'image et de son voulus par le réalisateur, le producteur et toute l'équipe de réalisation, et dans le respect des recommandations décrites dans le présent document, les opérateurs de projection ont besoin d'être clairement et complètement informés desdits standards utilisés, à savoir :

✦ Image

Format (rapport de dimensions) du champ d'image projetable, c'est-à-dire de la zone à projeter réellement. Il est souhaitable de préciser si la copie est enregistrée en plein cadre.

✦ Son

- Enregistrement monophonique ou stéréophonique.
- Type de réduction de bruit de fond (Dolby A, SR ou autre).
- Son numérique.
- Ambiance trois canaux.

✦ Informations générales

- Type de support de pellicule.
- Nombre et identification précise des bobines.
- Durée exacte du film.
- Utilisation d'un blanchiment de la pellicule (conservation des substances argentiques pouvant faciliter un échauffement excessif de la pellicule dans certaines configurations).

La transmission de ces informations est fondamentale, autant pour la qualité de la diffusion de la copie que pour la sauvegarde du bon état de celle-ci.

10.5 Billetteries informatisées

Les salles de cinéma peuvent disposer de systèmes de billetterie informatisée.

Ces systèmes doivent répondre aux stipulations du « Cahier des charges minima des systèmes informatisés de billetteries à usage des salles de spectacles cinématographiques » publié en annexe d'un arrêté de mars 1996 relatif au contrôle des recettes dans les salles de spectacles cinématographiques publié au *Journal officiel.*

Ce cahier des charges a été rédigé et cosigné par le directeur général du Centre national de la cinématographie et le ministre de l'Économie et des Finances.

La CST réalise les tests de conformité des logiciels aux stipulations de ce cahier des charges et délivre un avis technique au CNC. Cet avis participe à la décision d'homologation du logiciel par le CNC.

Les logiciels, pour être homologués, doivent également permettre d'assurer la transmission électronique des bordereaux hebdomadaires de recette, *via* le protocole Web Cinédi. L'homologation par rapport à ce protocole est directement effectuée par les services du CNC.

Un nouveau cahier des charges sera édité en 2007.

10.6 Niveaux sonores des bandes-annonces et des publicités

On trouvera au chapitre 11 le texte intégral de la recommandation CST portant sur la gestion des niveaux sonores des publicités et des bandes-annonces en projection 35 mm. Ces recommandations sont disponibles en ligne sur le site de la CST (www.cst.fr).

10.7 Fiche technique de vérification des copies

La CST édite une fiche de vérification des copies (disponible sur site CST).

Cette fiche est destinée à tous les utilisateurs des copies, depuis le laboratoire jusqu'au projectionniste, afin de suivre la vie de la copie et de valider sa qualité et son état.

10.8 Lexique

Les définitions ci-dessous sont issues de la norme ISO 4246 – 1984.

Contretype : négatif ou positif de la seconde génération.

Contretype combiné : contretype sur lequel ont été tirées les images et la piste sonore correspondante, avec le décalage image/son normalisé pour les copies d'exploitation.

Contretype négatif : film à images négatives obtenu à partir d'un master positif.

Copie (film traité) : terme générique pour désigner tout film obtenu par tirage d'un négatif, d'un original inversible.

Copie 0 : copie destinée à la vérification et à l'approbation des travaux du laboratoire tels que l'étalonnage et le synchronisme son/image.

Copie anamorphosée : copie qui porte une image comprimée dans le sens horizontal.

Copie antenne : copie positive convenant aux données spécifiques du télécinéma.

Copie contact : copie obtenue par contact direct entre le côté image du négatif et la couche photosensible du film photosensible vierge.

Copie d'essai : usuellement, copie combinée et synchronisée image et son, soumise au client par le laboratoire pour contrôle préliminaire et approbation avant le tirage de la copie 0.

Copie d'étalonnage : première copie d'essai, image et son, tirée pour le contrôle et la rectification des défauts dans la qualité de l'image et/ou du son.

Copie d'exploitation : copie positive tirée pour la distribution.

Copie de référence : copie noir et blanc ou couleur (sonore), tirée dans des conditions optimales d'étalonnage et à laquelle doivent être conformes les copies d'exploitation.

Copie de sécurité : copie tirée à titre de précaution en cas de perte ou de détérioration du négatif original.

Copie de travail :

1) Copie positive contenant des plans d'un film en cours de réalisation, utilisée par le monteur pour effectuer son travail.

2) Copie positive tirée d'après le négatif monté ou le contretype, destinée à être découpée en scènes élémentaires montées en boucle en vue des opérations de postsynchronisation ou de doublage.

Copie fraîche :

1) Copie positive venant de sortir de la machine à développer et non encore projetée.

2) Film qui n'est pas encore en équilibre d'humidité avec l'atmosphère ambiante et peut montrer, à la première projection, un effet de pompage.

Copie hydrotypique : copie faite sur un film à gélatine mordancée par report de colorant de la matrice teintée.

Copie lavande (copie bleue) : master positif noir et blanc, grain fin, sur support bleuté, employé autrefois pour l'établissement de contretypes négatifs.

Copie muette : copie portant seulement l'image, sans piste sonore.

Copie positive : film qui contient la copie de la scène originale photographiée.

Copie standard : copie portant sur le même film l'image et le son correspondant.

Extraction trichrome : terme s'appliquant à la copie noir et blanc des trois négatifs de sélection.

Film de long métrage : élément principal d'un programme cinématographique.

Intermédiaire (négatif ou positif) : internégatif (ou interpositif) tiré comme intermédiaire pour obtenir des contretypes positifs (ou négatifs).

Internégatif : négatif tiré d'un positif original.

Master noir et blanc : interpositif noir et blanc tiré sur film panchromatique à partir d'un négatif original en couleurs.

Master positif : copie positive tirée d'un négatif original en vue de l'établissement d'un contretype négatif.

Négatif : film portant des images de polarité inverse de celle du sujet original.

Négatif combiné : film négatif comportant simultanément les enregistrements des images et des sons.

Négatif de sélection : les négatifs noir et blanc, chacun impressionné avec interposition de filtre transmettant seulement la lumière afférente à l'une des trois couleurs primaires.

Négatif image : film comportant les négatifs des images photographiques.

Négatif original : négatif exposé dans une caméra.

Pellicule inversible : pellicule conçue et traitée de façon à donner, après traitement, une image de même polarité que la scène enregistrée.

Positif son direct : film comportant la piste son photographique enregistrée directement en positif.

Rushes : première copie de contrôle de toutes les scènes tournées pendant une journée de production, pour déterminer si la photographie, le jeu des acteurs et l'enregistrement du son sont acceptables.

Tirage par extraction : opération effectuée à partir d'un original couleur sur trois pellicules noir et blanc, avec filtrage approprié (informations bleue, verte et rouge).

10.9 Catalogue CST

La CST édite un certain nombre de films test qui peuvent être utilisés autant pour régler que pour contrôler les installations de projection des images et de reproduction des sons. Au-delà de cette liste, la CST peut réaliser à la demande tous les films test appropriés (image, son analogique photographique et magnétique). Pour le son numérique, il est plus approprié de se fournir auprès des marques proposant un système (Dolby, DTS, SDDS), sauf pour le film de contrôle indiqué ci-dessous.

10.9.1 *Films test image*

✦ CST – FT – 03 – P – 35 – 2001 – CAD

Il s'agit d'un film de contrôle des champs d'image projetée des 4 formats normalisés 35 mm.

Ce film comporte les limites des champs nominaux d'image projetée dans les quatre formats normalisés (Standard 1,37, Panoramiques 1,66 et 1,85 et CinémaScope 2,39), ainsi que les tolérances applicables lors de la découpe des fenêtres de projection. Les valeurs retenues sont celles de l'ISO 2907, redéfinies en 2000.

Cette mire contient également des éléments contrastés permettant d'évaluer la présence d'un filage.

Cette mire comporte également un cercle et un rectangle permettant d'évaluer le coefficient d'anamorphose des lentilles anamorphiques utilisées (si le cercle est parfait à la projection, le coefficient est bien de 2).

✦ CST – FT – 04 – P – 35 – 2001- DEF normale

Il s'agit d'un film de contrôle de la netteté des images projetées des formats « plats ».

Ce film comporte en différents points de l'image (centre, angles, zones médianes) des systèmes de mires de traits, orientées dans quatre directions (définition CEI –

vertical, horizontal, oblique à droite, oblique à gauche). Cette mire permet de visualiser à l'écran la possibilité qu'offre le système de projection (lanterne, objectif, hublot) de transmettre la résolution des images effectivement enregistrée sur la pellicule.

- **CST – FT – 05 – P – 35 – 2001 - DEF Ana**

Il s'agit d'un film de contrôle de la netteté des images projetées du format anamorphosé.

Ce film comporte en différents points de l'image (centre, angles, zones médianes) des systèmes de mires de traits, orientés dans quatre directions (définition CEI – vertical, horizontal, oblique à droite, oblique à gauche). Cette mire permet de visualiser à l'écran la possibilité qu'offre le système de projection (lanterne, objectif, hublot) de transmettre la résolution des images effectivement enregistrée sur la pellicule. La valeur de résolution verticale est divisée par 2, en proportion du coefficient d'anamorphose.

- **CST – FT – 06 – P – 35 – 2001 – FIX**

Il s'agit d'un film de contrôle de la fixité des images projetées.

Ce film comporte 4 surfaces blanches, enregistrées photographiquement avec une méthodologie permettant d'assurer une « stabilité » de positionnement de ces images de 0,05 %.

10.9.2 *Films test son*

- **CST – FT – 002 – S – 35 – 2001 – LOC**

Il s'agit d'un film de contrôle de la localisation des pistes sonores analogiques.

Ce film comporte une piste sonore totalement noire sur la largeur nominale de la piste sonore analogique. De chaque côté de cette piste noire, un signal carré est enregistré (un à 400 Hz, côté perforations, et un à 1 000 Hz, côté image). La lecture d'un de ces signaux indique que le lecteur est décalé.

- **CST – FT – 01 – S – 35 – 2003 - Chaîne B**

Il s'agit d'un film de contrôle du bon fonctionnement de l'ensemble de la chaîne sonore.

Ce film test, édité par la Commission supérieure technique de l'image et du son, avec l'aimable autorisation de Dolby Laboratories, DTS et SDDS, est destiné à vérifier le bon fonctionnement de l'ensemble de la chaîne de reproduction sonore des salles de cinéma, qu'elles soient analogiques ou numériques.

Chapitre 11

Recommandations techniques CST

11.1 Gestion des niveaux sonores des films publicitaires et des bandes-annonces destinés à l'exploitation cinématographique : RT – 003 – S 2001

1/ Objet

Le présent document a pour objet de définir les critères et conditions d'enregistrement des :

- pistes sonores associées aux bandes-annonces des films long métrage ;
- films publicitaires ;
- et d'une façon générale tous les messages diffusés lors de la première partie de la séance,
- sur le critère de l'énergie sonore délivrée.

2/ Descriptif des moyens de diffusion

2.1 Moyens de reproduction en salle

Les chaînes sonores équipant les salles de cinéma permettent de diffuser les bandes sonores selon les méthodologies suivantes :

- Piste sonore monophonique de type analogique, enregistrée photographiquement (piste à élongation variable).

- Piste sonore stéréophonique de type analogique, enregistrée photographiquement, encodée en réduction de bruit de fond type A, et matricée pour une reproduction multicanale 4.1.
- Piste sonore stéréophonique de type analogique, enregistrée photographiquement, encodée en réduction de bruit de fond type SR, et matricée pour une reproduction multicanale 4.1.
- Piste sonore multicanale de type numérique, enregistrée photographiquement, avec traitement du signal de type Dolby Digital (anciennement SR-D).
- Piste sonore multicanale de type numérique, enregistrée photographiquement, avec traitement du signal de type Sony SDDS.
- Piste sonore multicanale de type numérique, enregistrée sur support séparé de type informatique, avec code de synchro enregistré photographiquement, avec traitement du signal de type DTS.
- Piste sonore multicanale de type numérique associée à une projection de type cinéma numérique.

2.2 Procédés d'enregistrement utilisés aujourd'hui pour les bandes-annonces

Lors de la réalisation des bandes-annonces des films, les procédés suivants sont utilisés :

- Piste sonore stéréophonique de type analogique, enregistrée photographiquement, encodée en réduction de bruit de fond type SR, et matricée pour une reproduction multicanale 4.1.
- Piste sonore multicanale de type numérique, enregistrée photographiquement, avec traitement du signal de type Dolby Digital (anciennement SR-D).
- Piste sonore multicanale de type numérique, enregistrée sur support type informatique, avec code de synchro enregistré photographiquement, avec traitement du signal de type DTS.
- Piste sonore multicanale de type numérique, enregistrée photographiquement, avec traitement du signal de type Sony SDDS.

2.3 Procédés d'enregistrement utilisés aujourd'hui pour les publicités

Lors de la réalisation des bandes sonores des films publicitaires, les procédés suivants sont utilisés :

- Piste sonore stéréophonique de type analogique, enregistrée photographiquement, encodée en réduction de bruit de fond type SR, et matricée pour une reproduction multicanale 4.1.
- Piste sonore multicanale de type numérique, enregistrée photographiquement, avec traitement du signal de type Dolby Digital (anciennement SR-D).
- Piste sonore multicanale de type numérique, enregistrée sur support type informatique, avec code de synchro enregistré photographiquement, avec traitement du signal de type DTS.

- Piste sonore multicanale de type numérique, enregistrée photographiquement, avec traitement du signal de type Sony SDDS.

3/ Objectifs

Le présent document établit les différents points suivants :

- Définition du type d'enregistrement à retenir pour l'enregistrement des pistes sonores des films publicitaires et des bandes-annonces des films long métrage, et plus généralement de tous les programmes diffusés pendant la première partie des séances, hors court métrage (le court métrage est une œuvre déclarée au bordereau de recette).
- Méthodologie d'analyse des niveaux sonores et/ou de l'énergie spectrale des bandes sonores des films.
- Limites maximales admises pour le niveau et/ou l'énergie spectrale des films.
- Méthodologie de mise en application des recommandations ci-dessus, incluant les dates butoirs, les acteurs de contrôle, les moyens de recours et d'authentification.

4/ Types d'enregistrements sonores

Dans le présent chapitre, il est défini le ou les types d'enregistrement sonore recommandés pour la réalisation des bandes sonores des films sur les copies transmises vers les salles, choisis parmi les types d'enregistrement définis au chapitre 2.1 ci-dessus.

4.1 Genèse

Dans les réflexions du groupe de travail de la CST qui a rédigé le présent document, il a été convenu de retenir le ou les systèmes d'enregistrement des pistes sonores qui imposent un contrôle qualité obligatoire avant report sur la copie. Cela implique qu'une seule et même personne (au sens de personne morale ou entreprise traitant le signal, c'est-à-dire les consultants officiels des fournisseurs de technologie, aujourd'hui Dolby, DTS et SDDS) aura nécessairement à juger de la qualité audio de la bande sonore. Cette personne est donc à même de signaler systématiquement les dépassements et manquements éventuels lors de son contrôle de qualité.

Il s'avère que dans le traitement du signal en fin de postproduction, le seul vrai contrôle systématique qui est effectué par un prestataire indépendant est le contrôle qualité du mixage numérique, que ce soit Dolby Digital, DTS ou SDDS.

Dans la théorie, ces trois systèmes peuvent être utilisés autant pour les bandes-annonces films, pour les spots de bandes-annonces film, ainsi que pour les films publicitaires.

4.2 Engagement

Les signataires du présent document s'engagent donc à ce que les pistes sonores des films publicitaires destinés à des campagnes nationales, les bandes-annonces des films long métrage, les spots des bandes-annonces

film, ainsi que tous les films diffusés en première partie avant le long métrage (films promotionnels, confiseries, etc.) soient réalisées selon l'un au moins des procédés numériques décrits au paragraphe 2.1.

Concernant les films publicitaires destinés à des campagnes « locales » à la salle de cinéma diffusant les films, il peut être admis que seule la piste analogique photographique type SR soit inscrite sur la copie d'exploitation. Il est cependant fortement conseillé que, même pour ce type de films, on utilise l'un au moins des procédés numériques.

5/ Méthodologie d'analyse des pistes sonores

5.1 Objet

Il s'agit dans ce chapitre de définir la méthodologie de mesure et d'analyse de l'énergie sonore des pistes sonores enregistrées.

5.2 Étude technique

Le BSI (*British Standard Institute*) a rédigé une norme (BS 5550:7.4.2). Cette norme inclut l'analyse des bandes sonores en en étudiant l'énergie *via* la méthodologie des niveaux équivalents (Leq). Cette norme est en cours d'internationalisation au niveau de l'ISO (ISO/DIS 21727 – « Cinematography – Method of measurement of perceived loudness of motion-picture audio material »).

Cette méthodologie des niveaux équivalents permet non seulement de prendre en compte les niveaux absolus contenus dans les bandes sonores, mais également la répartition spectrale et la répartition temporelle, deux points fondamentaux dans la perception par le spectateur d'une gêne, d'une nuisance ou d'une fatigue pouvant amener soit à un rejet de la diffusion sonore (réflexe psycho-acoustique), soit à des traumatismes du système auditif (réflexe physiologique).

La norme BSI définit et prend en compte une pondération de type m, qui intègre à la mesure de l'énergie sonore des paramètres pondérateurs liés aux spécificités de l'enregistrement et de la diffusion sonore cinématographique (gammes de dynamique, bandes passantes, perturbations acoustiques en salle, etc.).

Enfin, cette méthodologie présente l'avantage de pouvoir estimer l'énergie sonore acoustique d'une bande sonore diffusée en salle *via* une mesure au niveau électrique en sortie d'un processeur sonore de reproduction sonore cinématographique. La mesure peut donc être répétée de façon fiable et indépendante de conditions de reproductions non normalisées. Il ne s'agit pas en effet ici de gérer les chaînes de reproduction sonore, qui font l'objet de méthodologies d'alignement clairement définies, mais de gérer un bon équilibre des niveaux d'énergie des différentes bandes sonores diffusées au cours d'une même séance de spectacle cinématographique.

5.3 Engagement

Les signataires du présent document s'engagent à utiliser la méthodologie de mesure de l'énergie sonore telle que définie dans la norme BSI 5550:7.4.2 pour

l'analyse des bandes sonores au niveau de la réalisation du master numérique servant à l'enregistrement de la piste sonore.

Dans le cas des films publicitaires à diffusion locale utilisant uniquement des pistes photographiques analogiques type SR (voir le chapitre 4), la même méthodologie sera appliquée au niveau de l'élément ayant permis le tirage des copies diffusées en salle.

À ce jour, il est recommandé que les analyses soient effectuées en utilisant un appareil de type Dolby Model 737 dûment étalonné. Toutefois, si des appareils d'autres marques permettent dans le futur de réaliser les mêmes mesures dans les mêmes conditions et avec la même précision, ils pourront être utilisés, après validation de leurs caractéristiques par un organisme indépendant. La CST pourra éventuellement être un de ces organismes.

6/ Valeurs maximales

6.1 Étude technique

La valeur qui est définie au paragraphe suivant prend en compte les expériences déjà menées antérieurement tant en France (suite au protocole de 1998 concernant l'enregistrement des pistes analogiques) qu'à l'étranger, où de nombreux pays utilisent déjà la méthodologie Leq(m).

Par ailleurs, on observe en France une particularité qui consiste en l'achat d'espaces publicitaires par les distributeurs de films long métrage dans les fenêtres des régies publicitaires. Ainsi, les bandes-annonces et les spots de bandes des films long métrage peuvent être diffusés indifféremment hors ou dans la fenêtre de régie publicitaire.

Il serait donc idéal qu'il n'y ait qu'une seule valeur recommandée, quel que soit le type de film (bandes-annonces ou publicités). Cependant, au regard des recommandations proposées dans d'autres pays, et afin d'assurer une pérennité de nos recommandations autant à l'exportation qu'à l'importation, il est admis que deux valeurs soient recommandées, une pour les films publicitaires et une pour les bandes-annonces.

6.2 Engagement

6.2.1 Bandespublicitaires

La valeur maximale d'énergie sonore des bandes sonores relevées selon la méthodologie décrite en 5.3 ne doit pas excéder la valeur : 82 dB Leq(m).

6.2.2 Bandes-annonces de films long métrage

La valeur maximale d'énergie sonore des bandes sonores relevées selon la méthodologie décrite en 5.3 ne doit pas excéder la valeur : 85 dB Leq(m).

7/ Méthodologies de mise en application

7.1 Date butoir

La mise en application totale est programmée au 3 juillet 2002.

7.2 Habilitation du contrôle

Concernant la validation de l'énergie des bandes sonores destinées à un enregistrement de type numérique, c'est le consultant de la société proposant la technologie numérique (Dolby, DTS, SDDS) qui est habilité à accepter ou à rejeter une bande sonore, en référence aux stipulations de la présente recommandation.

Concernant la validation de l'énergie des bandes sonores destinées à un enregistrement de type analogique photographique type SR, c'est le consultant (Dolby, DTS) qui est habilité à valider le report optique.

7.3 Recours

En cas de contestation du rejet d'une bande sonore par le consultant habilité, la CST (Commission supérieure technique de l'image et du son) est habilitée, sous l'égide du Centre national de la cinématographie, à effectuer une contre-expertise infirmant ou confirmant la non-conformité aux stipulations de la présente recommandation.

7.4 Information aux personnes concernées

Les membres du groupe de travail ont pour mission de diffuser ou de faire diffuser auprès de tous les contacts professionnels concernés le contenu de la présente recommandation (prestataires de postproduction, consultants représentant les sociétés Dolby, DTS, SDDS, laboratoires de report, régies de publicités, Fédération nationale des cinémas français, Fédération nationale des distributeurs de films, Fédérations des producteurs, etc.).

La CST publiera un communiqué de presse dans la presse professionnelle.

La CST placera le document sur son site internet www.cst.fr, à titre permanent.

Tous les lieux de préparation du son s'engagent à installer dans leur chaîne de production un processeur Dolby Model 737 ou équivalent. Ils s'engagent également à en assurer la maintenance et les réglages nécessaires au bon fonctionnement.

8/ Méthodologie de mesure

8.1 Appareillage

L'appareil de référence utilisé pour les relevés d'énergie sonore est le Dolby Model 737.

Toutefois, si des appareils d'autres marques permettent dans le futur de réaliser les mêmes mesures dans les mêmes conditions et avec la même précision, ils pourront être utilisés, après validation de leurs caractéristiques par un organisme indépendant.

8.2 Sources analysées

Les sources utilisées pour le contrôle peuvent être :

- Pistes photographiques Lt-Rt de copies d'exploitation, encodées SR.
- Son numérique multicanal issu de copies d'exploitation (Dolby Digital, DTS, SDDS).

- Tous supports de postproduction destinés au report optique : MOD, Hi8, bandes magnétiques 35 mm.

8.3 Alignement de l'appareillage

Le niveau d'alignement en entrée du processeur Dolby 737 devra être impérativement ajusté avant toute opération d'analyse d'une bande sonore, au moyen des bandes d'alignement habituelles (type Dolby Tone, DTS Tone, etc.).

Une vérification de la validité de l'alignement pourra être effectuée en lisant au travers de la chaîne de mesure une version du film de démonstration Dolby Aurora. Pour ce film test, la valeur 82 dB Leq(m) devra impérativement être obtenue.

8.4 Signal analysé

8.4.1 Pistes analogiques SR

Toutes les copies disposent d'une piste analogique optique codée SR, servant soit pour la diffusion dans les salles non équipées en système de reproduction numérique, soit de secours lors de décrochage des pistes numériques.

Le signal analysé est le signal complet Lt-Rt décodé SR, mais non dématricé 4.1, injecté sur les entrées Lt et Rt du processeur Dolby 737.

8.4.2 Pistes numériques

Le signal analysé est le signal complet 5.1 sur l'entrée 6 canaux du processeur Dolby 737.

8.4.3 Précautions

Le signal analysé devra être exempt de toute correction. Si le signal est analysé en sortie d'un processeur de diffusion en salle (Dolby CP 650, DTS 6 AD, SDDS DFP, etc.), tous les réglages de correction ou d'égalisation électroacoustique devront être ajustés à 0.

Par ailleurs, le niveau d'alignement en entrée du processeur Dolby 737 devra être impérativement ajusté avant toute opération d'analyse d'une bande sonore.

8.5 Durée d'analyse

La totalité de la bande sonore associée à l'image montée devra être analysée, ni plus ni moins. Le déclenchement de la mesure devra être effectué dès la première « image sonore », soit :

- lecture analogique photographique : 21 images en amont de la première image montée ;
- lecture numérique type Dolby Digital : 26 images en amont de la première image montée ;
- lecture numérique type DTS : 21 images en amont de la première image montée.

L'arrêt de la mesure devra être effectué à la dernière « image sonore », soit :

- lecture analogique photographique : 21 images en amont de la dernière image montée ;

- lecture numérique type Dolby Digital : 26 images en amont de la dernière image montée ;
- lecture numérique type DTS : 21 images en amont de la dernière image montée.

9/ Bibliographie

Protocole du 20 novembre 1997 « Enregistrement de type Dolby Stéréo SR pour les bandes publicitaires et les bandes-annonces projetées dans les salles de cinéma », rédigé sous l'égide de la Commission supérieure technique de l'image et du son.

Technical Bulletin Dolby© « Information importante concernant les nouvelles normes d'enregistrement en référence aux niveaux d'énergie Leq(m) pour tous les films publicitaires et bandes-annonces », octobre 2001.

British Standard 5550:7.4.2.

ISO/CD 21727 « Cinématographie – Méthode de mesure de l'intensité sonore perçue pour les films cinématographiques ».

11.2 Alignement des niveaux sonores des processeurs : RT – 007 – S 2001

Méthodologie d'alignement des niveaux de reproduction sonore entre les différents processeurs d'une chaîne de reproduction sonore cinématographique.

1/ Objet

Le présent document a pour objet de définir une méthodologie commune à tous les intervenants de la chaîne de reproduction sonore pour l'alignement des niveaux sonores en sortie des différents processeurs de la chaîne A, notamment les processeurs numériques, afin de garantir une continuité de niveau de diffusion quel que soit le support de lecture retenu.

2/ Historique

Cette recommandation est éditée, car il apparaît qu'actuellement les différentes méthodologies de réglage utilisées, notamment à partir de bruits roses d'origines différentes, ne permettent pas de garantir une cohérence parfaite des niveaux sonores en fonction des types de supports.

Il apparaît notamment que lorsque l'on aligne un processeur Dolby avec une carte Dolby CAT 85C (générateur de bruit rose), un écart de niveau d'environ 1,7 dB sera mesuré en salle avec un alignement sur un processeur DTS utilisant le disque de référence de bruit rose DTS.

Il en résulte que, lors d'une comparaison entre sources numériques (cas d'école pas utilisé en exploitation), ou lors de commutations de numérique DTS vers l'analogique SR, un écart de niveau de la même valeur est audible en salle.

Cela explique aussi en partie pourquoi, dans la grande majorité des installations, le potentiomètre de niveau général est très souvent positionné ∫ point plus bas en DTS qu'en Dolby Digital, pour une même sensation sonore en salle.

3/ Domaine d'application

Le domaine d'application concerne UNIQUEMENT les salles équipées d'un processeur analogique de marque Dolby, auquel est associé un processeur numérique DTS et éventuellement un processeur numérique Dolby Digital.

Pour les salles équipées de processeurs de traitement du son analogique d'autres marques (DTS, SDDS, Ultra Stéréo, etc.), les procédures d'alignement en cours restent les mêmes. Il est cependant conseillé de valider les réglages acoustiques par des étalonnages de niveaux électriques.

4/ Descriptif de la chaîne

Il est donc important de redéfinir point par point les interventions à réaliser sur l'ensemble des réglages, ainsi que les méthodologies et moyens à utiliser, afin de garantir la cohérence des niveaux sonores quel que soit le moyen de lecture utilisé [*figure 11.1*].

5/ Méthodologie

5.1 Alignement du signal analogique – Point 1 du synoptique

Afin d'aligner le signal analogique d'entrée Lt-Rt dans le processeur Dolby, il y a lieu de :

- utiliser un film test de référence type Dolby CAT 69 T ;
- positionner le processeur sur le format 01 (mono) ;
- après nettoyage et réglage du lecteur optique, ajuster le niveau sonore, soit *via* les potentiomètres, soit *via* les menus, afin que les deux diodes vertes soient allumées pour chaque canal.

5.2 Alignement du signal numérique Dolby Digital

Pour information, le fichier Dolby Digital AC3 est codé en studio, en référence au Dolby Level (référence absolue Dolby). Le processeur numérique Dolby Digital installé en salle décode l'ensemble des données de telle sorte que la référence Dolby Level soit systématiquement alignée à 300 mV.

Il n'y a donc aucun réglage à effectuer sur ce point. D'ailleurs, aucun réglage n'est accessible.

5.3 Alignement du signal numérique DTS – Point 3 du synoptique

En utilisant le signal de référence 1 000 Hz fourni sur le disque test DTS DS2, ajuster le niveau électrique en sortie du processeur DTS (point 3 du synoptique), afin que ce niveau soit référencé à 300 mV.

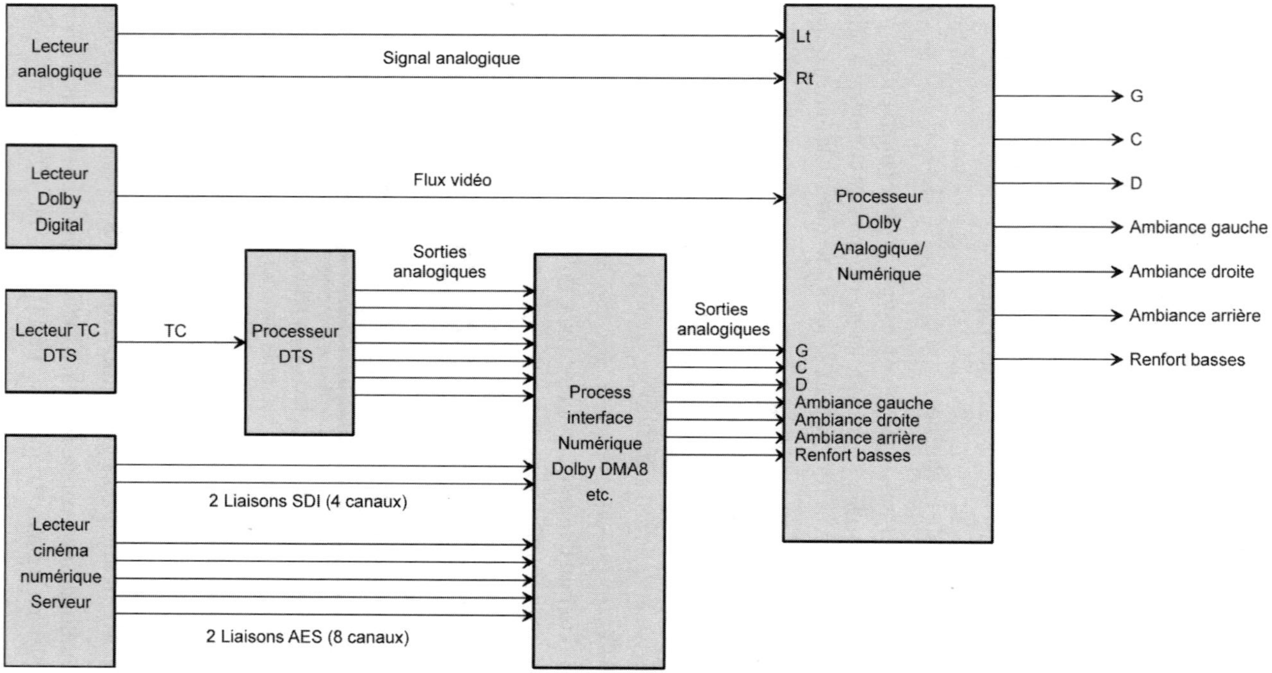

Figure 11.1 – Synoptique général simplifié de la chaîne A d'une chaîne de reproduction sonore cinématographique.

5.4 Contrôle des alignements – Point 2 du synoptique

En théorie, si tous les réglages d'alignement ont été effectués comme indiqué ci-dessus, les niveaux électriques relevés en sortie de processeur (point 2) lors de la lecture des différents signaux test (Dolby Tone analogique, Dolby Level Dolby Digital, DTS Level) doivent être équivalents.

5.5 Autres alignements

Lors de ces réglages, il y a également lieu de s'assurer de la validité des réglages de diffusion en mono et en Bypass. Ces réglages peuvent s'effectuer de façon valide avec le générateur de bruit rose.

6/ Références

Les documentations à prendre en référence sont :

- Ensemble des procédures de réglage des processeurs Dolby, diffusées par Dolby avec les processeurs.
- Ensemble des procédures de réglage des processeurs DTS, diffusées par DTS avec les processeurs.

On trouvera ci-dessous la note technique CST – NT – 001 – P – 2001, rédigée par Michel Baptiste, rappelant les normalisations en vigueur sur le sujet de la synchronisation son-image.

11.3 Synchronisation son-image des copies d'exploitation 35 mm : NT – 001 – P 2001

La distance entre la position d'une image sur la copie et celle du son analogique correspondant, enregistré sur cette copie (piste photographique), sont définies par les documents suivants :

1/ Enregistrement sur la copie

Norme internationale ISO 2939 : « Champ d'image et piste sonore photographique sur les copies d'exploitation de 35 mm - Emplacements et dimensions » (1975).

Ce document précise au paragraphe 3.3 : « Le son enregistré doit être décalé, par rapport au centre de l'image correspondante, d'une distance correspondant à 21 ± 1/2 images dans le sens de défilement du film au cours de sa projection normale. »

2/ Lecture sur le projecteur

Norme internationale ISO/DIS 4241 : « Amorces pour copies d'exploitation et repères d'enchaînement » (révision en 2000 du document de 1978).

Ce document prévoit une distance de 20 images entre la fenêtre image du projecteur et la fente de lecture du lecteur sonore analogique.

3/ Synchronisation son image dans la salle

Le son est enregistré, sur la copie, décalé de 21 images en avance sur l'image. Le champ de lecture du lecteur sonore est normalement décalé de 20 images en avance par rapport à la fenêtre de projection.

Il résulte de ces dispositions :

Le son sera donc reproduit, sur le projecteur, avec un décalage de 1 image, en avance sur l'image correspondante, soit 1/24 s à la cadence de 24 images par seconde.

Cette disposition a été adoptée pour tenir compte de la vitesse de propagation du son (340 m/s). Alors que l'image apparaît instantanément au spectateur, le son lui parviendra après un certain délai, proportionnel à la distance le séparant de la source sonore.

Si ces deux décalages, précédemment mentionnés, sont parfaitement respectés, et pour une projection à 24 images par seconde, le son sera donc parfaitement synchrone avec l'image à une distance de la source sonore égale à :

$$d\,(\mathrm{m}) = v\,(\mathrm{m/s}) \cdot t\,(\mathrm{s}) = 340 \times \frac{1}{24} = 14{,}10\ \mathrm{m} \quad [\textit{figure 11.2}]$$

4/ Synchronisation en son numérique

Pour les pistes sonores Dolby Digital et SDDS, le traitement du signal nécessite un certain délai. Il est donc nécessaire que le signal sonore soit lu relativement en avance par rapport à l'image.

Pour le Dolby Digital, le temps de traitement est de 26 images.

Pour le SDDS, il est d'environ 60 images.

Pour le DTS, le time code est synchro sur l'image (lecture en temps réel).

Les lecteurs numériques peuvent être placés « n'importe où » en amont, car les trois systèmes disposent de lignes à retard permettant de resynchroniser efficacement un son lu en avance.

Par contre, lors du montage des copies, il est recommandé de prendre garde de ne pas supprimer des images, en début ou en fin de bobines. Cela générerait des pertes de signal sonore, avec basculement vers l'analogique.

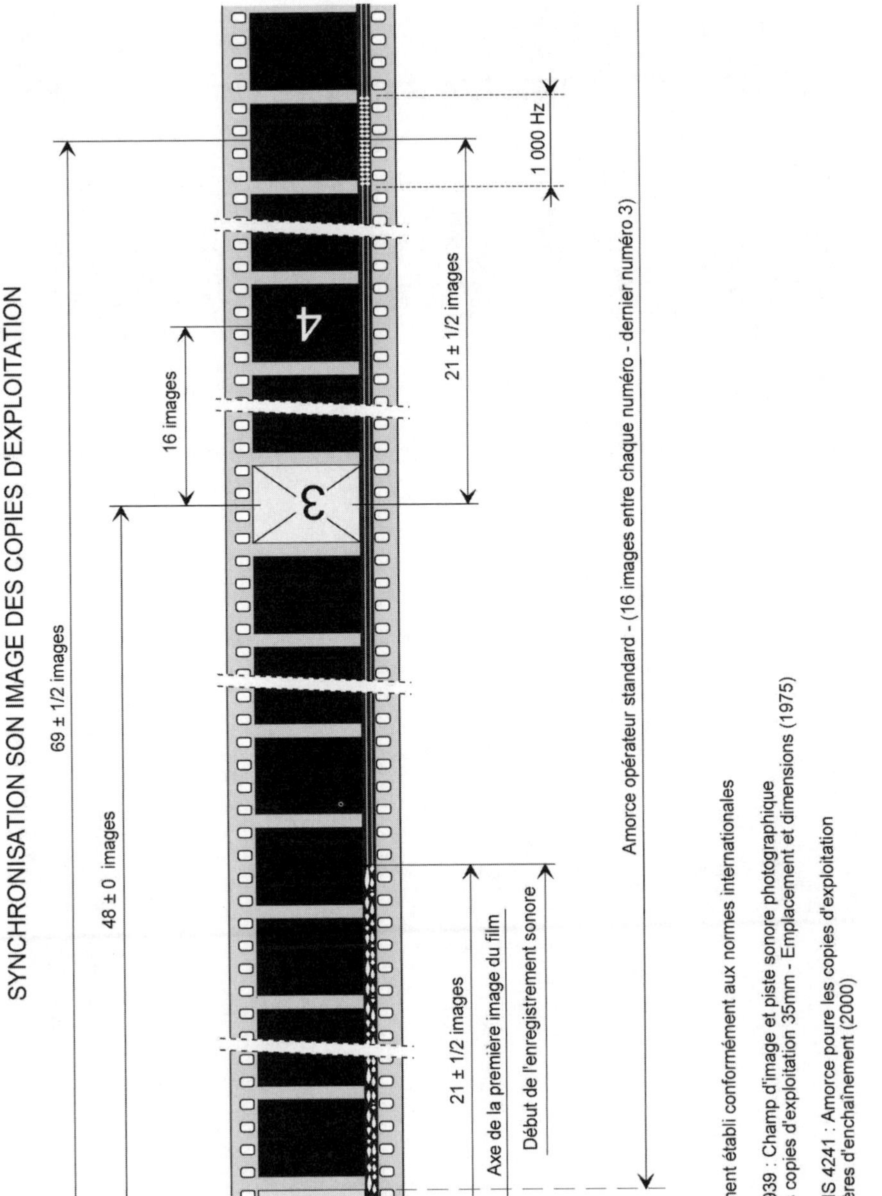

Figure 11.2 – La bande amorce opérateur (Commission supérieure technique de l'image et du son).

Partie D

Annexes

Chapitre 12

Tableaux récapitulatifs

Les tableaux contenus dans ce chapitre récapitulent les informations chiffrées données dans les chapitres précédents. Ils indiquent éventuellement les valeurs de référence utilisées pour le sujet traité (par exemple les dimensions des images sur la pellicule pour les formats).

Les valeurs de référence indiquées sont issues des recommandations et des spécifications techniques de la CST éditées antérieurement. Elles sont pour la plupart conformes aux normes et spécifications internationales en vigueur.

Les « caractéristiques architecturales » indiquent deux types de valeurs : les valeurs conseillées, qui garantiront à coup sûr un confort optimal pour le spectateur, et les valeurs tolérées, qui sont celles de la norme NF S 27001, qui garantissent un confort minimal mais acceptable pour le spectateur. Les valeurs issues du protocole de juin 1989 sont indiquées à titre d'information.

12.1 Caractéristiques architecturales

Voir *tableau* page suivante.

Item	Désignation	Norme NF S 27001	Protocole 89/97 (cas exceptionnels)	Recommandation « Qualité confort »
2.2.1	Distance écran/1er rang	⩾ 0,6 × largeur scope	⩾ 0,5 × largeur écran	⩾ 0,8 × largeur écran
2.2.1	Distance écran/dernier rang	⩽ 2,9 × largeur scope	⩽ 2,9 × largeur écran	⩽ 2 × largeur scope
2.2.2	Renversement des têtes 1er rang/ haut de l'écran	⩽ 45° (œil à 1 m du sol)	⩽ 45° (œil à 1,10 m du sol)	⩽ 40°
2.2.2	Renversement des têtes 1er rang/ centre de l'écran	⩽ 30° (œil à 1 m du sol)	⩽ 30° (œil à 1,10 m du sol)	⩽ 30°
2.2.3	Pas d'implantation sur sol continu	⩾ 0,80 m	⩾ 0,80 m	⩾ 0,90 m
2.2.3	Pas d'implantation sur sol gradiné	⩾ 0,90 m	⩾ 0,90 m	⩾ 1 m
2.2.4	Angle de vision latérale	⩽ 20°	⩽ 20°	⩽ 16°
2.2.5	Plan des dossiers/plan de l'écran	⩽ 20°	⩽ 20°	Voir guide
2.2.6	Dégagement des têtes	⩾ 0,12 m	⩾ 0,12 m (0,09 m sur ancienne salle)	⩾ 0,15 m
2.2.7	Plan supérieur	⩽ 20°	⩽ 20°	⩽ 20°
	Rayon de courbure de l'écran *R*	$R \geqslant 2 \times D$ (distance écran/dernier rang)	$R \geqslant 1,5 \times D$ (distance écran/dernier rang)	$R \geqslant 2 \times D$ (distance écran/dernier rang)
2.3.2	Distorsion géométrique verticale des images	⩽ 3 % (toléré 5 %)	⩽ 3 % (toléré 5 %)	⩽ 3 %
2.3.3	Distorsion géométrique horizontale des images	⩽ 3 % (toléré 5 %)	⩽ 3 % (toléré 5 %) avec rapport Dist. proj./hauteur écran > 3,5	⩽ 3 % (toléré 5 %) avec rapport Dist. proj./hauteur écran > 4
2.3.4	Hauteur libre sous le faisceau de projection	⩾ 2 m (toléré 1,80 m sur 1/2 avant dans salles < 200 places)	⩾ 2 m sur allées 1,80 m sur fauteuils	⩾ 2 m
	Niveau de bruit de fond			NC 27 (numérique) NC 30 (analogique)

12.2 Caractéristiques mécaniques

12.2.1 *Projection 16 mm*

Sujet	Nominal	Tolérance
Cadence de défilement	24 im/s	24 < v < 25 im/s
Fluctuations de vitesse	± 0 %	± 0,20 %
Temps de démarrage	3 secondes	7 secondes maximum
Fixité des images projetées	± 0 %	± 0,30 %
Filage	Non apparent	Non apparent
Champs d'image projetée : Standard 1,37 : 9,70 mm × 7,10 mm CinémaScope 2,35 : 8,35 mm × 7,10 mm Panoramique 1,66 : 9,70 mm × 5,90 mm	 0 % 0 % 0 %	 ± 2 % par dimension ± 2 % par dimension ± 2 % par dimension
Centrage du champ d'image projetée	0 %	1 % maximum
Distorsion de proportion (coefficient anamorphose)	0 %	5 % maximum
Distorsion géométrique des images	0 %	3 % maximum
Commande de cadrage	1 image minimum	
Détérioration des copies	Non apparente	Non apparente

12.2.2 *Projection 35 mm*

Sujet	Nominal	Tolérance
Cadence de défilement	24 im/s	24 < v < 25 im/s
Fluctuations de vitesse	± 0 %	± 0,15 %
Temps de démarrage	3 secondes	7 secondes maximum
Fixité des images projetées	± 0 %	± 0,25 %
Filage	Non apparent	Non apparent
Champs d'image projetée : Standard 1,37 : 15,29 mm × 20,96 mm Panoramique 1,66 : 12,62 mm × 20,96 mm Panoramique 1,85 : 11,33 mm × 20,96 mm CinémaScope 2,39 : 17,53 mm × 20,96 mm	 0 % 0 % 0 % 0 %	 - 2 % par bord - 2 % par bord - 2 % par bord - 2 % par bord
Centrage du champ d'image projetée	0 %	1 % maximum
Distorsion de proportion (coefficient anamorphose)	0 %	5 % maximum
Distorsion géométrique des images	0 %	3 % maximum
Commande de cadrage	1 image minimum	
Détérioration des copies	Non apparente	Non apparente

D'autres formats d'image existent en 35 mm, mais soit ne sont plus utilisés, soit ne sont destinés qu'à la production, et ne sont pas normalisés comme formats de projection. On pourra citer : Panoramique 1,78 (16/9), Panoramique 1,75, Technovision 2 (V. Storaro pour Tango), Super 35.

12.2.3 *Projection 70 mm*

Sujet	Nominal	Tolérance
Cadence de défilement	24 im/s	24 < v < 25 im/s
Fluctuations de vitesse	± 0 %	± 0,15 %
Temps de démarrage	3 secondes	7 secondes maximum
Fixité des images projetées	± 0 %	± 0,25 %
Filage	Non apparent	Non apparent
Champs d'image projetée : Todd-AO 2,2 : 48,59 mm × 22,10 mm	0 %	± 2 % par dimension
Centrage du champ d'image projetée	0 %	1 % maximum
Distorsion de proportion (coefficient anamorphose)	0 %	5 % maximum
Distorsion géométrique des images	0 %	3 % maximum
Commande de cadrage	1 image minimum	
Détérioration des copies	Non apparente	Non apparente

12.2.4 *Projection numérique*

Sujet	Nominal	Tolérance
Cadence de défilement	24 im/s progressif option 48P	0
Fixité des images projetées	± 0 %	± 0,0 %
Champs d'image projetée : Standard 1,37 Panoramique 1,66 16/9 Panoramique 1,85 CinémaScope 2,39	 0 % 0 % 0 % 0 % 0 %	 - 2 % par bord - 2 % par bord - 2 % par bord - 2 % par bord - 2 % par bord
Centrage du champ d'image projetée	0 %	1 % maximum
Distorsion de proportion (anamorphose optique)	0 %	1 % maximum
Distorsion géométrique des images	0 %	3 % maximum
Détérioration des images : pixellisation, « saute d'image », etc.	Non apparente	Non apparente

12.3 Caractéristiques images 16 mm, 35 mm, 70 mm, numérique

Sujet	16 mm	
	Nominale	Tolérance
Luminance des images	40 cd/m^2	+ 25 à – 10 cd/m^2
Répartition de luminance	⩾ 80 %	50 % minimum
Uniformité de luminance	⩾ 80 %	65 % minimum
Lumière parasite	0 %	5 % maximum
Distribution spectrale	5 400 °K	± 400 °K
Rendu des densités	3	Minimum
Définition des images	⩾ 90 pdtraits/mm	50 pdtraits/mm minimum
Définition des images CinémaScope	⩾ 45 pdtraits/mm	28 pdtraits/mm
Dédoublements et aberrations	Non apparent	Non apparent

Sujet	35 mm	
	Nominale	Tolérance
Luminance des images	40 cd/m^2	+ 25 à – 10 cd/m^2
Répartition de luminance	⩾ 80 %	50 % minimum
Uniformité de luminance	⩾ 80 %	65 % minimum
Lumière parasite	0 %	5 % maximum
Distribution spectrale	5 400 °K	± 400 °K
Rendu des densités	3	Minimum
Définition des images	⩾ 90 pdtraits/mm	50 pdtraits/mm minimum
Définition des images CinémaScope	⩾ 45 pdtraits/mm	28 pdtraits/mm minimum
Dédoublements et aberrations	Non apparent	Non apparent

Sujet	70 mm	
	Nominale	Tolérance
Luminance des images	40 cd/m^2	+ 25 à – 10 cd/m^2
Répartition de luminance	⩾ 80 %	50 % minimum
Uniformité de luminance	⩾ 80 %	65 % minimum
Lumière parasite	0 %	5 % maximum
Distribution spectrale	5 400 °K	± 400 °K
Rendu des densités	3	Minimum
Définition des images	⩾ 90 pdtraits/mm	50 pdtraits/mm minimum
Dédoublements et aberrations	Non apparent	Non apparent

Sujet	Numérique	
	Nominale	Tolérance
Luminance des images	48 cd/m^2	$25 < L < 60$
Répartition de luminance	⩾ 75 %	75 %
Uniformité de luminance	⩾ 80 %	75 % minimum
Lumière parasite	0 %	1 % maximum
Distribution spectrale	x = 0,314 et y = 0,351	± 1 %
Rapport de contraste	> 1 200	Minimum
Définition des images	2 048 × 1 080 pixels	Minimum
Dédoublements et aberrations	Non apparent	Non apparent

12.4 Caractéristiques son

Sujet	16 mm	
	Nominale	Tolérance
Distorsion harmonique totale	3 %	5 % maximum
Dynamique	50 dB(A)	Minimum
Localisation	0 dB	3 dB
Transfert en fréquence optique	Voir *figure 12.4*	
Transfert en fréquence magnétique 2,5 mm		
Transfert en fréquence magnétique double bande	Voir *figure 12.5*	

Sujet	35 mm	
	Nominale	Tolérance
Niveau d'alignement	3 %	5 % maximum
Distorsion harmonique totale	3 %	5 % maximum
Rapport signal/bruit optique	⩾ 60 dB(A)	50 dB(A) minimum
Diaphonie	40 dB(A)	20 dB(A)
Localisation	0 dB	3 dB
Uniformité d'éclairement	0 dB	± 2 dB
Transfert en fréquence optique mono	Voir *figure 12.1*	
Transfert en fréquence optique stéréo	Voir *figure 12.2*	
Transfert en fréquence magnétique double bande	Voir *figure 12.3*	
Transfert en fréquence numérique	20-20 000 Hz	± 1 dB
Dynamique numérique	96 dB(A)	Minimum
Distorsion harmonique totale numérique	0,1 %	Maximum

Sujet	70 mm	
	Nominale	**Tolérance**
Distorsion harmonique totale	3 %	5 % maximum
Dynamique	50 dB(A)	Minimum
Transfert en fréquence	20-16 000 Hz	± 2 dB

Sujet	Acoustique	
	Nominale	**Tolérance**
Niveau de bruit de fond en salle	NR 27	NR 30
Transfert électroacoustique monophonique	ISO 7831 A+B type 3	Voir *figure 12.7*
Transfert électroacoustique stéréophonique	ISO 2969 Courbe X	Voir *figure 12.8*
Temps de réverbération acoustique	Voir *figures 3.6 et 3.7*	

12.5 Caractéristiques de transfert en fréquences

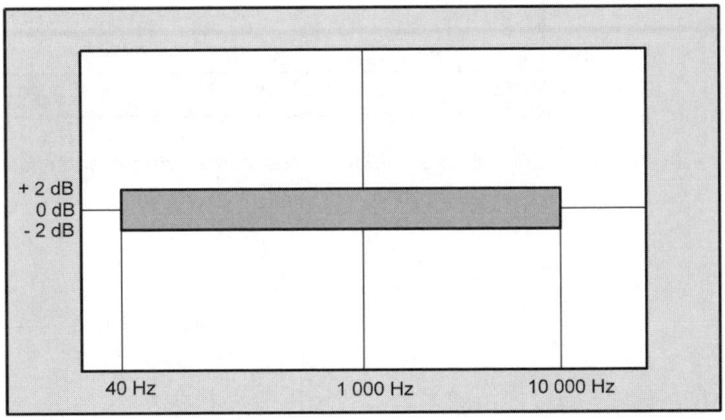

Figure 12.1 – 35 mm - Transfert électrique optique monophonique, film type 3.

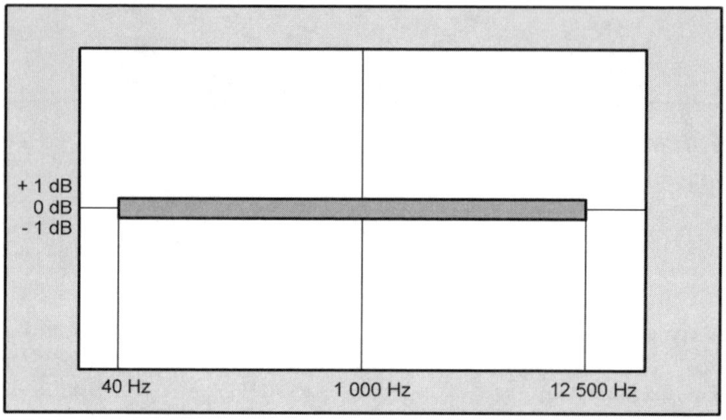

Figure 12.2 – 35 mm : transfert électrique optique stéréophonique, film type 3.

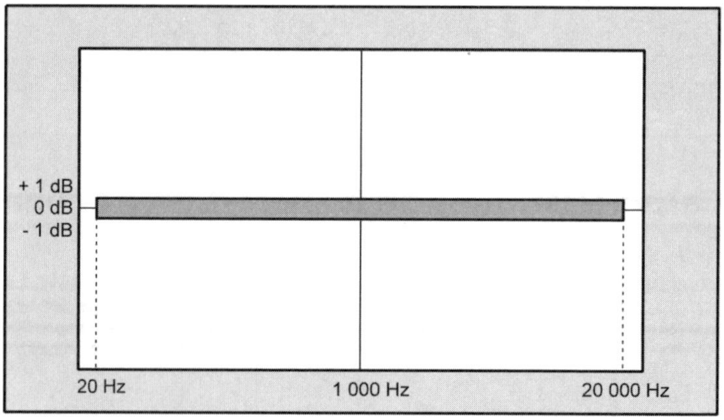

Figure 12.3 – 35 mm : transfert électrique numérique.

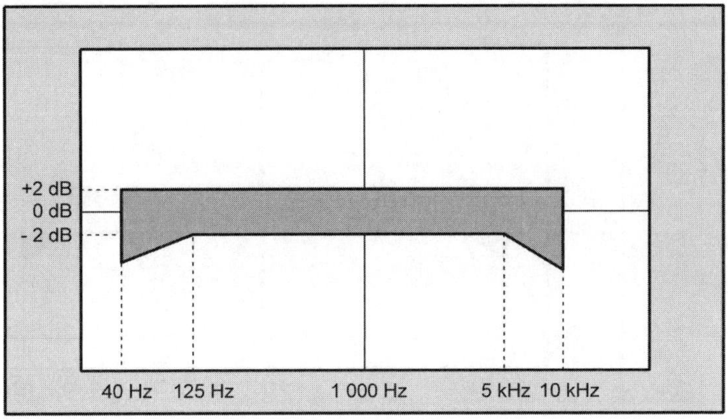

Figure 12.4 – 16 mm : transfert électrique optique monophonique.

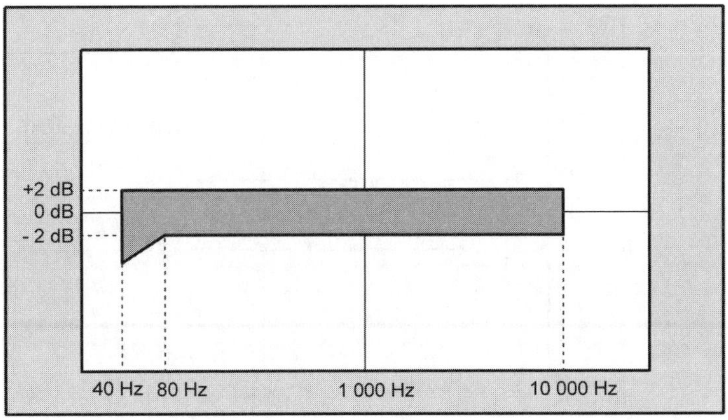

Figure 12.5 – 16 mm : transfert électrique magnétique.

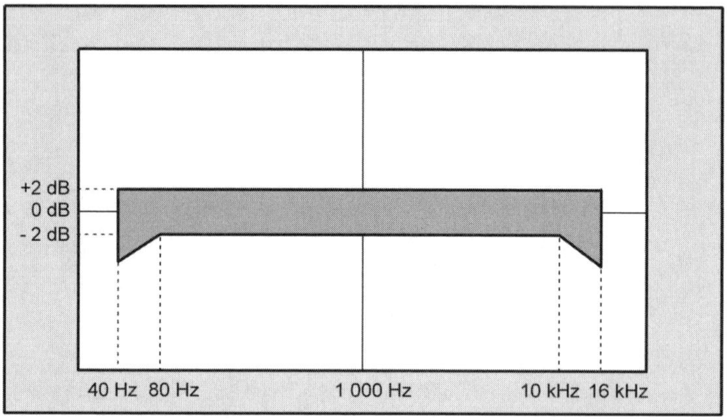

Figure 12.6 – 70 mm : transfert électrique magnétique.

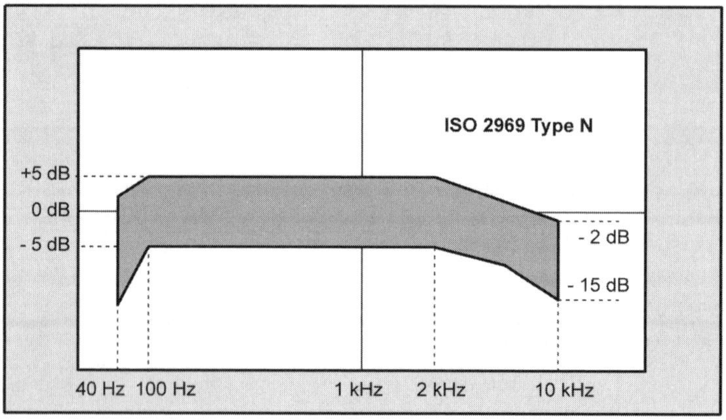

Figure 12.7 – Transfert électroacoustique monophonique.

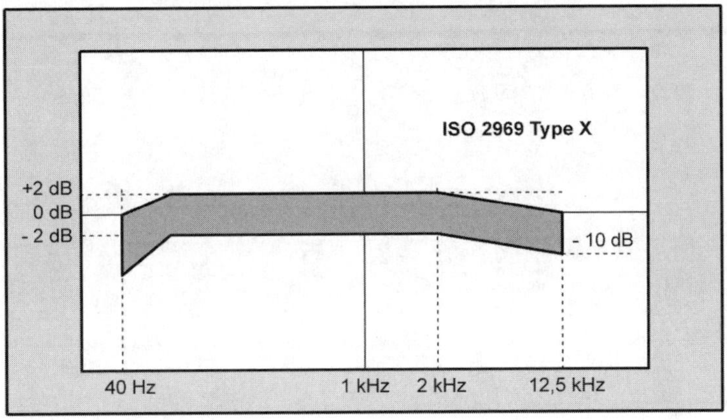

Figure 12.8 – Transfert électroacoustique stéréophonique et numérique.

12.6 Caractéristiques acoustiques

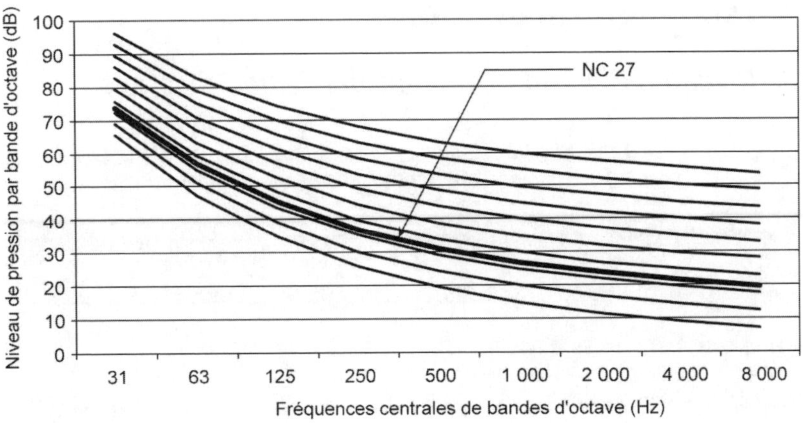

Figure 12.9 – Courbes NC d'évaluation du niveau de bruit.

Tableau 12.1 – Niveaux de pression acoustique (en dB) par bande d'octave, correspondant aux indices NC d'évaluation du bruit.

Courbe NC	31,5 Hz	63 Hz	125 Hz	250 Hz	500 Hz	1 000 Hz	2 000 Hz	4 000 Hz	8 000 Hz
NC 60	96,3	82,9	74,2	67,8	63,2	60,0	57,4	55,4	5,8
NC 55	92,9	78,9	69,8	63,1	58,4	55,0	52,3	50,3	48,6
NC 50	89,4	75,0	65,5	58,5	53,5	50,0	47,2	45,2	43,5
NC 45	86,0	71,0	61,1	53,6	48,6	45,0	42,2	40,0	38,3
NC 40	82,6	67,1	56,8	49,2	43,8	40,0	37,1	34,9	33,2
NC 35	79,2	63,1	52,4	44,5	38,9	35,0	32,0	29,8	28,0
NC 30	75,8	59,2	48,1	39,9	34,0	30,0	26,9	24,7	22,9
NC 27	73,8	56,8	45,5	37,0	31,1	27,0	23,9	21,6	19,8
NC 25	72,4	55,2	43,7	35,2	29,2	25,0	21,9	19,5	17,7
NC 20	69,0	51,3	39,4	30,0	24,3	20,0	16,8	14,4	12,6
NC 15	65,6	47,3	35,0	25,9	19,4	15,0	11,7	9,3	7,4

12.7 Isolement acoustique

12.7.1 *Niveau d'émission constant par bande d'octave*

Tableau 12.2 – Isolement Acoustique vis-à-vis d'une salle équipée d'une reproduction sonore numérique.

Fréquence (Hz)	31	63	125	250	500	1 000	2 000	4 000	8 000	12 500	Global
Émission (dB)	90,5	90,5	90,5	90,5	90,5	90,5	90,5	90,5	90,5	90,5	100 dB
Réception (dB)	73,8	56,8	45,5	37	31,1	27	23,9	21,6	19,8		NC 27
Isolement (dB)	16,7	33,7	45	53,5	59,4	63,5	66,6	68,9	70,7		

Procédure : les niveaux sont relevés au centre de chaque salle testée.

Précaution : le facteur de crête d'un bruit rose étant de 14 dB dans les fréquences basses, le niveau acoustique peut atteindre 105 dB crête par bande d'octave. Des précautions doivent donc être prises afin de ne pas détériorer les équipements de reproduction sonore.

Fréquences : la bande de fréquence utilisée s'étend de 31 Hz à 12 500 Hz, fréquences utilisées en reproduction sonore cinématographique.

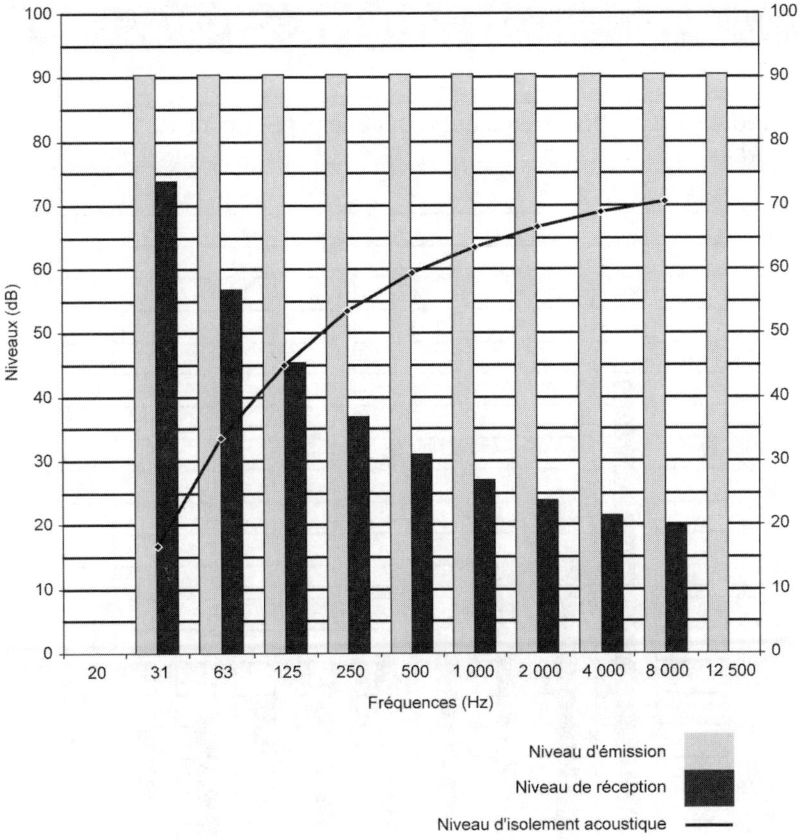

Figure 12.10 – Isolement acoustique. Reproduction sonore numérique linéaire.

12.7.2 *Isolement acoustique. Salle de cinéma*

✦ Niveau d'émission par bande d'octave selon gabarit ISO 2969 X

Tableau 12.3 – Isolement Acoustique vis-à-vis d'une salle équipée d'une reproduction sonore numérique.

Fréquence (Hz)	31	63	125	250	500	1 000	2 000	4 000	8 000	12 500	Global
Émission (dB)	91,3	91,3	91,3	91,3	91,3	91,3	91	88,3	85,3	83,3	100 dB
Réception (dB)	73,8	56,8	45,5	37	31,1	27	23,9	21,6	19,8		NC 27
Isolement (dB)	17,5	34,5	45,8	54,3	60,2	64,3	67,1	66,7	65,5		

Procédure, précaution, fréquences : haut de page ci-contre.

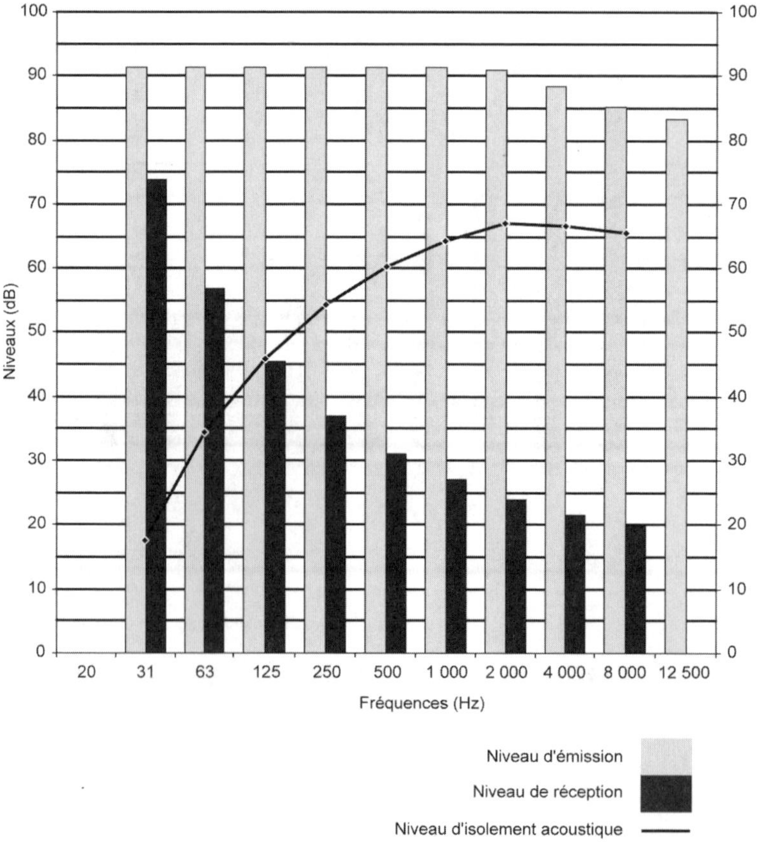

Figure 12.11 – Isolement acoustique. Reproduction sonore numérique ISO 2969 X.

Procédure : les niveaux sont relevés au centre de chaque salle testée.

Précaution : le facteur de crête d'un bruit rose étant de 14 dB dans les fréquences basses, le niveau acoustique peut atteindre 105 dB crête par bande d'octave. Des précautions doivent donc être prises afin de ne pas détériorer les équipements de reproduction sonore.

Fréquences : la bande de fréquence utilisée s'étend de 31 Hz à 12 500 Hz, fréquences utilisées en reproduction sonore cinématographique. La courbe d'émission n'est pas pondérée selon ISO 2969 X dans les fréquences basses, pour tenir compte de l'utilisation spécifique au cinéma de canaux de renforts de basses.

Tableau 12.4 – Isolement Acoustique vis-à-vis d'une salle équipée d'une reproduction sonore optique.

Fréquence (Hz)	31	63	125	250	500	1 000	2 000	4 000	8 000	12 500	Global
Émission (dB)	86,3	86,3	86,3	86,3	86,3	86,3	86	83,3	80,3	78,3	100 dB
Réception (dB)	73,8	56,8	45,5	37	31,1	27	23,9	21,6	19,8		NC 27
Isolement (dB)	12,5	29,5	40,8	49,3	55,2	59,3	62,1	61,7	60,5		

Procédure : les niveaux sont relevés au centre de chaque salle testée.

Précaution : le facteur de crête d'un bruit rose étant de 14 dB dans les fréquences basses, le niveau acoustique peut atteindre 105 dB crête par bande d'octave. Des précautions doivent donc être prises afin de ne pas détériorer les équipements de reproduction sonore.

Fréquences : la bande de fréquence utilisée s'étend de 31 Hz à 12 500 Hz, fréquences utilisées en reproduction sonore cinématographique. La courbe d'émission n'est pas pondérée selon ISO 2969 X dans les fréquences basses, pour tenir compte de l'utilisation spécifique au cinéma de canaux de renfort de basses.

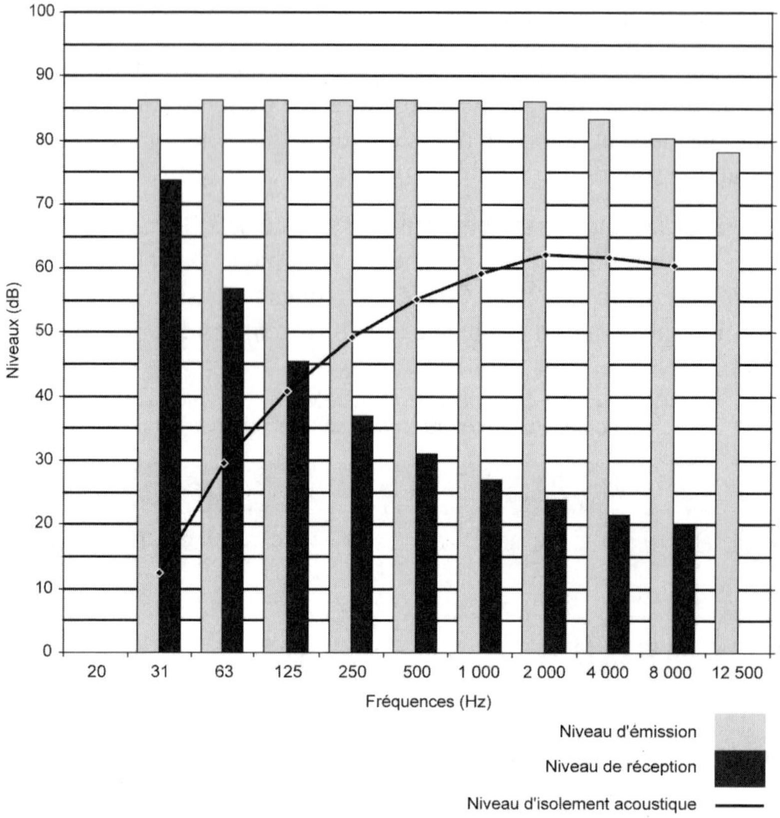

Figure 12.12 – Isolement acoustique. Reproduction sonore optique ISO 2969 X.

✦ Niveau d'émission constant par bande d'octave

Tableau 12.5 – Isolement Acoustique vis-à-vis d'une salle équipée d'une reproduction sonore optique.

Fréquence (Hz)	31	63	125	250	500	1 000	2 000	4 000	8 000	12 500	Global
Émission (dB)	85,5	85,5	85,5	85,5	85,5	85,5	85,5	85,5	85,5	85,5	95 dB
Réception (dB)	73,8	56,8	45,5	37	31,1	27	23,9	21,6	19,8		NC 27
Isolement (dB)	11,7	28,7	40	48,5	54,4	58,5	61,6	63,9	65,7		

Procédure : les niveaux sont relevés au centre de chaque salle testée.

Précaution : le facteur de crête d'un bruit rose étant de 14 dB dans les fréquences basses, le niveau acoustique peut atteindre 100 dB crête par bande d'octave. Des précautions doivent donc être prises afin de ne pas détériorer les équipements de reproduction sonore.

Fréquences : la bande de fréquence utilisée s'étend de 31 Hz à 12 500 Hz, fréquences utilisées en reproduction sonore cinématographique.

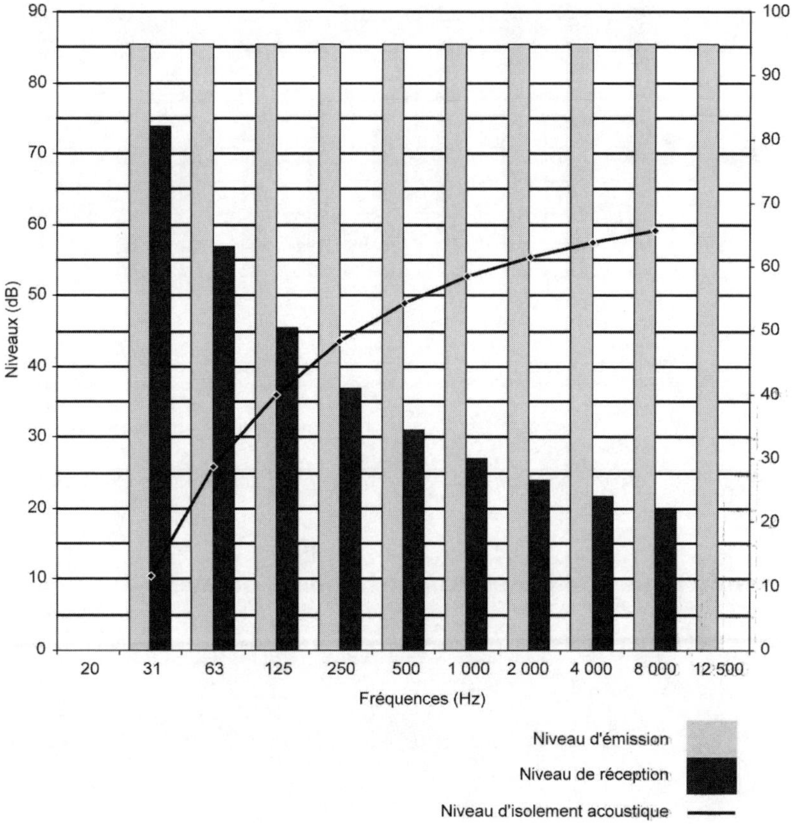

Figure 12.13 – Isolement acoustique. Reproduction sonore optique.

Bibliographie

ISO : Organisation internationale de normalisation.

CEI : Commission électronique internationale.

Afnor : Association française de normalisation.

SMPTE : *Society of Motion Picture and Television Engineers.*

Jean Pujolle, *Pratique de l'isolation acoustique des bâtiments*, Éditions du Moniteur, 1978.

Henry Dreyfus, *The Measure of Man*, Whitney library of design, New York, 1960.

François Favre, *Optique, principes et techniques : cinéma et vidéo*, Éditions Dujarric, Paris, 1994.

Index

049673 – (I) – (1,3) – OSB 80° – ALL – CDD

Achevé d'imprimer sur les presses de
SNEL Grafics sa
Z.I. des Hauts-Sarts - Zone 3
Rue Fond des Fourches 21 – B-4041 Vottem (Herstal)
Tél +32(0)4 344 65 60 - Fax +32(0)4 289 99 61
janvier 2007 – 40831

Dépôt légal : février 2007
Imprimé en Belgique